中国経済近代化と体制改革

唐木圀和 著

慶應義塾大学商学会 商学研究叢書 20

慶應義塾大学出版会

まえがき

　社会科学の役割とは何であろうか。究極的には、われわれの生きている現代社会を解明し、社会の進む方向を明らかにすることにあろう。

　本書は「中国経済近代化と体制改革」という視角から、1978年12月以降の中国が国家の独立と経済的自立というアジア諸国に共通な課題の達成に、どのようにして取り組んできたか、そして、実施した政策によって中国はどの方向に向かうと考えられるのかを論じたものである。

　近代化が東アジア諸国共通の課題となったのは、阿片の没収（1839年）を契機として起こった阿片戦争（1840-1842年）に清が敗れ、南京条約を締結（1842年）した時からである。清の敗戦は、東アジア諸国に大きな衝撃を与えた。東アジア世界の華夷秩序が崩れ始めたことにより、どのようにして自国の独立を守るかが各国にとって急務の課題となった。

　西洋列強に対抗するためには、急速に軍事力を整備するだけでなく、国の総力をあげて防衛に当たらなければならない。各国において程度に差はあれ、国民国家を形成し、産業革命を推進するという近代化政策の遂行が志向された。近代化とは、文字通り、西洋近代を手本として自己変革を図ることであった。しかし、単に西洋諸国をそのまま真似るだけの西洋化では、制度1つにしても十分に機能しない。したがって、自国の古来の文明の型や現在の水準を前提として、西洋の文明を取捨選択しながら自国の文明化を進めていくことによってのみ、真の近代化を実現できることになる。

　西洋の文明を取り入れるためには、封建的な政権では限界がある。まずは固陋な政権を倒し新政権のもとで全国を統一したうえで、国民の総力を結集して国家建設を進めることにより主権を確立し、独立を維持しなくてはならない。

　中国では、1911年に辛亥革命が起こり、1912年1月、孫文を臨時大総統とする中華民国が成立した。しかし、近代国家が成立したものの軍閥割拠、抗日戦

争、内戦が相次ぎ、結局、大陸に安定した政権が確立されるのは、1949年10月、中国共産党による中華人民共和国の建国を待たねばならなかった。

中国共産党主席毛沢東の指導のもと、中国の社会主義化と経済建設が同時に進められた。建国当初より、全国人民代表大会における国務院総理周恩来の報告などに見られるように、近代的技術を農業や工業の生産過程に適用するという経済近代化の方針は存在した。しかし、大躍進政策や人民公社建設、さらには文化大革命のような急進的な社会主義化によって大衆動員を図ることに力が注がれ、経済は停滞し、生活水準は低いままに置かれた。

1978年12月に一大転機が来た。中国共産党は、第11期3中全会以降、鄧小平の主導のもとに体制改革・対外開放の路線を歩み始めた。その目標は、周恩来が提示した「4つの現代化（近代化）」（農業、工業、国防、科学技術）を達成することにあった。

独立を堅固なものとし、しかも民生を向上させるためには、国を富ませなくてはならない。そのためには、農業、工業、国防の諸分野に近代的生産方法と科学技術を定着させねばならない。鄧小平の主導した改革・開放路線は、実は阿片戦争以来、中国はじめ東アジア諸国が取り組んできた課題を解決することを試みたものであったと言えよう。

本書には、改革・開放路線の展開過程にあって打ち出された方針や政策の意義は何か、また中国はいずこの方へ進むのかについて、その政策が打ち出された時点で思索した論文が、字句の若干の訂正以外は、基本的には発表当初のままで収められている。現在では、豊富な資料が公表されており、さらなる厳密な論証が可能であるがそれは他日を期するとして、経済理論によって中国を認識する場合にどのように捉えることが出来るかの思索の跡を残すことも、社会科学としての経済学の有効性を示す成果の1つとして意味あることと考え、慶應義塾大学商学会商学研究叢書に加えて戴いた。見通しの正否は、その論文発表以降の、中国の現実によって検証される。

各章のうち、「中国経済近代化論序説」（第2章）は、「4つの現代化」は政策目標として、中国に定着したかどうかを論じたものである。1977年8月、中国共産党第11回全国代表大会において、「4つの現代化」が党規約に政策目標

まえがき

として明記された。1978年12月中国共産党第11期3中全会で新方針が打ち出され、また、1981年6月の党第11期6中全会で華国鋒に代わって胡耀邦が党中央委員会主席に就任した。党内には経済管理体制の改革や対外開放に必ずしも積極的でない人々がいたものの、「4つの現代化」は、もはやおろすことの出来ない政策目標であり、すでに定着したと見てよいと述べている。

「中国経済近代化政策における国内商業の役割について」（第3章）は、経済政策や論調の変化から、中国が市場経済への道を歩み出したことを看取して、その変化について述べるとともに、市場経済を活発化する商業の役割について論じたものである。社会主義か資本主義かではなく、統制経済か自由経済かで経済を論ずるべきだというのが、私の持論であった。それは、太平洋戦争終結後も残存していた統制経済から、復興が進むにつれて自由経済へ歩み出した日本経済を見たことによって形成されたものであった。生産能力が増強されれば、社会主義国も統制をゆるめ、市場メカニズムに一層頼ることになるだろう。そうした考えに適合した政策を中国が実施し始めたということで、本論文を発表した。当時、中国の商業を、市場経済を通じて分業を進展させるという役割を持つと指摘した論文はなかった。

「『分業』の視点から見た中国第7次5カ年計画」（第5章）を執筆した当時の中国経済にとって、最も必要な事柄は、自給自足の経済構造を打破し、国内・国際両面において分業体制を確立することであると考えていた。その考えに合致した、地域間分業の構想をもとにした経済計画が中国に生まれたとして、同計画を評価している。そして、分業体制確立への制度的・思想的制約が存在しているが、政権担当者が基本的には経済合理性を貫徹しようとしている限り、徐々に分業促進の施策が実現していくと思われる、という見通しを述べている。

「中国経済近代化と鄧小平の思想」（第6章）は、改革・開放政策が実施されてから10年を経た時点で、その後の中国近代化の方向を知るためには、「改革・開放政策の総設計師」である鄧小平の思想を理解しなければならないと思い、鄧小平の発言からその思想を汲み取って纏めたものである。後に江沢民が「鄧小平理論」を「毛沢東思想」とならべて強調するようになって以降は、鄧小平研究が盛んになったけれども、本論文発表までに鄧小平の思想について論じた

論文は、おそらく、内外を通じて、数少なかったのではないかと思う。

「中国の体制改革と日中経済関係」（第7章）は、中国共産党大会を、それぞれ、経済路線の決定、商品経済の容認、社会主義初級段階の提示というように、改革の進展における位置づけをはっきりとさせたことに特色がある。また、社会主義初級段階の明文化の意義として、中国が産業革命を意識して、商品経済の発展には時間がかかると認識していることを指摘した。そして、「社会主義現代化の過程においても、商品経済の発達を中心に置くのであれば、中国の発展も局地的分業から地域間分業へ、そして統一的な国民経済の形成へという歴史的経験に沿った過程を経ると予想される」と述べている。

「中国の対外開放政策と東南アジア貿易」（第8章）は、趙紫陽の「沿海地区経済発展戦略」について論じたものである。中国共産党第13回全国代表大会（1987年11月）で採択された「社会主義の初級段階」という歴史段階認識によれば、この段階においては、商品経済は大いに発展させられなくてはならない。私営企業を育成しようとするこの方針は、農村部においては、郷鎮企業の発展を強く肯定するものである。本章では、労働集約的技術を採用した財の輸出を促進させることによって、余剰労働力の吸収と外貨獲得をして、国内他地域の発展と結びつけるという王建の構想や趙紫陽の発展戦略を、分業促進と技術導入の活発化という点から肯定している。なお、現状分析は過去のものとなったが、天安門事件当時、日本は最大のODA供与国であったのに対し、アメリカはODAを僅かしか供与しておらず、したがって、直接投資は継続した対中制裁の打撃はアメリカにとって小さかったことの指摘などは今でも知るに価することかもしれない。

かねてより、局地的分業から工業化が始まるという大塚史学を支持しており、この立場から郷鎮企業を位置づけようと「中国の市場経済化と対外開放」（第9章）を書いたが、執筆が遅れる間に、関口尚志氏の論文が発表された。したがって、郷鎮企業を局地的分業と関連付けるという発想の優先権は失われたが、中国経済発展において局地的分業を重視するという視点は、第3章執筆時以来、私が持ち続けてきたものである。また本章の最後で述べた、民主集中制が当分続くゆえに、当局者が分業の大切さと市場経済の性質をよく理解することが大

切とする指摘やその他の見通しは、妥当であったと思われる。

「中国経済体制改革と現代企業制度」（第10章）は、経済効率を高めるために国有企業における共産党のガバナンスを減じ、銀行によるガバナンスに重点を置くことが現在大事である。しかし、将来に向けては、「市場指向的ガバナンス」を機能させるために、株式市場の整備が大切であることを指摘したものである。

「中国の経済近代化と体制改革」（第1章）は、第8章と同じ頃に発表したものであるが、それ以前に執筆した論文の総論の役割を果たすものである。したがって、構成上、本書の第1章に置いた。改革・開放は、資源の効率的配分だけでなく、技術革新をもたらす点でも意義があることを指摘している。

「『調整期』における商業観と中国体制改革」（第4章）は、近年発表したものであるが、内容が商業に関するものであり、また、第3章を発表した直後に書いてあった草稿に最近の動向を加えた作品であるので、第3章の次に置いた。

2004年3月、第10期全国人民代表大会第2回会議で憲法改正がなされ、私有財産の不可侵が保障されることとなった。第4章の文末で「競争的市場と私有財産制が自由主義の基礎であることは、F. A. ハイエクによる指摘のとおりである。この理論に従えば、今回の憲法改正（2004年）によって、中国においても自由主義を可能とする条件が、憲法上では整ったと言える。しかし、中国の目標は、『富強、民主、文明の社会主義国に築き上げる』（憲法前文）ことにある。社会主義建設を進める中国で、個人の自由を至上とし個々人の基本的人権を尊重する自由主義と、党の指導を重視する路線とをどのように調和させていくのだろうか」と述べた。この問題意識に立って、今回書き下した章が、「社会主義市場経済と私有財産の保護——ハイエクの視点を中心に」（第11章）である。私有財産の保護が憲法に規定された意義を、ハイエクの所論に鑑みて明らかにした上で、中国の社会主義市場経済が展開していく方向ならびに在り方について論じている。

市場経済体制への改革は、資源配分の最適化と技術革新を通じて、経済効率の改善と経済成長をもたらし、中国経済近代化を実現しつつある。そのことによって、生活水準が上り、国防が充実して、国家主権は確固たるものとなった。しかし、体制改革の意義はそれにとどまらない。個々人がその生きる目標を実

現しうる個人主義の確立へ向かう可能性を、中国が有したことにある。これが11章で解明したことであるとともに、本書の結論である。

なお、序章として、「周恩来と中国現代化政策」を置き、改革・開放政策の前史とした。また、退任記念講演を改題して、終章「総括」とした。

本書を上梓するにあたって、恩師白石孝先生の長年にわたるご指導に、心より御礼申し上げる。また、商学会研究叢書に加えてくださった、商学会長・商学部長櫻本光教授、三浦雄二商学会委員会前委員長ならびに中条潮委員長、叢書担当の榊原研互・園田智昭教授はじめ委員の方々、そして商学会会員の皆様に厚く御礼申し上げる。さらに論文の使用を許可くださった、株式会社文眞堂、株式会社大修館書店、慶應義塾大学経済学会のご厚意に御礼申し上げたい。

私の中国研究は、大学1年生の時、山田辰雄さん（慶應義塾大学名誉教授）の呼びかけで、井出正一（元厚生大臣）、木曾義雄、中村了三の皆さんと結成し、若き日の田中明慶應義塾大学名誉教授にチューターをお願いした日吉中国研究会に始まる。日吉中研は、メンバーが三田に進むとともに慶應義塾大学中国研究会となり、後に齊藤壽彦、蔦信彦、岸本建夫氏はじめ学界、言論界に、さらに、実業界にも多くの人材を輩出した。

近代化への関心は、山本登先生が1960年代後半に主宰され、矢内原勝先生、深海博明、大山道廣、福島義久、斎藤優、田中拓男、渡辺利夫、丹下敏子、その他多くの方々が参加なさった「近代化研究会」において啓発された。

フレッチャー法律外交大学院（The Fletcher School of Law and Diplomacy）の訪問研究員時代には、東アジア研究の権威コール（Allan B. Cole）教授に大変お世話になった。また、ハーバード大学大学院におけるハーシュマン「経済発展論」、ガーシェンクロン「ロシア史」の諸講義、ライベンシュタイン「人口論」のセミナー、学部との共通講義であるライシャワー「文明化（日本）」などを受講したことは、発展途上国問題や近代化論への視角設定に関して得るところが多かった。

本書の研究内容の多くは、松本三郎慶應義塾大学名誉教授が主宰された三田ASEAN研究会において発表した。中心メンバーであった松本繁一、横堀克巳、後藤一美、金子芳樹、山本信人の諸氏、『現代アジアの統治と共生』をともに

まえがき

　執筆した青木健、長坂寿久、司馬純詩、大野拓司、高埜健、中野亜里、板谷大世、中原龍輝、岩崎祐子、宮原辰夫の皆さん、ならびに、川本邦衛、阿部義正、斧泰彦、岩島久夫、吉村文成、高木暢之、国分良成、野村享、佐藤考一、長岡昇氏はじめ歴代の会員の方々による長年のご厚誼に御礼申し上げる。

　またこの内容は、慶應義塾大学大学院商学研究科の授業や演習で示したものでもある。演習に参加された高久保豊、前田淳、駒形哲哉、全載旭、李維安、韓洪錫、張平、方斌、楊錦華、李新建、朱琰さんはじめ多くの諸君、ならびに、博士課程で指導教授として担当した王燕岫、孟若燕、李建雨、任大川、小林貴史、西崎賢治、岳梁、その他の諸君、さらには修士課程に在籍した諸君との活発な討論を振り返り、今後の益々のご活躍を期待する次第である。

　今も旺盛な執筆活動をなさって居られる白石孝先生、小島清一橋大学名誉教授を先達として、加藤義喜、山田辰雄、大山道廣、池間誠、平野健一郎、渡辺利夫、小島眞、馬田啓一、陳俊龍の諸教授をはじめとする自分と同世代の皆様のご活躍は、研究生活に限りはないという証しであり、今後の研究活動における大きな励みである。

　商学部は、本年で創設50周年を迎えた。草創期の学部の方向付けや10年後に起こった大学紛争をめぐって、諸先生ならびに諸先輩によって交わされた真剣で自由な討論の気風が現在にまで受け継がれている。学問的方法は違っても、自由闊達な討論を通じて新しいものを生み出す伝統が、学部の文運隆盛の基となっている。本書も、赤川元章、工藤教和、笠井昭次さんはじめ、学部の知性との日頃の対話という文化的土壌の産物と言っても過言ではない。商学部、商学会、そして、和気洋子、小島明、深尾光洋、遠藤正寛の諸教授が主導する国際経済学分野の益々の発展を心よりお祈りする。

　留学後、30歳代の初期に病気をした私が健康を回復し、今日を迎えることが出来たのは、妻昌子の献身的な助力によるものであった。

　最後になったが、本書の出版にあたって、校正から索引作成に至るまでご尽力くださった、慶應義塾大学出版会木内鉄也氏に厚く御礼申し上げる。

2007年9月
唐木圀和

目　次

まえがき　*i*

序章　周恩来と中国近代化政策　*1*
　Ⅰ　はじめに　*1*
　Ⅱ　「現代化」への最初の言及　*4*
　Ⅲ　知識階層の擁護　*8*
　Ⅳ　実事求是の由来　*10*
　Ⅴ　「4つの現代化」の提唱　*15*
　Ⅵ　むすび　*18*

第1章　中国の経済近代化と体制改革　*21*
　Ⅰ　はじめに　*21*
　Ⅱ　経済近代化と社会主義計画経済　*22*
　Ⅲ　体制改革と技術革新　*27*
　Ⅳ　政策目標としての中国経済近代化　*30*
　Ⅴ　中国の体制改革構想とその評価　*33*
　Ⅵ　むすび　*38*

第2章　中国経済近代化論序説　*41*
　Ⅰ　はじめに　*41*
　Ⅱ　「現代化」の目標設定時期──公式見解　*43*
　Ⅲ　「現代化」の目標設定時期──実際　*44*
　Ⅳ　第11期中央委員会第3回総会の注目点　*49*
　Ⅴ　むすび　*53*

第3章　中国経済近代化政策における国内商業の役割について　*57*

- Ⅰ　社会的分業の進展における商業活動の役割　*57*
- Ⅱ　中国経済の社会主義化と商業活動　*60*
- Ⅲ　経済近代化政策の実施と商業活動　*65*
- Ⅳ　商業改革における理論的基礎　*69*
- Ⅴ　近代化政策の当面の問題点と商業活動の将来　*74*

第4章　「調整期」における商業観と中国体制改革　*79*

- Ⅰ　はじめに　*79*
- Ⅱ　政治優先路線と経済優先路線の対立　*80*
- Ⅲ　商業に対する2つの見解　*84*
- Ⅳ　論争の結果とその後の展開　*88*
- Ⅴ　所有制改革と私有財産権の保護　*93*
- Ⅵ　むすび　*95*

第5章　「分業」の視点から見た中国第7次5ヵ年計画
　　　　──その進歩性と実施上の諸制約──　*97*

- Ⅰ　はじめに　*97*
- Ⅱ　分業軽視思想とそれからの脱却　*100*
- Ⅲ　第7次5ヵ年計画における分業の視点とその施策　*107*
- Ⅳ　分業体制確立への制約要因　*112*
- Ⅴ　むすび　*118*

第6章　中国経済近代化と鄧小平の思想　*123*

- Ⅰ　はじめに　*123*
- Ⅱ　鄧小平の思想の特質　*125*
  - (1)　「実事求是」　*125*
  - (2)　科学技術の尊重　*126*
  - (3)　「4つの基本原則」の堅持　*127*

Ⅲ　鄧小平の思想の進歩性　*130*
　　Ⅳ　技術導入と経済体制改革　*133*
　　Ⅴ　鄧小平の資本主義観と若干の疑問点　*137*
　　Ⅵ　むすび——中国経済近代化過程における鄧小平の思想の評価　*142*

第7章　中国の体制改革と日中経済関係　*147*
　　Ⅰ　はじめに　*147*
　　Ⅱ　指令経済体制からの脱却　*148*
　　　（1）　改革以前の中国経済　*148*
　　　（2）　経済改革路線の決定——中国共産党第11期3中全会　*151*
　　Ⅲ　商品経済の容認　*153*
　　　（1）　新路線下における改革の進展　*153*
　　　（2）　商品経済の容認——中国共産党第12期3中全会　*155*
　　Ⅳ　市場経済への傾斜　*158*
　　　（1）　「商品経済」容認のもとでの改革の展開　*158*
　　　（2）　「社会主義の初級段階」の沿革とその概念　*159*
　　　（3）　改革の構想と注目すべき点　*162*
　　Ⅴ　社会主義の初級段階における日中経済関係　*165*
　　　（1）　改革の方向と対外経済関係　*165*
　　　（2）　日中経済関係の展望　*170*
　　Ⅵ　むすび　*173*

第8章　中国の対外開放政策と東南アジア貿易　*175*
　　Ⅰ　はじめに　*175*
　　Ⅱ　中国の対外開放の進展　*175*
　　Ⅲ　沿海地区経済発展戦略の構想　*178*
　　Ⅳ　沿海地区経済発展戦略の形成過程　*180*
　　Ⅴ　中国と東南アジアの経済関係　*184*
　　　（1）　東南アジア諸国から見た対中国貿易　*184*
　　　（2）　中国の国別・地域別貿易構造　*188*

(3)　対中投資の動向　*190*
　Ⅵ　沿海地区経済発展戦略実現における問題点　*195*
　Ⅶ　むすび　*198*

第9章　中国の市場経済化と対外開放　*201*
　Ⅰ　はじめに　*201*
　Ⅱ　市場経済化へ至る改革の理念　*202*
　Ⅲ　「社会主義の初級段階」論と市場経済化　*205*
　Ⅳ　郷鎮企業の成立と市場経済化の経験　*209*
　Ⅴ　「社会主義の初級段階」における企業と国家　*214*
　Ⅵ　対外開放政策と分業体制の確立　*216*
　Ⅶ　東アジア諸国との国際関係と対外開放の進展　*220*
　Ⅷ　むすび　*223*

第10章　中国経済体制改革と現代企業制度　*227*
　Ⅰ　はじめに　*227*
　Ⅱ　社会主義市場経済における現代企業制度の役割　*228*
　Ⅲ　中国現代企業制度における国有企業管理　*232*
　Ⅳ　中国現代企業制度の確立に向けて　*235*
　Ⅴ　むすび　*239*

第11章　社会主義市場経済と私有財産権の保護
　　　――ハイエクの視点を中心に――　*243*
　Ⅰ　はじめに　*243*
　Ⅱ　社会主義の本質と自由主義の弱点　*244*
　Ⅲ　ハイエクにおける個人主義の意義と成立要件　*246*
　Ⅳ　社会主義市場経済の2つの意味　*251*
　Ⅴ　憲法改正の意義と社会主義市場経済の将来　*254*
　Ⅵ　むすび　*259*

目 次

終章　総 括　*261*

Ⅰ　西洋近代国家との接触と東アジアの近代化　*261*

Ⅱ　日本近代化の進展と中国　*263*

Ⅲ　中華人民共和国の建設と経済近代化政策　*268*

Ⅳ　改革・開放政策への転換とその意義　*270*

　　論点1　政策目標としての「4つの現代化」の定着と政策転換の意義　*272*

　　論点2　統制経済対市場経済という視点　*273*

　　論点3　第11期3中全会の意義──分業重視という視点　*274*

　　論点4　改革・開放政策と技術革新　*275*

Ⅴ　改革・開放政策の展開　*276*

　　論点5　改革・開放政策における党大会の位置付け　*276*

　　論点6　近代化政策の進展と中産階級の形成　*277*

Ⅵ　社会主義市場経済と「3つの代表」論　*278*

　　論点7　「3つの代表」論と「社会主義市場経済」　*278*

　　論点8　「3つの代表」論とナショナリズム　*280*

Ⅶ　改革・開放政策の成果と中国経済近代化の課題　*281*

Ⅷ　中国経済近代化と日本の独立　*284*

　　論点9　近代化政策推進にあたっての外交政策　*285*

　　論点10　「平和5原則」の現代的意義　*286*

Ⅸ　むすび　*289*

初出文献一覧　*293*

参考図書　*294*

索　引　*301*

序章
周恩来と中国近代化政策

I　はじめに

　中国の改革・開放政策が、鄧小平の主導によって本格的に始められてから4半世紀が過ぎた。この間、中国は共産党の支配のもとで、社会主義計画経済体制から市場経済体制への改革を進め、地域間格差や所得格差、資源・環境問題、その他さまざまな問題を抱えつつも、高い経済成長を続けている。
　体制改革にあたって、江沢民前国家主席は、中国独自の社会主義市場経済建設の理念として、マルクス・レーニン主義、毛沢東思想、鄧小平理論に加えて、江沢民自身が提起した「3つの代表」論を掲げ、これらの理念を胡錦涛国家主席も受け継いでいる。このような状況下で、中国経済近代化実現にあたっての周恩来(1898-1976年)の役割は、後方に押しやられているように見える。
　しかし、周恩来は、中華人民共和国の建国と国家主権の維持に生涯を捧げ、さらに、近代化された富強な国家への道を敷くことに尽力した偉人であった。
　周恩来が中華人民共和国建国の功労者であることは、あまねく知られている。1921年春にパリ共産主義小組に加入した周恩来は、1927年4月、中国共産党第5回全国代表大会で中央委員に、続いて第5期1中全会で中央政治局委員に選ばれた。同年5月には、中央軍人部(軍事部)長に任命された。1931年11月、中華ソヴィエト共和国中央執行委員会委員に就任、1934年2月には中央革命軍事委員会副主席就任というように、政治、軍事面での指導者として活動し、同年10月からの長征を朱徳、王稼祥と共に指揮した。
　1935年1月、長征途上の中共中央政治局拡大会議(遵義会議)では、敗戦を

自己批判し、毛沢東が中央常務委員になることを支持し、以後終生、毛沢東と協力しつつ、革命と建国に尽力した。周恩来は、自他の力と適性を客観的に捉えることのできる人物であった。中国革命を成功させるという大きな目的のためには、革命理論とカリスマ性を備えた毛沢東を支える役割に徹したのである。

1936年12月、張学良たちが西安事件を起こすと西安へ行き、蒋介石の安全を保証したうえで、「連蒋抗日」の方針のもと、事件の平和的解決にあたった。そして、1937年7月、日中戦争（支那事変）が始まると、同年9月、第2次国共合作による抗日民族統一戦線を成立させた。

1938年12月、重慶へ赴き、1939年1月、中共中央南方局書記に就任、抗日統一戦線の維持に努めた。1945年8月に日本が降伏すると、周恩来は、重慶で毛沢東と共に国民党政府と会談し、政治協商会議の開催を含む「双十協定」を10月にまとめた。同年11月には国共両軍が衝突したが、アメリカのマーシャル特使の調停により、1946年1月に、国共停戦協定が成立し、政治協商会議も開催された。同年5月の国民政府の南京遷都に伴い、周も重慶から南京へ移り、6月には上海に代表処を置いた。同時期に国共内戦が本格化したが、それ以降も国民党との話し合いの姿勢を続け、ついに国共内戦に対するアメリカの武力介入を招かずに建国に至らしめた。このように、周恩来は、革命家として、政治家として、中華人民共和国建国の功労者であった。

また、周恩来は、中華人民共和国守業の第一人者であった。建国以来1976年1月の逝去まで、政務院総理次いで国務院総理として、日々の政務を取り仕切った。1958年までは外交部長も兼ねて、1953年12月には、「平和5原則」（主権・領土保全の相互尊重、相互不可侵、相互内政不干渉、平等互恵、平和共存）を提唱するなど、中国の権威を対外的に高めつつ、超大国からの干渉を許さない国家体制を築いた。

1966年5月に毛沢東が発動した文化大革命の時期には、林彪やいわゆる「4人組」（江青、王洪文、張春橋、姚文元）の極左路線からの攻撃に耐えて、政府の活動を維持した。

中国への貢献は、建国と守業に留まらない。中国の将来を切り開く、中国近代化政策の仕掛人でもあった。1971年7月、キッシンジャー米大統領特使と会

序章　周恩来と中国近代化政策

談し、1972年2月のニクソン米大統領の訪中を実現して、米中国交回復への道筋をつけた[1]。同年9月、田中角栄首相と会見し、日中国交正常化を実現、また、12月には、国連における中国の代表権を回復した。米中・日中国交回復を実現することによって、対外開放政策を通じて、中国経済の近代化政策を実施し得る国際環境を整えたのである。その後、鄧小平の国務院副総理復活（1973年3月）に大きな役割を果たした[2]。鄧小平は改革・開放政策によって近代化政策を実施したが、それを実行可能にする準備を整えたのは、周恩来であったと言ってよい。

本章では、周恩来が近代化をどのように捉えていたかを、周恩来自身の発言を通じて考察する[3]。そのことによって、「4つの現代化」の提唱者である周恩来の中国近代化建設に対する貢献を再評価したい。

---

[1] 日本の中立化を望む周恩来に対しキッシンジャーは、日米安全保障条約の存在意義について、「我々（アメリカ）と日本との防衛関係が日本に侵略的な政策を追求させなくしている。日本に関しては、貴国（中国）の利益と我々の利益とはとても似通っています。どちらも日本が大々的に再軍備した姿を見たくはありません。そこにある我々の基地は純粋に防衛的なもので、彼ら（日本）自身の再武装を先送りにすることが出来ます」と述べ、日米安保条約が東アジアの安定のために役立つと説いている（毛利和子・増田弘監訳『周恩来　キッシンジャー機密会談録』岩波書店、2004年、38-39頁参照）。そのときから30年以上を経た現在、日本の対米従属は軍事面のみならず、外交政策全般にわたるようになっており、中国は安定した国際環境のなかで近代化政策を進展させ、それとともに、海軍を含む軍事面も力をつけ、自立した国家となっている。日米安全保障条約を中国が黙認した、この会談の歴史的意義は大きかった。

[2] 1972年1月、陳毅元外相の追悼会の折、毛沢東が「鄧小平の問題は人民内部の矛盾である」と漏らした言葉を捉え、周恩来は鄧小平復活の環境作りに尽力した。そして、1973年3月、周恩来が主宰した中央政治局会議において、「鄧小平同志の党組織生活と国務院副総理の職務を回復する決議」が発出された（『人民之子鄧小平』（中巻）中央文献出版社、2004年、881-882頁）。

[3] 首相としての発言は、その時期の党の方針に則っており、どこまでが周恩来自身の考えなのかを明確に区別することが難しい。また、『周恩来選集』が発行されたときの党の方針と違う文献は、収録されていないかもしれない。そのような限界を意識しつつも、政府報告作成を国務院総理として主導しているのは周恩来であること、また、『選集』発刊が改革・開放政策の開始以降であるので、現代化への貢献に関する発言については、収録してあると考え、この方法を採る。

Ⅱ 「現代化」への最初の言及

「現代化」という言葉を周恩来は、中華人民共和国建国からわずか4年後の1953年9月に、中国人民政治協商会議常務委員会拡大会議の報告で、「重工業を発展させ、国家工業化と国防現代化の基礎を確立する」というように用いている[4]。このように、建国初期において「現代化」という言葉が使用されたのは、国防についてであった。

1953年から始まった第1次5ヵ年計画においては、中国共産党が支配する新国家を資本主義諸国から防衛するためにも、また、1950年6月に朝鮮戦争が勃発し中国人民義勇軍が参戦した経験からも、国防が重視された。それゆえ、ソ連と同様に、重工業の発展に主力を集中するという政策がとられ、冶金、燃料、動力、機械製造、化学などに重点が置かれた。

国家工業化と国防近代化のために重工業優先策を採りながらも、周恩来は軽工業にも配慮している。人口が急速に増大するなかで、まず緊急に必要な物資、例えば綿糸・綿布類などの生産に重点を置くべきとする。また、軽工業の発展は、「国家の建設資金を蓄積するうえでも有利である」と、軽工業の生む価値

---

[4] すなわち、第1次5ヵ年建設計画の基本任務について、次のように述べている。「まず主要な力を集中して重工業を発展させ、国家工業化と国防現代化の基礎を確立する。技術方面の人材をそれ相応に育成し、交通輸送業、軽工業、農業を発展させ、商業を拡大する。段取りを追って農業、手工業の合作化および私営工商業に対する改造を促進する。個体経営の農業、手工業と私営工商業の役割を正しく発揮させる。これらすべては、国民経済における社会主義的構成要素の比重が着実に増えつづけることを保証し、生産の発展をふまえて人民の物資的生活と文化生活の水準をしだいに向上させることを保証するものである」。「過渡期における総路線──中国人民政治協商会議第1期全国委員会第49回常務委員会拡大会議での報告」（1953年9月8日）、『周恩来選集（1949-1975年）』外文出版社、1989年、160-161頁参照。

また、同月の中国共産党第2次全国組織工作会議においても、「第1個5年計画的基本任務」（1953年9月29日）の中で、「重工業を発展させてこそ、国防現代化が可能となる」と述べている。中共中央文献研究室『周恩来経済文選』中央文献出版社、1993年、159頁参照。

序章　周恩来と中国近代化政策

創造の役割を正しく把握している点が注目される。

　農業については、人民の生活水準を次第に向上させるのに必要な量に比して、「われわれは相当長い期間、なお食糧不足を感じつづけるであろう」[5] として、農業発展の必要性にも配慮している。また、この時期にすでに、「技術方面の人材の育成はわが国建設のカギである」として、技術を重視している[6]。

　しかし建国まもない中国には、生産過程に新技術を適用する余裕はなく、当面は生産要素の投入量を増加することによる外延的発展政策を実施するしかなかった。

　社会主義中国の課題は、労働豊富、資本不足、低い技術水準という初期条件のもとで、社会主義経済へと体制改革を図りつつ、経済発展を実現することであった。この状況のもとで重工業に多くの生産要素を投入した結果、軽工業部門や農業の生産が不足し、人民の生活水準の向上を抑えることとなった。

　社会主義体制の建設に関してこの時期は、中華人民共和国が成立してから社会主義的改造がなしとげられるまでの「過渡期」として位置づけられた。過渡期における党の総路線と総任務は、かなり長い期間内に、国の工業化と農業、手工業、資本主義工商業に対する社会主義的改造を基本的に実現することとされた。すなわち、私営企業を公私合営企業とし、さらにそれを、国営企業や協同組合経営企業に改変して、公有制の比率を高めていくことがめざされた。

　次に国防という特定の部門だけでなく、周恩来が「4つの現代化」に関し実質的に言及したのは、1954年9月、第1期全国人民代表大会第1回会議の「政府活動報告」においてである[7]。

　同報告では、中国の人民革命の根本目的を、中国の生産力を帝国主義、封建制、官僚資本主義の束縛と小商品生産の制約から解放して、国民経済を社会主

---

5) 「過渡期における総路線——中国人民政治協商会議第1期全国委員会第49回常務委員会拡大会議での報告」（1953年9月8日）、『周恩来選集（1949-1975年）』外文出版社、1989年、169頁。
6) 「同報告」『前掲書』161頁。
7) 「わが国を現代化した強大な社会主義工業国に築き上げよう」（1954年9月23日）『前掲書』193頁。

義の道に沿って計画的かつ急速に発展させることにより、人民の物質的、文化的生活水準を引き上げ、中国の独立と安全を打ち固めることにあるとしている。

だが、中国経済は非常に立ち遅れているがゆえに、「もしも強大な現代化した工業、現代化した農業、現代化した交通・運輸業と現代化した国防を建設しないなら、立ち遅れと貧困からぬけ出すことができず、われわれの革命はその目的をとげることができない」[8]として、工業、農業、交通・運輸業、国防の近代化の必要性を説いている。

周恩来は、重化学工業優先政策に関して国防産業の強化だけでなく、重工業化による他産業部門への波及効果によって、生産力全体が拡大することを期待していた[9]。重化学工業と軽工業双方の生産増大を図る鍵は、生産過程に近代技術を導入することにある。周恩来は、現代化した技術なしには、現代化した工業はありえないとして、既存の技術者の合理的配置と能力の向上、技術の組織化、そして企業における人材の育成によって、技術水準と企業管理水準を引き上げることを提唱している。それによって、製品の質の向上、新製品の品種と量の増加、さらには技術力に富む新企業の完成をめざした。このように、社会主義経済体制下において経済合理性を追求することと近代技術を生産過程に適用することが、当時からすでに周恩来の基本的な考え方であった。

近代技術を生産過程に適用することは、経済近代化の基本的な条件である[10]。その場合、生産技術だけでなく、企業管理水準の引き上げに注目しているところに、周恩来の卓見がうかがえる。しかしこの時期は、あくまで、国営企業や協同組合経営企業など、公有制企業に、資金や技術力を持った人材を集め、合理的配置によって、計画経済を遂行しようとしていた。資源が極端に限られて

---

8) 『前掲書』195頁。
9) 「人民はやはり生活面でのある種の困難と不便を一時しのばなければならない。だが、一時、ある種の困難や不便を忍んででも、さきざきの繁栄と幸福をかちとる方がよいのか、それとも目先の小さな利益に目がくらんで、いつまでも貧困と立ち遅れからぬけ出せなくなる方がよいのか」(『前掲書』199頁)と問いかけている。
10) 中国で使っている「現代化」という用語は、日本で言う「近代化」に相当するため、本書では両者を同義語として扱っている。

いるなかにあっては、やむをえない方式であった。ただその状況下でも、人材の育成に言及していることは、経済近代化において、その担い手の大切さを認識していたことがうかがわれる。

なお、1978年12月の中国共産党第11期全国代表大会第3回中央委員会総会（第11期3中全会）において経済発展の要に位置づけられた農業[11]は当時、どのような位置にあっただろうか。1954年の同報告の中での農業の役割は、繊維工業と食品工業をはじめ原料の供給先、工業人口その他の都市人口が必要とする食糧および副食品の供給先、多くの工業製品の主な市場とされている。そして、農業の発展のために、中央人民政府は毎年、水利、技術の各面から農業生産を助成し、農民は、政府の呼びかけにこたえて、互助・協同化を発展させ増産に励んだとされている[12]。ここでは、食糧・原料の供給、工業製品の市場という農業の国民経済における位置づけは正確に捉えられている。しかし、農業協同化による生産力の向上をめざしている点で、1954年時点の農業政策は、各戸請負制という形で事実上の自作農経営を実現した第11期3中全会の路線とは異なっている。

生産の発展の意義について、国、人民にとって決定的な意義を持つとするとともに、注目すべきは、社会主義経済の目的について、「社会主義経済の唯一の目的は、人民の物質的・文化的需要を充たすことにある」[13]としている点である。独立を守るために当時国防に力を注ぐ必要があったことは先に見たとおりであるが、生産の目的を「人民の物質的・文化的需要をみたすこと」にあるとしている点には、第11期3中全会以降の路線との共通性が見られる。

賃金制度については、労働に応じた報酬の原則と経済計算制に矛盾するとし

---

11)「農業の現代化を段々と実現してのみ、国民経済全体の急速な発展を保証することができるのであり、全国人民の生活水準をたえず向上させることができるのである」（中国共産党第11期3中全会コミュニケ）太田勝洪・小島晋治・高橋満・毛利和子編『中国共産党最新資料集』上巻、勁草書房、1985年、5頁）。

12)「わが国を現代化した強大な社会主義工業国に築き上げよう」（1954年9月23日）『周恩来選集（1949-1975年）』外文出版社、1989年、200頁。

13)「前掲論文」『前掲書』207頁。

て現物給与の廃止を打ち出した。また、悪平等は、「マルクス主義思想や社会主義制度とは縁もゆかりもない。悪平等は、労働者・職員の技術習得、労働生産性向上への意欲を妨げるので、経済建設の発展にとって非常に有害である。企業の報奨制度もいまかなり混乱しており、ぜひとも整頓しなければならない」[14]としたが、この実現については、長いあいだ課題として残された。

Ⅲ　知識階層の擁護

　毛沢東は、知性に富んだ理論家でありかつ詩人であったにもかかわらず、知識人を軽んずる傾向があった。これは、当時の中国農民のあいだにあった反知性主義によるところが大きかったのではないか、と推察される。高等教育を受けるためには、財力がなくてはならず、したがって、知識階層には地主階級や富農、資本家階級の出身者が多かった。知識人に対する反感は、農民、労働者に根強かった。農民や労働者を革命的行動に立ち上がらせ、かつ建国後も社会主義建設に邁進させるためには、彼らが有する地主や資本家に対する反感を利用する必要があったのである。また知識人は自己の思想を持っているがゆえに、その中にはブルジョア民主主義者のように共産主義に批判的な考えを持つ人たちも居り、社会主義建設にあたって扱い難い存在であった。

　これに対し、周恩来は、知識人たちと親交があり、革命における知識人の役割を評価するとともに、建国後も一貫して知識人を擁護した。革命から1年もたたない1950年8月、中華全国自然科学工作者代表会議の席上で、農業、工業、国防における科学技術の重要性を指摘したうえで、科学者へ人民への服務、帝国主義に対する団結を呼びかけている[15]。また1956年には、知識分子に向かって次のように語っている。「たえまなく増大する全社会の物質、文化面の需要を最大限に満たすという目的をとげるには、社会生産力をたえず発展さ

---

14) 同上。
15) 「建設興団結」（1950年8月24日）中共中央文献研究室『周恩来経済文選』中央文献出版社、1993年、40-51頁。

せ、労働生産性を向上させなくてはならない。したがって、生産技術を十分に高める必要があり、科学を発展させ、科学知識を十分に利用する必要がある。したがって、労働者階級と広範な農民の積極的な労働に頼るほか、さらに知識分子の積極的な労働にも頼らなくてはならない」。このように経済建設における知識人の役割を重視し、また、「社会主義建設のさし迫った必要を満たすには、知識分子の隊列、わけても高級知識分子の隊列をより急速に拡大しないわけにはいかない」[16]としている。

　しかし、知識人に対する反感が存在するために、その力が十分に発揮されていないのが実状であった。このことを「早くも1939年、党中央は毛沢東同志の起草した『知識分子を大量に吸収することについての決定』[17]を採択し、これを各根拠地で効果的に実施した」[18]と毛沢東の言葉を借りて批判し、改善を促している。

　知識人を社会主義の建設に貢献させるためには、高級知識分子の中で、社会主義のためにあくまで奮闘する赤色専門家を大量に育成すべきであるとする一方で、知識人の思想改造にあたっては、知識人の自覚を促すべきだとした[19]。

　また、知識分子というのは、「独立した階級でなく、頭脳労働者で構成される社会階層のことである」[20]としている。

　このような、強制ではなく本人に自覚を促すという方法、そしてまた、階級敵の範囲をできる限り狭め、広い階層の人々と連合していく考え方[21]が、周恩来へ寄せる人民による敬愛の念の源泉となっていると考えられる。

---

16)「知識分子の問題についての報告」(1956年1月14日)『周恩来選集 (1949-1975年)』外文出版社、1989年、227-267頁。
17) 毛沢東「知識人を大量に吸収せよ」『毛澤東選集』第2巻、外文出版社、1968年、405-408頁。
18)「知識分子の問題についての報告」(1956年1月14日)『周恩来選集 (1949-1975年)』外文出版社、1989年、231頁。
19)「思想闘争の過程で注意すべきなのは、人間の思想の転換はその人自身の自覚を通じなければならない、ということである。荒っぽいやり方で思想改造を行っても問題を解決することはできない」とする。「前掲論文」『前掲書』258頁。
20)「知識分子の問題について」(1962年3月2日)『前掲書』510頁。

「最も先進的な科学を身につけてこそ、国防を固めることができ、強大な先進的経済力を持つことができる」と考えている周恩来が、知識人育成を強調する前提には、世界の近代科学技術発展のめざましさに対する認識があった。原子力の利用、電子工学その他の科学の進歩によって生み出された電子自動制御機械など、「最新の成果によって、人類はいまや新しい科学技術と産業革命の前夜に立たされている」という認識に立って、「当面の主な偏向は（技術面の応用と生産操作の問題の解決にくらべて）理論研究の軽視にある」として、自然科学とならんで社会科学の理論研究の重要性を説いている[22]。

科学部門を世界の先進的水準に近づけさせるためには、どうしたらよいか。民族の自尊心を失った依存の思想を打破したうえで、先進的な科学の考え方を定着させることによって、自主技術開発が可能な体制を作ることが重要であると指摘している。

このように、技術進歩による経済発展こそが、先進国に互するための経済的源泉であることを周恩来は見抜き、技術導入の必要性とともに、技術の自主開発を可能にする科学の基礎研究に力を注ぐべきであるとしたのであった。

Ⅳ　実事求是の由来

鄧小平が改革にあたっての基本理念とした「実事求是」という言葉は、班固の著作『漢書』の古い成語を、毛沢東が、1938年10月「民族戦争の中での中国共産党の地位」において、「中国共産党員は、実事求是の模範たれ」と用いたことに始まると言われる[23]。さらに毛は、1940年、「新民主主義論」において、

---

21) 例えば、「いかなる思想の発展もルーツのないものはなく、新社会は旧社会から生まれ出たものである。搾取階級の出身は変えられないが、思想は改造できる」として、出自による差別に反対している。「人を理由に文を排してはならない」（1970年9月17日）『前掲書』679-680頁。
22) 『前掲書』257-260頁。
23) 于霊・張彩玲・卜毅然・宋正『毛澤東思想概論』東北財経大学出版社、2003年、200-201頁。

「科学的態度とは、実事求是である」という命題を提出している。

1941年、「われわれの学習を改造しよう」という報告において毛沢東は、「実事」とは、客観的に存在する一切の事物であり、「是」とは客観的事物の内部連係、すなわち規律性であり、「求」とは、われわれが研究するということであると述べた。そして、「実事求是」を党の思想路線として明確に把握し、研究のめざすところは、マルクス・レーニン主義と中国革命の実際とを結合することにあるとした。このとき以来、実事求是は、中国共産党員にとって特別の術語となった。実事求是という言葉は、第11期3中全会以前にも、中国共産党が指導方針を転換するときに使われてきたのである。

周恩来も経済活動において「実事求是」の考え方が必要なことを、早くから提起している。1956年2月には、「社会主義の積極性を損ねてはならないが、現実の可能性を超越したこと、根拠のないことを提起すべきでなく、やたらにテンポを上げるべきではない」とし、「工業化の繰り上げ達成というスローガンを絶対早目に提起してはならない。……各部の専門会議で提起されている計画数字は、いずれも大きすぎる。実事求是の態度で取り組むよう、諸君の注意を促したい」と述べている[24]。

1956年9月、中国共産党第8回全国代表大会が開かれ、農業、手工業、資本主義商工業の社会主義的改造が基本的に完了し、これからは社会主義建設を全面的に繰り広げるという方針が打ち出された[25]。

経済構造としては、均衡の取れた国民経済の建設がめざされた。すなわち、周恩来は同大会における「国民経済発展第2次5ヵ年計画の提案に関する報告」[26]において、社会主義的工業化の主な要求は、「おおよそ3つの5ヵ年計画

---

24)「経済活動には実事求是の態度で取り組むべきである（経済工作要実事求是）」（1956年2月8日）『周恩来選集（1949-1975年）』外文出版社、1989年、269-70頁。

25)「中国共産党第8回全国代表大会に対する中央委員会の政治報告」（1956年9月15日）淺川謙次・尾崎庄太郎編訳『劉少奇主要著作集』第4巻、三一書房、1960年、7-120頁参照。

26)「第1次5ヵ年計画の遂行状況と第2次5ヵ年計画の基本任務」（1956年9月16日））『周恩来選集（1949-1975年）』外文出版社、1989年、299-321頁。

の期間に、整った工業体系を基本的に確立することである」とし、人口が多く、資源が比較的豊富で、需要の非常に大きい中国のような国は、援助に過度に依存することなく、自分自身の整った工業体系を確立する必要があることを説いている。その一方で、自給自足的経済にも反対し、「門を閉ざして建設するといういま1つの考え方も誤っている」とした。また農業と工業の発展が「足並みがそろうようにすべきである」と均整的な発展を構想していた。

続いて、1956年11月の党第8期2中全会においても、「重工業の発展を重視すると同時に、人民の生活にも関心を寄せなければならない」として、軽工業と農業の発展に重点を移そうとした。それは、ジュネーブ会議やバンドン会議以降の国際情勢の緩和を受けたものであり、「毛沢東同志は政治局会議で、いまは、国防工業の発展のテンポをゆるめ、冶金工業、機械工業や化学工業を重点的に強化して、基礎をしっかりと打ち固める一方、原子爆弾、ミサイルや長距離航空機の発展にとりかかり、その他のものはすこしやるだけでよいと、政治局に提起した」[27]と、国防への資源配分を効率的に行うとした。

「毛沢東同志が打ち出した十大関係は党の第8回全国代表大会の指導方針である」[28]というように、この大会の路線は、「すべての積極的な要素を引き出し、すべての力を発揮させてわが国を偉大な社会主義工業国に築き上げるために奮闘する」[29]ということであり、階級闘争から経済建設へと向かう方針であったが、その後、毛沢東の主導により、大躍進政策が実施され、飢饉に至る経済危機を招いてしまった。

「調整期」に入ると周恩来は現実を直視することの重要性を強調した。大躍進政策からの転換にあたって周は、「毛沢東同志はこれまでずっと、調査・研究および実事求是を提唱してきた。延安における整風（1942年）から党の第7回全国代表大会（1945年4月から6月）、さらに全国解放に至るまで、われわれはこの精神を発揚して全国の勝利をかちとった」[30]とし、架空の数字に基づい

---

27)「経済建設におけるいくつかの方針上の問題」（1956年11月10日）『前掲書』323-338頁。
28)「経済建設におけるいくつかの方針上の問題」『前掲書』323-338頁。
29)『鄧小平文選（1938-1965年）』外文出版社、1992年、371頁。

序章　周恩来と中国近代化政策

て、計画達成の実績とすることを戒めた[31]。

　また注目すべきことに、「調整期」において周恩来は、4つの現代化と実事求是を結びつけた考え方を示している。「農業、工業、国防および科学技術の現代化を実現して、わが祖国を社会主義の強国に築き上げる鍵は、特にそのうちの科学技術の現代化である。科学技術の現代化を実現するために主に要求されるのは、実事求是の態度を取り、段取りを追って進め、互いに促進させあって、ひるまずに立ち向かう、ということである。……毛主席は早くも1942年の整風運動のさい、すでに実事求是のスローガンを打ち出していたが、これは自然科学にもあてはまる。……段取りを追って進む必要があるばかりでなく、できるだけ早く世界の先進的レベルに追いつくようにしなければならない。われわれの4つの現代化は、それらを同時に進め、相互に促進させ合うべきであり、工業の現代化が実現してから、農業、国防および科学技術の現代化にとりかかるというわけにはいかない。われわれは世界の先進的レベルには遅れているが、われわれにも学ぶべき先進的経験があり、最新の科学技術面の成果を利用することができる」[32]と説いたのであった。

　なお、鄧小平も1956年11月に、「実事求是」を意味する内容を述べている。すなわち、「マルクス・レーニン主義の普遍的な真理を自国の具体的な実状と結びつける、この言葉そのものが普遍的な真理である」とし、教条主義にも、

---

30)「調査・研究を行い、実事求是の態度を取ろう」(1961年3月19日)『周恩来選集(1949-1975年)』外文出版社、1989年、445頁。

31) 1962年2月にも、毛沢東の言う「実事求是」の精神に則り、真実の調査研究によって誤った生産量を正さねばならないとし、劉少奇や鄧小平が進める路線転換を支持している。「説真話、鼓真勁、做実事、収実効」(1962年2月3日)中共中央文献研究室『周恩来経済文選』中央文献出版社、1993年、437-440頁。
　また「実事求是」を、官僚主義の批判にも用いている。「官僚主義者は下部へ入らず、調査もせず、1961年までは高い目標を決めて、多く買い付け、農民をさんざん苦しめた。だから、農民はいま、収穫高は多くても少な目に報告するのだ。……もしもわれわれが実事求是の態度で事をはこび、貧農・下層中農に依存するなら、農民も正直に話してくれるであろう」「富は人民の手に」(1967年5月3日)『前掲書』667頁。

32)「社会主義の強国に築き上げる鍵は、科学技術の現代化を実現することである」(1963年1月29日)『前掲書』593-594頁。

経験主義にも陥ることなく、具体的な状況から出発し、しかもマルクス・レーニン主義の原則を守らなくてはならないと説いた[33]。

鄧小平はのちに、第11期3中全会以来の改革・開放政策によって「4つの現代化」を実現するにあたっての基本理念として、実事求是を改革の基本理念に据えた。「実事求是は、プロレタリア世界観の基礎であり、マルクス主義の思想的基礎である。これから、4つの現代化を進めるにも、やはり実事求是によるほかはない」と位置づけた。

実事求是という言葉は、改革・開放政策の理念であるとともに、1977年7月の党第10期3中全会で党中央委員会主席への就任を追認された華国鋒に対する、鄧小平の奪権闘争の理論的武器という側面を持っていた。同全会では、4人組の党籍剥奪、全職務解任を決定する半面、鄧小平の職務復帰が決議された。鄧小平は先に1977年4月、「2つのすべて」（毛沢東の決定と指示の2つを断固守ること）への批判を党中央への私信という形で始めたが、華国鋒は同全会でもその堅持を主張していた。1978年5月、鄧小平の腹心、胡耀邦の指示によって、『光明日報』に「実践は真理を検証する唯一の基準である」という論文が掲載されたが、そこには、「すべての思想と理論は必ずや実践によって検証されなければならない」と述べられていた。「すべての思想」には、「毛沢東思想」と「プロレタリア独裁下の継続革命の理論」も含まれており、「階級闘争を要とすることを堅持し、党の基本路線を堅持し、プロレタリア独裁下の継続革命を堅持する」という華国鋒の路線の批判がなされていた。「実事求是」が、中共中央工作会議（1978年11-12月開催）に続く第11期3中全会で承認されたことにより、華国鋒は亡き毛沢東の権威にのみ寄りすがることによる権力維持ができなくなり、1980年2月には胡耀邦が党中央委員会総書記に就任、また同年3月には趙紫陽が国務院総理に就任した。1981年6月の党第11期6中全会において、華国

---

[33]「マルクス・レーニン主義は中国の実際と結びつけなければならない」（1956年11月17日）『前掲書』365-369頁。後に改革・開放とともに、4つの基本原則を守るべしとする鄧小平の思想がここに現れている。また、鄧小平は、「毛主席でさえも、しじゅう誤りを犯している、とつねづね語っている」と大胆な発言も行っている。

鋒は党主席と軍事委員会主席の職を辞し、胡耀邦が党主席に、鄧小平が軍事委員会主席に就任したのであった。

このように「実事求是」を改革遂行の中心理念に据えてその遂行を可能にした点は、鄧小平の功績である。しかし、「実事求是」と「4つの現代化」とを最初に関連づけた功績は、先に見たように周恩来に帰すると考えられる。

V 「4つの現代化」の提唱

1958年5月、中国共産党第8回全国代表大会第2回会議で採択された社会主義建設の総路線は、「大いに意気ごみ、つねに高い目標をめざし、多く、速く、立派に、無駄なく社会主義を建設する」というものであり、客観的な経済法則を軽視していた。多大な労働力と資源が浪費され、国民経済が1959年から1961年にかけて、大きな困難に見舞われた。これに対し、「中共中央は、1960年下半期、国民経済活動について、調整・強化・充実・提高(向上)、なかでも調整を中心とする方針を提起した。……それは主として、農業・軽工業・重工業の相互関係、生産と基本建設との相互関係、経済事業と文化教育事業・国防事業との相互関係、蓄積と消費との相互関係、財政・貸付と物資との相互関係を適切に調整することである。経済各部門と文化、教育各部門の内部においてもしかるべき調整をしなければならない」というものであった[34]。

基本建設プロジェクトをさらに減らすとともに、当面の国民経済調整活動において、農業を国民経済発展の最も重要な地位に置き、農業、軽工業、重工業の順で経済計画を配置するべきであるとした。

1962年1月から2月にかけて、中共中央による拡大中央工作会議が北京で開催された。劉少奇が中共中央を代表して報告し、1958年の「大躍進」以来の活動における主要な欠点と誤りを分析したうえ、全党の当面の主な任務は、調整工作を立派に進めることであるとした。続いて、同年2月に、中共中央政治局常務委員会拡大会議が劉少奇の主宰により開かれ、国民経済の調整段階での

---

34)「国民経済の調整活動と当面の任務」(1962年3月28日)『前掲書』533-555頁。

主な任務は、経済の回復であり、全党が力を集中して、農業生産と日用品生産を強化し、市場の供給を保証し、インフレを抑制し、基本建設の戦線を断固として縮小しなければならないことを確認した35)。このような、農業生産の回復を中心に据えること、また、日用品生産、すなわち、農業の副業や軽工業の生産を重視する政策は、後の1980年代初頭の調整期と共通するものがある。

1964年10月、中国は原子爆弾の実験に成功し、核保有国となった。周恩来は実験成功のニュースを、喜びをもって聞いたという36)。その一方で、「中国が核兵器の技術を掌握するのは、まったく防衛のためであり、中国人民がアメリカによる核兵器の恐喝から免れるためなのである。いかなるとき、いかなる状況でも、中国が先に核兵器を使用することはないと、中国政府は厳かに宣言する」と即座に核廃絶の声明を発した37)。

この防衛力の強化を背景として周恩来は、「4つの現代化」を1964年12月、第3期全国人民代表大会第1回会議における「政府活動報告」で提唱した38)。

周恩来が提起した経済近代化の方針は次のとおりである。

「それほど長くない歴史的時期のうちに、わが国を現代的農業、現代的工業、現代的国防および現代的科学・技術をそなえた、強大な社会主義強国に築き上げ、世界の先進的レベルに追いつき、追いこす。この偉大な歴史的任務を実現させるには、第3次5ヵ年計画からのわが国の国民経済発展を2段階に分けて考えるべきである。まず第1段階として、独立した、比較的整備された工業体

---

35)「われわれの調整の目的は、部隊の精鋭化・行政の簡素化・増産・節約、市場の保証、秩序の整頓にある」とした。「情勢を見きわめ、主動権を握ろう」(1962年5月11日)『前掲書』579-591頁参照。

36) 熊華源・寥心文『人民総理周恩来』中国社会出版社、2004年、297頁参照。なお周恩来は、日本の経済発展を見て、「経済の拡大は必然的に軍事的拡大をもたらす」とキッシンジャーに語っている（毛利和子・増田弘監訳『周恩来　キッシンジャー機密会談録』岩波書店、2004年、27頁)。国家主権を支える軍事力強化のためには、経済発展が不可欠であると周恩来は考えており、4つの現代化を政策目標にすることと原爆の成功は、周恩来の思想においては統一的に捉えられている。

37)「核兵器を全面的に禁止し、完全に廃絶しよう」(1964年10月17日)『周恩来選集（1949-1975年)』外文出版社、1989年、621頁。

38)「国民経済発展の主な任務」(1964年12月21日)『前掲書』633-638頁。

系と国民経済体系を打ち立てること。第2段階として、農業、工業、国防および科学・技術の現代化を全面的に達成し、わが国の経済が世界の先頭に立つようにすることである」。ここで、第1段階に要する期間は、周恩来は15年としていた。

その後の国民経済発展過程において注意すべき点は、次のとおりであるとした。

1. 国民経済発展の計画は、農業、軽工業、重工業の順に配置するべきである。農業を基盤とし、工業を導き手とする国民経済発展の総方針をよりよく実行しなければならない。
2. 自力更生と国際協力の関係を正しく処理すること。社会主義国は、自国の具体的状況から出発し、自国の人民の勤勉な労働に頼り、みずからの資源を十分に生かして建設を進めてこそ、自国の経済を比較的速やかに発展させることができ、社会主義陣営全体の威力を強めることができるのである。国際協力はかならず自力更生の基礎の上に行わなければならない。
3. 技術革命を進めること。できるだけ先進的技術を採用し、あまり長くない歴史的時期のうちに、中国を近代化した強国に築き上げる。そのために外国の良い経験、すぐれた技術はすべて取り入れて、中国の建設に役立てるべきである。外国に学ぶことと独創精神とを結びつけなければならず、新技術を採り入れるにあたって、大衆的な技術革新と技術革命の運動とを結びつけなければならない。また、科学研究・教育と生産とが結びつくようにしなければならない。
4. 指導と大衆運動を結びつけること。すなわち、指導的幹部、専門家、大衆の3者を結合すること。大胆にものを考え、ものを言い、行動するという革命精神とともに、実事求是の科学的態度も提唱すること。

しかしながら周恩来のこの提唱は、1966年から10年にわたって文化大革命が発動されたため、実施されることなく終わった。

文化大革命の末期において、なお4人組の攻撃を受けつつも、周恩来は「4つの現代化」という目標を、第4期全国人民代表大会第1回会議（1975年1月）の「政府活動報告」で再提唱した[39)]。その内容は、10年前のそれと本質にお

いて同じである。すなわち、「毛主席の指示に従って、第3期人民代表大会の政府活動報告は、第3次5ヵ年計画から、わが国の国民経済を2段階に分けて発展させる構想を提起した。第1段階では、15年の時間をかけて、すなわち1980年までに、独立した、かなり整った工業体系と国民経済体系を打ち立てる。第2段階では、今世紀内に、農業、工業、国防、科学・技術の現代化を全面的に実現して、わが国の国民経済を世界の前列に立たせる。

われわれは、1975年に第4次5ヵ年計画を達成または超過達成しなければならない。そうすれば、1980年までに前述の第1段階の構想を実現するために、一層確固とした基礎を打ち固めることができるであろう。国内国外の情勢から見て、今後の10年は2段階の構想を実現するうえでカギとなる10年である。この期間に、われわれは独立した、かなり整った工業体系と国民経済体系を打ち立てなければならないだけでなく、また第2段階の構造の壮大な目標の実現をめざして前進しなければならない」と述べた[40]。これは、中国経済近代化の実現こそが、人民の生活を豊かにするとともに、国の独立を確保する道であると一貫して考えていた周恩来の遺言と言えよう。

Ⅵ　むすび

以上のように、中国近代化政策の提唱者である周恩来は、科学技術、それを生み出す理論研究、技術を生産過程に応用する管理体制などの大切さをよく理解していた。そして、知識人を大切にした。近代的技術を、農業、工業、国防に適用し近代化を実現することこそ、生産性を改善し、人民の生活の向上、中国の独立を確かなものにするための要であると考えていたのである。

しかし、大躍進政策や文化大革命など連続革命の思想に基づく急進路線の台頭、中ソ論争に見られる社会主義国間での主導権争いなどの政治状況が、近代

---

39)「4つの現代化の壮大な目標をめざして前進しよう」（1975年1月13日）『前掲書』697-698頁。
40)「前掲論文」『前掲書』697-698頁。

化政策の実施を妨げた。周恩来が提起した「4つの現代化」の課題は、鄧小平の卓抜した政治力をまって、改革・開放政策としてはじめて実現に移されたのである。

周恩来は、そこに至る近代化政策実施の環境整備に、2つの点で大きな役割を果たした。西側諸国との関係修復、および鄧小平の復活である。

1971年7月のキッシンジャーとの会談以降、12月には国連の議席回復、1972年2月のニクソン米大統領の訪中と上海コミュニケの発表、同年9月には日中国交回復などによって、近代化政策を遂行するための国際環境を整えた。西側諸国との外交関係樹立によって西側との緊張を緩和しただけでなく、ソ連への牽制を行い、さらに経済面では、先進技術を導入することを可能にしたのである。

日米安全保障条約の黙認は、日米安保体制を継続させることになり、日本の自主防衛努力に頸木を掛け、日本の対米従属を一層顕著なものとした。一方で、国連の議席とともに常任理事国としての地位も国民党政府から受け継いだ中国は、近代化政策の進展によって経済力を増し、それに支えられて国防面の近代化も急速に進み、名実ともに世界政治を左右しうる大国として台頭している。近代化政策の実施を鄧小平に託した周恩来は、以上のことから中国近代化政策の仕掛け人と名づけることができよう。

周恩来は、分裂よりも団結を選ぶ傾向があった。国共合作、遵義会議における権力の委譲、平和5原則に見られるような体制の異なる各国間の平和共存、文革期における幹部達への保護など、争いにより力を浪費するのではなく、共存の道を探った。それは、彼が中国の独立と人民の生活水準の向上という大きな目標を持っていたからであり、そのことが彼の性来の包容力と相俟って、周恩来に対する人々からの信頼の源泉となっていたのであろう。その彼が提唱した「4つの現代化」は、独立と民生向上という目標を達成する鍵であったのである。

第1章
中国の経済近代化と体制改革

I はじめに

　1989年後半から90年初頭にかけて、マルクス・レーニン主義を基盤とする政権が東欧諸国において相次いで崩壊し、政治体制の変革が行われた。憲法から、「党の指導的役割」という項目が削除され、複数政党の存在が認められるとともに、多くの国で国号から「社会主義」という言葉が削除された。

　東欧に続いてソ連も、1990年2月、「人道的で民主的な社会主義」を標榜して憲法から党の指導的役割の規定を削除するとともに、大統領制の導入を決めた。一方、経済面では、「調整的市場経済」への移行が打ち出され、90年10月、ソ連最高会議は、市場経済への移行案を採択し、ここに計画経済体制は大きく変革されることになった。

　このような政治・経済体制の変革のなかにあって、中国は相変わらず共産党の指導的役割を絶対的なものとしている。だが他面、経済近代化を目標とした経済体制の改革は、かなり進んでいる。いずれにせよ、マルクス・レーニン主義に基づく政党に指導された政治・経済体制が、中国を含め、現在（1991年）、大きな転機を迎えていることは事実である。指令的計画経済という形の旧来の社会主義経済体制はなぜ行き詰まり、市場経済を導入する方向へ、改革せざるをえなくなったのであろうか。その理由について、技術革新との関連に着目する必要があることを指摘するのが本章の第1の目的である。

　ところで、中国は1949年10月の建国以来、社会主義体制の確立と経済建設という、政治、経済の両目標に取り組んできた。第1次5ヵ年計画（1953-1957

年)の終わる年までに、生産手段の公有化をはじめとする社会主義経済体制への再編を基本的に完了した。その後、大躍進政策（1958-1961年）の失敗による経済危機後の調整期（1962-1965年）には、農民が自家用農産物や副業品を販売することが許された。しかし建国以来、中国は基本的には、中央集権型計画経済に基づいて、あるいは分権といっても中ソ対立（1958年）後、東北、華北、華東、華中、華南、西北、西南にそれぞれ自己完結的な工業体系を中央の統一計画のもとに建設しようとするなど、対内的には計画による資源配分を行っていた。また、対外的には閉鎖的な対外経済政策を採り続けた。

対外政策の転換は、1971年8月、ニクソン米大統領の訪中発表を機に始まり、以来西側諸国との貿易が拡大した。一方、経済近代化については、1975年1月、周恩来首相が「4つの現代化」（工業・農業・軍事・科学技術）を再提唱した。そして、1978年12月、中国共産党第11期中央委員会第3回総会（第11期3中全会）で、体制改革・対外開放の路線が確定して以降、「6・4天安門事件」（1989年6月）のような政治面の問題をはらみながらも、経済面では、改革・開放へ向けて進んでいる。その路線は、経済近代化の視点から中国にとって正しいものなのだろうか。この点を、革新的な内容を含む1987年10月の党第13回全国代表大会の決議を中心に考察することが、本章の第2の目的である。

II 経済近代化と社会主義計画経済

近代化とは何かという明快な定義は見あたらない。しかし現実には、M. ウィーナーが述べているように、多くの発展途上国が、「ヨーロッパやアメリカがかつて経験したことのある、しかも多くの小さな変化の単なる集積以上の変化の包括的プロセスを今日経験しつつある」[1]。近代化は、個人の態度、社会行動、経済、政治などにおけるこのような多くの変化が相互に関連しあった包括的概念であるが、とりわけ近代的科学との関連は不可欠であろう。サイモン・クズ

---

1) Myron Weiner ed., *Modernization — The Dynamics of Growth*, Basic Books, 1966（マイロン・ウィーナー編著、上林良一・竹前栄治訳『近代化の理論』法政大学出版局、1968年）序文参照。

ネッツは近代的経済成長の顕著な特徴として、科学に基礎を置く技術とそれを利用するのに必要な広い視野の存在を挙げている[2]。また、日本の近代化を研究したJ. ホールは、近代化の7つの基準の第1に、「個人が環境に対して、非宗教的かつ科学的に対応していく志向を強めるような、読み書き能力の普及」を挙げ、近代化にとって科学思想の普及が重要であることを説いている[3]。

近代的科学思想は主としてヨーロッパで発達し、また近代的技術の生産過程への適用は、イギリスの産業革命において広範に始められた。その事実から見て、近代的科学思想を生みだす精神的風土や、発明・発見、生産過程への技術の適用を促進するメカニズムが、これらの地域に存在していたはずである。そのメカニズムは、市場の発達や株式会社制度の成立と深く結びついていた。それならば、経済近代化は、中国のような社会主義経済体制のもとではなしえないのであろうか。

速水融は、18世紀末のイギリスの自生的な産業革命の過程を「経験的近代化」と呼んでいる。それは「政治指導者によって指導されたものでもなければ、他国からの衝撃によるものでもなかった」。一方、後続するその他諸国の産業革命は、「少なくともその最初の局面においては、それが近代化を意識し、未成熟な部分を補強しながら指導者によって遂行された」ということから、「意識的近代化」と名づけている[4]。この定義に従えば、計画経済下で国営企業を主体とした経済運営を行う従来の社会主義体制のもとでの近代化は、意識的近代化の一形態として捉えることが可能であろう。社会主義体制においても、政策目標として近代化を設定し、その実現に向けて諸政策が実施されるならば、近代化への可能性は存在すると言えよう。

しかしそれは可能性にすぎないのであって、意識的近代化を成功させるため

---

2) Simon Kuznets, *Modern Economic Growth*, Yale University Press, 1966, p.15.
3) J. W. Hall, "Changing Conceptions of the Modernization of Japan", (M. B. Jansen, ed., *Changing Japanese Attitudes toward Modernization*, Princeton University Press, 1965, pp.43-89). また、拙稿「後進国経済近代化論の成立とその背景」『三田商学研究』16巻1号、1973年、参照。
4) 速水融「経験的近代化と意識的近代化」矢内原勝編『近代化の条件』ダイヤモンド社、1970年、第1章。

には、次のことを考慮する必要がある。速水論文で指摘されているように、西欧でも日本でも「近代化の準備過程は経験的に行われた」のである。すなわち、西欧や日本は、発展の初期条件においてある程度の経済的余剰が存在していた。準備過程における経験的局面の上に意識的局面は継続的に起こり、再度、経験的局面に引き継がれていったのである。

東欧、ソ連、中国などは、社会主義革命を行うと同時に、経済建設に取り組んだ。社会主義国の建国のために、意識的近代化を開始したと言えよう。経済近代化を政策目標とした場合、発展の初期条件はこれら諸国でもさまざまであり、発展の程度に応じて、最適な経済管理体制が存在したはずである。すなわち、市場が未発達で、民間における経済余剰の蓄積の少ない経済では、国家が強制的に生産要素を自己の管理下に置き、計画的に配分することに合理性があるかもしれない。他方、蓄積がある程度存在している場合には、市場機構を基本に置き、それを誘導していく方法もあるはずである。

現実には、ソ連の政治的・軍事的影響のもとに第2次世界大戦後に成立した社会主義国は、その影響力の圧倒的な強さゆえに、画一的な中央集権型計画経済を採用せざるをえなかった。ところが東欧諸国では、19世紀後半から20世紀初頭における農業の急速な発展の結果、経済余剰が存在していた[5]。このような国々が意識的近代化を「再度の経験的近代化」へ継ぐためには、社会主義革命の直後からすでに、経済管理体制を市場機構を活用するものへと改革する必要性があったと言えよう。

しかし、社会主義的計画経済体制の改革は政治的に容易なことではない。改革路線は正統な社会主義の理念に反するという批判が寄せられるのが常であって、そのことが合理的な経済体制への変革をはばむのである。したがって改革路線を定着させるためには、社会主義の定義自体や歴史段階の認識の変革まで含めた、思想の変革が必要となる。そのうえで、政治闘争に勝利して、はじめて、経済改革を軌道にのせることができるのである。

---

5) Iván T. Berend and György Ránki, *Economic Development in East-Central Europe in the 19th and 20th Centuries*, Columbia University Press, 1974, Chap. 2.（I. T. ベレンド、G. ラーンキ著、南塚信吾監訳『東欧経済史』中央大学出版部、1978年、第2章）参照。

体制改革を行うとして、では、経済体制の理念型には、どのようなものがあり、社会主義経済体制はどの型に属するのだろうか。

A. エクスタインは、経済体制モデルを3種類に分けている[6]。

第1は、純粋市場経済 (pure market economy) であり、そこでは、(1)資源配分は消費者の選好によって支配され、(2)配分過程は価格機構を通じて行われ、(3)その過程は、財の生産者 (一般に企業) は利潤、各生産要素の所有者は賃金、利子、地代などの報酬を得るという物質的刺激を基礎としている。すなわち、消費者の選好を市場価格を通じて知り、一方、生産要素の相対価格に従って、生産要素の組み合わせの比率を考え (技術選択)、そのうえで、それぞれの購入量を決定する。また、将来にわたっての利潤最大化を図る場合には、期待収益率とコストを比較考量して、投資額や投資先を決めるのである。消費者と生産者が多数おり、各々が価格を指標として、分権的な意思決定を行うことによって消費者主権が実現する。

第2は、市場社会主義 (market socialism) のモデルである。そこでは、(1)すべての企業と生産手段は公的に所有され、(2)計画当局の選好が優先するが、(3)資源の実際の配分はなお価格体系に任せられており、資源配分の組み合わせについての計画当局の決定は市場機構を通じて実施され、(4)その実施は物質的刺激および大きな格差のある報酬制度になお基づいている。純粋市場経済とちがって、この体制では、計画当局が望ましい貯蓄と投資率、そしてそれに見合った利子率を決定する。

第3は、指令経済体制 (command-economy system) あるいは官僚的資源配分システム (bureaucratic resource-allocation system) と呼ばれるモデルである。この制度は、(1)計画当局の選択により、(2)資源配分が、物的計画化の過程によって行われる。つまり財や生産要素の配分が、価格機構や市場を通じてではなく、行政的、官僚的方法によって行われる。その配分過程は強制的にか、または行動主体に理想主義の意識を持たせることによって行われることになる。

---

6) Alexander Eckstein, *China's Economic Revolution*, Cambridge University Press, 1977, Chap. 2-3.（A. エクスタイン著、石川滋監訳『中国の経済革命』東京大学出版会、1980年、第2章第3節）参照。

この体制のもとでは、計画当局は、消費財、資本財、サービスの望ましい品目表をまとめねばならず、またそれを生産するために使用される生産要素の組み合わせ方や投入量を決定しなければならない。この表を参考に財の生産や要素配分が行われるが、生産要素、特に労働については、労働者の意思に反して強制的に配分された場合に、労働者は果たして自己の仕事に打ち込むことができるだろうか。

　これら3つのモデルのうち、社会主義経済に属するものは第2と第3である。改革の方向としては、経済水準が上昇するにつれ、第3のモデルから第2のモデルへと移行することが歴史的趨勢であり、それはまた、限られた範囲とはいえ消費財を選択する自由が消費者に与えられるという点で進歩であると言えよう。しかし、このモデルにも、消費財価格と生産拡大のための投資との連動が保証されていないという難点がある。したがって、中国が経済近代化を実現するために最適な体制は、さらに別なものかも知れないのである。

　経済合理性という点で、第2のモデルもまた受け入れ難いということは小泉信三によって、生産財を当局が配分するという厳密な形のものに関して、つとに指摘された。その所論は次のとおりである。

　社会主義社会においては消費財の売買が行われるとしても、生産財はすべて公有に属し、したがってその売買は行われず、市場価格もありえぬはずであるから、生産費を比較することができない。ゆえに、合理的生産は不可能になるという[7]。

　同意できる批判であり、資源配分の観点から見て、純粋市場経済という第1のモデルを基本とするもののほうがまさっていると言えよう。ただし、独占、外部効果、生産要素の自由な移動を妨げるような制度、等々が存在する場合には、「市場の失敗」を補い、次善の状態をもたらすために、政府の介入の余地があることは周知の事実である。といっても、最初から生産手段の価格が成立していない第3および第2のモデルよりも、市場を基本とし、市場の歪みを除

---

7) 小泉信三『共産主義批判の常識』新潮社、1949年、67-94頁参照。なお、小泉信三のこの所論は、多くをL. v. ミーゼス（Ludwig von Mises）に拠っている。

去しうる可能性を残した第1のモデルのほうが、資源配分の改善のためには、より望ましい形であると考えられる。次に、もう1つの観点である経済体制と技術革新について取り上げよう。

Ⅲ 体制改革と技術革新

　第2次世界大戦後、社会主義経済圏が成立し、社会主義と資本主義の両経済体制間で、経済復興および経済成長の競争が始まった。資本主義諸国は、国内的には、戦時中に拡大した政府の直接統制を縮小し市場経済の再建を図り、国際的には、貿易・為替の自由化をアメリカ合衆国の主導するGATT（関税および貿易に関する一般協定）およびIMF（国際通貨基金）体制のもとで推進した。一方、社会主義諸国は、ソ連の主導のもと、COMECON（経済相互援助会議）を設立（1949年1月）し、社会主義圏内貿易や経済協力を促進するために国民経済計画の相互調整を図りつつ、各国の経済計画によって資源を基本的には政府が管理した。そして、重工業中心の経済成長政策を採った。

　1950年代において社会主義諸国の成長はめざましかったが、60年代に入ると成長率鈍化のきざしが見られた[8]。一方、資本主義諸国は、1958年12月に西欧主要諸国の非居住者勘定（外国人の保有する自国通貨）についてドルへの交換性を回復した。これは、戦後の世界経済における極度のドル不足の解消と、各国の貿易・為替の自由化の始まりを画する出来事であった。

　社会主義諸国の代表であるソ連の成長は、生産要素の投入1単位あたりの産出の増加に依存するよりも、むしろ労働と資本ストックの拡大に依存するものであった。低生産性の原因は、労働から資本への代替が困難なことや、労働者の意欲の低下に求められる[9]。硬直した経済体制が、これらの大きな原因になっている。すなわち、生産要素の価格がその限界価値生産性を反映していな

---

8) 鈴木重靖『現代社会主義貿易論』有斐閣、2-4頁。
9) P. R. Gregory and R. C. Stuart, *Soviet Economic Structure and Performance*, 3rd ed., Harper & Row, 1987, Chap. 11.（ポール・R. グレゴリー、ロバート・C. スチュアート著、吉田靖彦訳『ソ連経済』教育社、1987年、第11章）参照。

い体制下では、労働に見合った報酬が得られない。また技術革新については、投資は、その部門の利潤から自己の意思決定によってなされるのではなく、計画当局者が定める優先順位によって行われるため、革新への誘因が乏しい。これらの理由で、ソ連のような社会主義体制のもとでは、指示されたノルマの達成のみに力が注がれ、製品の質的改善がなされないままに終わってしまうのである。

これに対し、市場経済の再建を進めた資本主義諸国は、消費者主権に基礎を置く市場の需要の動向によって製品の売れ行きが決まるため、新製品、新生産技術、新販路、新原材料仕入先などに関する、たえざる工夫を通じて、利潤の増大を図ってきた。そして品質の改善を含め、技術革新の努力を払ってきた。60年代の貿易自由化に続いて70年代には先進国において資本の自由化が進み、資本や技術が各国間を移動することを通じて、技術革新が促進された。資本主義のダイナミックな発展は、シュムペーターが示した技術革新によってなされ、それを促進したのは、基本的には、自由な市場経済体制であった[10]。

技術革新への誘因の弱さによって、社会主義諸国の停滞がもたらされた以上、発展のためには、必然的に、市場経済の導入という方向での体制改革がなされなければならない。その改革の核心は、ミクロ面では企業を独立した経営体とすることであり、マクロ面では直接的統制を廃止ないし縮小して市場価格機構と間接的に経済を管理する政策手段を導入するところにある。

「独立した」経営体とは、経営面の意思決定——人事、製品構成、価格設定、販売、仕入、財務、雇用、利益処分、投資計画など——を上部機関の指示によらず企業自体の経営陣によってなしうるという意味である。独立した企業の行動原理は利潤最大化である。したがって、経営責任制の実施とともに、利潤をすべて国家に納めていた利潤上納制を廃止し、利潤動機に基づいてその企業が行動しうる体制を作らねばならない。

---

10) J. A. Schumpeter, *Capitalism, Socialism and Democracy*, 3rd ed., Harper & Brothers, 1950.（J. A. シュムペーター著、中山伊知郎・東畑精一訳『資本主義・社会主義・民主主義』上・中・下巻、東洋経済新報社、1951-1952年、第2部）参照。

第1章　中国の経済近代化と体制改革

　それゆえ企業改革と同時に、国民経済管理体制全体の改革が必要となる。企業に販売価格設定の自主権を与えるだけでは決して十分ではない。原材料価格のほか、賃金、利子、地代、パテント料、その他あらゆる価格がそれぞれの生産要素の限界生産性を反映した形で合理的に設定されていなくてはならない。そうしなければ、企業が利潤をメルクマールとして行動した場合に、国民経済全体が望ましい形の発展をとげることができなくなる。ここに、価格改革の重要性がある。だが、実際問題として、利用できる生産財や資源がきわめて稀少な国では、重要物資については配給制度を維持しなくてはならず、企業に対しそれをどのような形でどれだけ配分するかを政策当局者が判断することになる。しかしその場合でも、生産要素の潜在的な限界生産性を考慮して、経営効率の良い企業を選定してそこに優先配分すべきである。

　以上のような体制改革によって、企業の利潤に市場動向が反映されるようになったとき、技術革新への自発的な動機が生ずる。その一環として、近代的技術が生産過程に適用されるのである。

　ここで、中国経済近代化に視点を移そう。中国のような、発展途上国であり、しかも社会主義体制にある国にとっては、経済近代化のために体制改革を図ることが急務の課題である。意識的近代化の局面では、政府が中心となってインフラストラクチャーや基礎的工業を建設することが重要であり、そのために、プラント輸入やパテント購入などの形で、技術導入が図られる。しかしそれを、再度の経験的近代化につなげるためには、無数の人々の創意工夫が必要である。毛沢東思想や愛国心を鼓舞するといった精神的刺激には忍耐の限界がある以上、個人企業を含めた企業の利潤最大化という物質的刺激が、その工夫を生む誘因となる。発展途上国である社会主義諸国において、発展政策実施の初期には政府が大きな影響力を持っている。しかしそれから進んで自律的成長をもたらすためには、無数の技術革新が不可欠であり、その意欲を生むような体制への改革が必然的に要求されるのである。そしてその方向は、第3の指令経済体制モデルから第2の市場社会主義に進むことにとどまらない。第2のモデルは企業の自主性の不十分さにより技術革新が生じにくいという欠陥から、やがては第1の純粋市場経済モデルを基本とし、必要に応じて政府が介入する体制が追求

されることになろう。

　ところで、中国を含めた社会主義諸国が体制改革を行う場合、ほとんどの場合、対外開放政策が対になっている。これはなぜであろうか。

　第1に、近代的科学思想と技術が主として欧米で発達し、かつ生産過程に適用された事実を考えると、西欧との接触および自国のある程度の西欧化が近代化のために必要なのである。近代化は、西欧との接触により各国の歴史過程に生ずる現象であり、各国はその自然的・社会的条件を十分考慮しつつも、一定の西欧化を行なわなければならない。技術はそれを運用する制度と不可分であり、また一国全体の経済体制とも関連を持つからである。さらに、制度のみならず、制度を支える思想も理解しなくては、技術開発はおろか、導入した技術の定着すら望めない場合もあるのである。

　第2に、第2次世界大戦後の社会主義諸国の技術水準の立ち遅れを是正するためには、技術格差を埋めるための手近な方法として、先進国のプラント輸入やパテント購入がある。また、経営技術や資金まで含めた技術導入として、直接投資の導入がある。直接投資は一般に外国の民間企業によってなされるものであるため、受け入れ国である社会主義諸国では、企業法や税法に加えて、外貨送金を規定した法律や特許権を保護する特許法などの制定・整備をしなくてはならない。対外開放はそれ自体が技術革新をもたらすものであり、ここに、対外開放と体制改革の必然的な関連が見られる。

　以上、第Ⅱ、Ⅲ節の経済近代化と体制改革・対外開放政策との関連を念頭に置いたうえで、中国の経済近代化の目標と体制改革の構想について考えよう。

Ⅳ　政策目標としての中国経済近代化

　R.P. ドーアは、開発途上国の近代化過程を研究するにあたって、
「1.　近代化過程の目標を、実際に自国を近代化しようとしている低開発諸国の指導者が立てている諸目標の中から取り出して想定すること。
　2.　そういう目標を達成するために現実の状態をどう適応させるべきかというふうに問題を設定すること。

3. かかる問題を解明する方法として、各国の歴史に現れた類似した状態との比較から1つ1つ理論的一般法則をひき出してそれを体系的に積みあげていくこと」

を提唱した[11]。本節でこの第1点に触れ、次節で、第2点について検討する。

さて、「目標としての経済近代化」は、すでに1964年12月、周恩来首相が行った政府活動報告に示されている。すなわち、翌65年1月、周報告を承認した第3期全国人民代表大会第1回会議において、「あまり長くない歴史的時期にわが国を現代的農業、現代的工業、現代的国防、現代的科学技術を持つ偉大で強大な社会主義国に築き上げるため奮闘しよう」という決議がなされた。政策目標として、初めて「4つの現代化」が打ち出されたのである。実現の時期としては、第1段階の15年間で「独立した比較的整った工業体系と国民経済体系を打ち立てる」こと、第2段階は今世紀内に、「農業、工業、国防、科学技術の近代化を全面的に実現して、わが国の国民経済を世界の前列に立たせる」というものであった。

この構想は、文化大革命の混乱のために実施に移されないまま年月が流れた。そして10年後、張春橋・姚文元などの極左路線がなお力を保持していたなかにあって、周恩来は病をおして第4期全国人民代表大会に出席し、1975年1月、「政府活動報告」において次のように述べた。「内外の情勢から見て今後の10年は先に述べた2段階の構想を実現するうえでカギとなる10年である。この期間にわれわれは独立した比較的整った工業体系と国民経済体系を打ち立てなければならないばかりでなく、また第2段階の構想の雄大な目標の実現をめざして前進しなければならない」。このようにして、政策目標としての「4つの現代化」が再び掲げられた。

これを受けて同年3月、鄧小平副首相は、「4つの現代化」の実現を「大局」と呼び、これを重視するように呼びかけた。

---

11) R. P. ドーア「日本近代化の再検討」武田清子編『比較近代化論』未来社、1970年。また、拙稿「中国経済近代化論序説」『三田商学研究』第24巻6号、1982年［本書第2章収録］を参照。

しかし、「4つの現代化」が政策目標として定着したのは、1976年10月、「4人組（江青、王洪文、張春橋、姚文元）」の失脚以後、1977年8月開催の党第11回全国代表大会で採択された党規約に、それが明記されてからのことである。ただし、毛沢東の死去直後党主席となった華国鋒と、77年7月党副主席として復活した鄧小平とは、近代化という目標を実現する際の政策手段の選択に関して、明らかに差異がある。
　「4人組粉砕」後、華国鋒は、「毛主席の社会主義工業経営路線を堅持」し、工業と国民経済全体を急テンポで発展させるという決意を表明した。高成長を達成する政策手段としては、労働者の政治意識を高めることによる勤労意欲の増大によるのであって、報酬増大といった物質的刺激は考慮していない。むしろ、所有形態について全人民的所有制の強化をうたっている。これは、精神主義にのみ基づいた第Ⅱ節の第3のモデルによる近代化の試みそのものであり、経済体制改革の萌芽すら見出せない。
　これに対し、党第11期中央委員会第3回総会で示された政策路線[12]を鄧路線と呼ぶならば、実はすでに、1978年2月、第5期全国人民代表大会第1回会議において、自留地の容認や農産物価格の引き上げ、国営企業の従業員に報奨金を与えるなどの物質的奨励を加味した賃金制度の改革など、華政権下であるにもかかわらず鄧路線が見られる。第11期3中全会の路線は、その頃からすでに始まっていたのであり、78年は、両路線の交代期にあったと言えよう。
　ところで経済近代化は、政策目標として現在に至るまで一貫して続いている。しかしこの間、到達目標については、かなりの変化があった。
　1979年鄧小平は、20世紀末までに中国人民の1人あたり年間平均収入を1,000米ドルにすることであると語った。1984年にはこれを修正して、「今世紀末までに4倍化を達成し、国民総生産額を1人あたり800ドルに引き上げ、人民の生活をまずまずの水準にまで高める」としている。そのときの人口は、12億、したがって、2000年における国民総生産は1兆ドルになるという[13]。

---

[12]「中国共産党第11期中央委員会第3回総会の公報」（1978年12月22日採択）中国研究所編『新中国年鑑（1979年版）』大修館書店、215-220頁参照。

鄧小平は、「この土台（1兆ドル）をふまえて、さらに30年から50年発展させ、ぜひとも世界の先進諸国の水準に近づこうというのである」とそれ以降の到達目標を示している。こうして、周恩来が当初20世紀末に置いた「わが国の国民経済を世界の前列に立たせる」という時期は、21世紀の後半にまで先送りされることになった。

それが後述する中国共産党第13回全国代表大会における趙紫陽報告[14] では、「21世紀の中葉までに1人あたりの国民所得額を中進国の水準に引き上げて、人民の生活をわりあい豊かにし、現代化を基本的に達成する」というように、さらに緩やかな目標になっている。

鄧小平は、近代化の政策目標を示すと同時に、「党の第11期3中全会以来、われわれは対内的には経済の活性化、対外的には経済の開放という政策を確定した。この目標の達成は、この政策がなければ不可能である」と述べている[15]。そこで第V節では、中国の経済体制改革構想の評価を、近代化という目標を実現するために適切であるかという視点から行おう。

V　中国の体制改革構想とその評価

「4つの現代化」という形で周恩来が掲げた中国経済近代化の目標を、鄧小平が党第11期3中全会の路線を敷いて追求してきた。本節では、目標の達成と現実の適応の整合性を、個々の政策についてではなく、体制改革構想が近代化実現という目標と整合的であるかを検討したい。

1974年12月、鄧小平は重病の周恩来首相に代わって国務院の日常業務を主宰することになった。この時点で鄧小平は周恩来の後継者であり、「4つの現

---

13) 鄧小平「4つの現代化達成の壮大な目標と根本政策」（1984年10月6日）、『現代中国の基本問題について』外文出版社、1987年、121-129頁。
14) 『中国共産党第13回全国代表大会文献集』外文出版社、1988年所収。
15) 鄧小平「前掲文献」123頁。なお、同様な趣旨を次の文献でより詳しく語っている。鄧小平「中央顧問委員会第3回総会における講話」（1984年10月22日）、鄧小平『前掲書』131-149頁。

代化」の実現という目標も彼は受けつぎ、1975年中、いくつかの指示や方針を打ち出した。その1つ、「工業の発展に関するいくつかの意見」に、彼の方針がよく示されている。

その方針とは、(1)農業を基礎とし、農業に奉仕する思想を確立すること、(2)新しい技術、新しい設備を導入し、輸出入を拡大すること、(3)企業の科学研究を強めること、(4)企業の管理秩序を整頓すること、(5)製品の品質向上に取り組むこと、(6)規程・制度を復活させ、健全化すること、そのために責任制を確立すること、(7)労働に応じて分配する原則を堅持すること、などである[16]。

これらは、1976年4月に鄧小平が再失脚した際には、ブルジョワ階級の思想として非難の的になったものであるが、党第11期3中全会（78年12月）の路線に、すべて生かされている。特に近代化の視点から注目すべきことは、鄧小平が科学技術をきわめて重視している点である。例えば、上の第1項の農業については、「農業の現代化とは、単なる機械化ではなく、科学技術の応用、発展なども含むものである」と述べている。単なる物の購入のみならず、生産過程に近代的科学技術を適用することは、S.クズネッツの言う近代的経済成長のための第1の条件を満たすことになる。中国経済近代化を実現するための必要条件を、鄧小平は正しく認識していた。しかし、それを実現するためには、農民の自発性を喚起しなくてはならないし、技術者の待遇も改善しなくてはならない。経済の管理体制自体を変えていかねばならないのである。

鄧小平はどのような政治的な段階を経て経済近代化政策の実施を可能にしたのだろうか。その軌跡を決議を通じて考察しよう。

中国の経済体制改革に関して、最も重要な決議を3つ挙げるならば、1978年12月「中国共産党第11期3中全会における決議」、1984年10月党第12期3中全会における「経済改革に関する中共中央の決定」、1987年11月「党第13回全国代表大会の第12期中央委員会報告に関する決議」であろう[17]。

---

16)「工業の発展に関するいくつかの意見（1927年8月18日）」『鄧小平文選（1975-1982年）』外文出版社、1984年、45-49頁参照。

第1の決議は、経済建設を党の主要目標であると明確に定め、その建設にあたって、価値法則を重視し労働に応じた分配を実施するといった路線（本書で「鄧小平路線」と呼ぶもの）を確定させたものであった。

第2の決議は、商品経済を容認したものである。すなわち、商品経済を計画経済と対立させた従来の通念を否定し、社会主義計画経済とは「共有制をふまえた計画的な商品経済である」と定義している。これによって、あくまで市場を主体とし、経済管理は、財政・金融政策によって間接的に行っていくという方向への改革が、正統性を持つことになったのである。

またこのとき、同時に、企業を行政機構から切りはなす方向が一層明確化された。企業は、国の計画と管理に従うという前提のもとで、「相対的に独立した経済実体となり、自己改造と自己発展の能力を持ち、一定の権利と義務を持つ法人になるようにする」と明言されている。企業自主権は1979年7月に、国務院が国営企業の企業管理体制の改革に関する文書を下達して以来、利潤留保に始まり徐々に拡大してきたが、この決議により企業長責任制は一層拡大された。そしてこの文言の趣旨は、「全人民所有制企業法」（1988年8月施行）に生かされている。企業が独立した意思決定単位であることは市場機構にとって不可欠の前提であり、この決議はその点からも合理性を持つものであった。

第3の決議は同大会における趙紫陽報告を承認したもの[18]であり、中国の置かれている歴史段階を、「社会主義の初級段階」と定め、商品経済の発達を現代中国の優先課題としたところに特徴がある。この決議によって所有制や搾取のようなマルクス理論に抵触する問題の理論的解決は棚上げにされ、私有企業を積極的に発達させることも認められるようになった。第11期3中全会の路線に従って、すでに1981年7月、国務院は多様な経営方式の存在意義を認め、小型の手工業、小売商業、飲食業、サービス業、修理業、自動車を使用しない

---

17) これら諸決議が中国の体制改革に持つ意義、および、実際の改革についての記述は、拙稿「中国の体制改革と日中経済関係」矢内原勝・深海博明・大山道広編著『世界経済のニュー・フロンティア』文眞堂、1988年、第9章［本書第7章収録］参照。
18) 『中国共産党第13回全国代表大会文献集』外文出版社、1988年。決議に関する以下の引用は、本文献による。

運輸業、家屋修繕業などについて、「個体経済」を許していた。その経営は、個人または家族によることを原則とし、必要時には最大限7人までの雇用が認められていた[19]。あまり多くの人々を雇うと、マルクス理論の「搾取」の問題が生ずるからである。このため、経営が成功し規模を拡大しようとしても法令上の制約があり、経済発展が抑えられてしまっていた。ところが、現在は「初級段階」にあり商品経済の発達を優先すると決議されたことにより、「搾取」も現状では黙認されることになり、私営企業は採用人員数の制限なしに、必要な労働を雇用できるようになったのである。

　企業が独立に意思決定をするとき、経済的合理性にかなった決定を下すためには、財および生産要素の市場が整備され、価格が需給を反映したものではなくてはならない。本決議では、「社会主義の市場体系には、消費財や生産財の商品市場が含まれるだけでなく、資金、労務、技術、情報、不動産など生産要素の市場も含まれるべきである」とされている。その理由として、「商品市場だけでは、市場メカニズムの役割を十分に発揮することはできない」ことを挙げている。1984年の「決定」では、不動産市場への市場原理導入は認められていなかった。本決議が完全に実施されるとき、中国は市場原理を基本とする経済体制に移行することになろう。

　決議はさらに、「社会主義の市場体系はまた、競争のある市場、開放された市場でなくてはならない。独占的な市場または分割された市場では、商品生産者の効率の向上を促すことができず、閉鎖された市場では、国内の合理的分業の発展や国際貿易の促進に不利である」としている。競争や分業、価格機構に対する正しい理解に基づいて改革の方向が指し示されている。

　このように、1978年12月の党第11期3中全会で萌芽した「市場社会主義モデル」は、1984年10月の「決定」で「商品経済」が認められたことにより、生産手段の私有、生産要素に関する市場形成という、かなり「純粋市場経済」に近いものへの改革が可能となった。そして、1987年11月のこの決議は、土

---

19)「国務院関于城鎮非農業個体経済若干政策性規定（1981年7月7日発布）」『私営和個体経済実用法規大全』人民出版社、1988年、61-64頁。

第1章　中国の経済近代化と体制改革

地の所有は認めないが使用権についての権利や価格形成にまで踏み込んでおり、資本主義国の中で政府部門の役割が大きい国の市場経済と変わりない体制への改革がなされることになったのである。その後、1988年4月第7期全国人民代表大会第1回会議において憲法が改正され、土地使用権の譲渡（第10条4項）、私営経済容認（第11条3項）の条項が盛り込まれた。この方向への改革が進むならば、利潤追求と資源の最適配分が両立しうるだけでなく、動態的側面を考えれば、創業者の得る一種の独占利潤を求めて、技術革新が推進されることになろう。最適技術の選択ならびに技術革新によって、生産過程その他への近代技術の適用が促進され、中国の近代化は一層進展するにちがいない。そのときは、技術導入のみならず、独自の技術開発をする誘因も生じよう。しかし、実際の改革には、長い時間を要する。また、中国のように都市、沿海地域のような先進地区と、内陸農村との格差が大きいところでは、一律に市場経済モデルを実施することはできない。特に内陸部のように共同体内で「慣習経済」が支配的な地域では、まず局地的市場の形成から始めなくてはならない。この点、本決議は次のような適切な考え方に立っている。

　中国は、「経済のわりあい発達した一部の地区が、広大な未発達地区および貧困地区と併存している。……商品経済と国内市場が未発達で、自然経済と半自然経済がかなりの比重を占めている」。その実状を無視して、「生産力の発展を制約する多くのものが、『社会主義の原則』として頑固に守られてきた。また、社会主義の条件のもとで生産力の発展と生産の商品化、社会化、近代化に役立つ多くのものが、『資本主義の復活』として攻撃されてきた。これによって生み出された、あまりにも画一的な所有制構造と硬直した経済体制、また、この体制と結びつく、あまりにも権力の集中しすぎた政治体制、この2つが生産力と社会主義商品経済の発達をはなはだしく制約してきたのである」。

　社会主義の初級段階は、1950年代に生産手段私有制の社会主義的改造を基本的に達成してから、将来、社会主義現代化を達成するまでの期間であり、少なくとも100年を要するとしている。この間の主要な矛盾は「商品経済を大いに発展させ、労働生産性を高め、工業、農業、国防、科学技術の現代化を逐次実現しなければならず、そのためには、生産関係と上部構造の中の、生産力の

発展に照応しない部分を改革しなければならない」のである。要するに近代化達成までの段階を初級段階と呼んでいるのであり、近代化を農村の近代化を含めて捉えている点で正しい考え方であると言えよう。

対外開放政策については第8章に譲るが[20]、外資導入、輸出拡大によって得た国際分業の利益の波及について本決議は、「『経済特別区―沿海開放都市―沿海経済開放区―内陸部』という、すでに初歩的に形成されて、逐次展開されつつある開放の枠組については、引き続き定着、発展させねばならない」としている。この輸出を通じての発展が成功するためには、対外貿易価格が国内のコストを反映したものであり、輸出拡大と産業構造の転換が結びつかなくてはならない。この点からも、価格改革を含む経済体制改革の成功が前提となる。また内陸部の波及においては、流通機構および運輸システムの改善が重要である。このことも、あわせて実施していかねばならない。

しかし総じて、中国の体制改革構想は近代化実現にとって合理的であると評価されよう。

Ⅵ　むすび

以上述べたように、中国は1949年の建国以来、毛沢東の指導のもとで、基本的には、指令経済体制（第Ⅱ節における第3のモデル）の確立をめざし、その体制下で経済発展を実現しようとしてきた。周恩来が1975年に「4つの現代化」の再提唱を行った以降でも、76年4月鄧小平が一時失脚し華国鋒によって指導されていた時期は、第3のモデルによる近代化が図られた。1977年の鄧小平復活後、徐々に「市場社会主義モデル」への移行が図られ、1978年12月、党第11期3中全会によって、その路線が確定した。1984年第12期3中全会では、社会主義経済を「計画的商品経済」と定義することによって、かなり規制が緩い市場社会主義モデルへの移行が可能となった。すなわち、小規模生産者（「個

---

20) 拙稿「中国の対外開放政策と東南アジア貿易」松本三郎・川本邦衛編著『東南アジアにおける中国のイメージと影響力』大修館書店、1991年［本書第8章収録］。

体企業」)は生産手段を私有してよく、また、労働、資金などについて、市場から直接調達する道も開かれたのである。

　1987年11月、党第13回全国代表大会の「決議」は、私営企業の存在を公認するなど、その理念をつきつめていけば、「純粋市場モデル」を基本とするような内容を含んでいた。理念どおり改革が行われれば、政府の役割は、資本主義国における役割と経済管理面では異ならないものになろう。しかし、次の諸点に留意する必要がある。それらを指摘してむすびとしたい。

　第1は、国がなお価格設定に大きな影響を及ぼす余地が残されていることである。したがって、国の関与が大きすぎる場合には、市場の需給から離れた価格になり資源の合理的配分が妨げられはしないかという恐れがある。本決議において新しい経済運行メカニズムは、「総体的に見れば『国が市場を調節し、市場が企業を誘導する』というメカニズムでなくてはならない」としている。企業自主権の付与は、「市場が企業を誘導する」ことを可能にする。しかし、「国が市場を調節する」範囲および程度が問題となろう。本決議では、「指令的計画の範囲を次第に縮小していくべき」という方向を打ち出しながらも、「国は経済的手段、法的手段と必要な行政手段を利用して、市場の需給を調節する」としている。これらは資本主義諸国でも、自由放任政策を採らない限りどの国でも採用している政策手段であるが、その範囲や程度が問題である。本決議は、一方で私営企業を認めながらも、社会主義商品経済と資本主義経済との本質的区別を、「所有制の土台が異なるという点にある」としている。そのうえで、「公有制の土台の上に打ち立てられた社会主義商品経済は、全社会において国民経済のバランスのとれた発展を意識的に維持するための可能性を提供している」というように「公有制」を積極的にいまなお肯定している。この面が強調されすぎると、経済改革が停滞することになりかねないのである。

　第2は、党の基本路線を「1つの中心」、「2つの基本点」の堅持に置いている点である。「1つの中心」とは、マルクス・レーニン主義や毛沢東思想、共産党の指導的役割などを堅持する「4つの基本原則」を守ることであり、「2つの基本点」とは、「改革・対外開放」の堅持である。本決議では、「生産力の発展に有利なものはすべて、人民の根本的利益に適合するものであり、したがって

社会主義が求めるものである」と改革を経済合理性に合う方向へ自由に進めるように定めている。ところが、一方で「4つの基本原則」という枠があり、政治情勢や指導者の思想如何では、この枠がせばまる可能性が大いにある。

事実、いわゆる「6・4天安門事件」(1989年6月) 以降、指導者達の方針がバランス重視に傾くあまり、改革は停滞している。趙紫陽によって提唱された「沿海地区発展戦略」(1988年1月) も、本年 (1990年)、輸出は好調だったものの経済引き締め政策による郷鎮企業の倒産、外資流入の停滞などによって、目立った進展がない。過去、1984年、88年と、体制改革が進んだときに、直接投資を含む外資もまた大量に中国に流入している。この事実から見て、体制改革を進展させ市場機構が円滑に機能するようにさせることこそ、対外開放を実効あらしめ、技術革新を促進し、ひいては経済近代化を実現するための正しい方策であると言えよう。第13期7中全会 (1990年12月) およびそれに続いて策定される第8次5ヵ年計画が、1989年10月の「決議」を実現する方向にあることが望まれる所以である。

なお本章では、一国の経済体制と技術革新の関連に重点を置いたため、経済体制の基層部における技術革新の担い手としての企業の役割を重視した。ところが近代化は、都市のみならず農村を含め一国全体の諸分野に変化をもたらす包括的過程である。中国の大部分を占める農村部では、その基層部に農村共同体があり、その内部では慣習経済が支配している。かつて社会主義国は、指令計画経済を貫徹するために、新たな農村組織を作るという形で古い慣習経済を破壊しようとした。ソ連の農業集団化 (1929年) や、ルーマニアの「農村改造計画」(1988年) がそれである。これは慣習経済を崩すという点で、意識的近代化であり、中国もまた、人民公社を結成した。

しかし中国では、すでに政治組織としての人民公社は解体され、各戸請負制も実施されている。人民公社の25年の歴史にもかかわらず、中国で農村共同体がなお残存していることが、ソ連と較べて、漸進的な市場経済移行に関して有利に作用しうるのではなかろうか。各戸請負制のもとで各農家を、また農村部に発達してきた郷鎮企業を、村や町が、どのような形で新しい共同体として再編していくかが、1990年代の体制改革の重要課題であると言えよう。

第2章

中国経済近代化論序説

I　はじめに

　中国共産党は、1981年6月、第11期中央委員会第6回総会（第11期6中全会）で、「建国以来の党の若干の歴史的問題についての決議」を一致採択[1]した。その中で、新たな歴史的時期における中国共産党の奮闘目標は、「われわれの国家を現代的農業、現代的工業、現代的国防、現代的科学技術をそなえた、高度の民主と高度の文明を持つ社会主義国に一歩一歩築き上げていくことである」としている。ここに中国は、現代化した社会主義強国の建設に取り組むことを、改めて宣言したのであった。

　現在（1982年）中国が進めようとしている「現代化政策」は、近代化論の考察対象たりうるか。これが本章の主題である。

　かつてR.P.ドーアは、低開発国の近代化過程を研究するにあたって、

「1.　近代化過程の目標を、実際に自国を近代化しようとしている低開発諸国の指導者が立てている諸目標の中から取り出して想定すること。

2.　そういう目標を達成するために現実の状態をどう適応させるべきかというふうに問題を設定すること。

3.　かかる問題を解明する方法として各国の歴史に現れた類似した状態との比較から1つ1つ理論的一般法則を引き出してそれを体系的に積みあげていくこと」

---

[1]　『北京周報』19巻27号、1981年。

を提唱した[2]。

　この提言に従えば、中国の現代化政策の成否を考察するためには、第2点を研究する前に、第1点についての検討がなされねばならない。とりわけ中国の場合、建国以来30余年において、また周恩来によって「4つの現代化」の方針が打ち出されて以降1981年に至る17年間においても、国の政策目標およびそれを達成するための政策手段の選択は、左右に揺れた。それは単なる経済政策路線の相違にとどまらず、政治面の権力闘争をも反映したものだっただけに、その振幅は大きく、中国が進もうとする方向を見定めることは難しかった。中国は建国以来、社会主義制度の建設とならんでその物質的基礎を確立するための経済発展を目標としてきたことは確かである。しかし両者のどちらに重点を置くかについてはその時々で異なっている。ドーアの第1点について言えば、近代化過程の目標が何かというさらに前に、中国指導者の政策目標の中に近代化が目標として含まれているか否かの検討が必要である。次いで、たとえ近代化が政策目標になったとしても、その目標は仮に政治権力者の交代があっても継続して国の目標となりうるか、すなわち、近代化が中国に主要な政策目標として定着したかどうかという問題がある。そしてそのうえではじめて、ドーアの第2点、すなわち近代化過程における当面の政策目標とそれを達成するための政策手段の適切性に関する検討が可能となる。この第2点については次章以下に譲り、本章では中国の「現代化」という政策目標が、全国人民代表大会や中国共産党全国代表大会などの報告においてどのような形で取り上げられてきたかをたどる。それによって、近代化は現代中国の政策目標として確立したか否かを探っていきたい。

---

[2] R.P.ドーア「日本近代化の再検討」武田清子編『比較近代論』未来社、1970年。またこの方法が後進国経済近代化論を発展させるうえで有効であろうという指摘については、拙稿「後進国経済近代化論の成立とその背景」『三田商学研究』16巻1号、1973年、参照。

第2章　中国経済近代化論序説

II 「現代化」の目標設定時期——公式見解

　中国の「現代化政策」はいつ頃から提唱され、また実施に移されたのであろうか。

　前に挙げた「歴史的問題についての決議」によると、「1964年の末から1965年の初めにかけて開かれた第3期全国人民代表大会では、国民経済調整の任務は基本的に達成され、国民経済全体は新たな発展の時期に入ろうとしていると宣言し、わが国を現代的農業、現代的工業、現代的国防、現代的科学技術を持つ社会主義の強国に一歩一歩築き上げるため努力しようとの呼びかけが行われた。だが、この呼びかけは『文化大革命』のために実現しなかったのである」と現代化提唱の起源を第3期全人代に求めている。時を経て「1977年8月に開かれた中国共産党第11回全国代表大会は、『4人組』を摘発し、批判し、社会主義の現代化された強国の建設を全党に呼びかける面で積極的な役割を果たした。……だが、当時の歴史的条件の制約と華国鋒同志の誤りの影響を受けて、この大会では『文化大革命』の誤った理論、政策、スローガンを是正するどころか、逆にそれを是認する結果になった」と述べている。

　これに対し、「1978年12月に開かれた第11期3中全会は、建国以来のわが党の歴史上、きわめて深い意義を持つ偉大な転換点であった」と高く評価している。「総会は、1976年10月以来、党の活動が曲折をくりかえしながら前進してきた局面に終止符を打ち、『文化大革命』とそれ以前の左寄りの誤りを全面的かつ真剣に是正することに取りかかった。……総会は、『階級闘争をカナメとする』という社会主義社会には合わないスローガンをこれ以上使わないことに決め、活動の重点を社会主義的現代化建設に移す戦略決定を行った。総会は、国民経済のひどいアンバランスの解決に意をそそぐよう要求し、農業の発展を速めることについての決定を採択した」。

　最後に、経済政策の重点について論じている。「1979年4月に開かれた中央工作会議で、党は国民経済全体に対する『調整、改革、整頓、提高（向上）』の方針を打ち出し、過去2年の経済活動における失策を断固是正し、これまでこ

の面に長いあいだ存在した左寄りの誤りの影響を真剣に一掃した。党は、経済建設はわが国の国情に合致し、経済法則と自然法則に合致していなければならないこと、力相応の仕事に取り組み、順序を追って前進し、かならず論証を行い、実際の効果を重視し、生産の発展と人民生活の改善とを緊密に結びつけなければならないこと、また独立自主、自力更生の堅持を土台に諸外国との経済協力と技術交流を積極的に展開しなければならないことなどを指摘した」。このように、「調整」という経済安定に重点を置く政策を中心にすえたうえで、漸進的な経済成長と開放経済への歩みを図ろうとしていることが明らかにされている。では、その成果はどうか。「こうした方針に導かれて、軽工業の発展は速まり、工業の内部構造は合理的なバランスの取れた方向に向かって発展している。また企業の自主権拡大、労働者・職員代表大会制度の復活、企業の民主的管理、財政の段階別管理などを含む経済管理体制の改革も、経済調整と結びつけながら段取りを追って進められている。党は農業協同化後期以来の農村工作における失策を真剣に是正し、農作物と副業生産物の価格を引き上げ、生産量に応じて報酬を計算するさまざまな形態の責任制を実行し、自留地の復活とその適度な拡大を図り、農村の市取引を復活させ、農村の副業と多角経営を発展させ、農民の積極性を大いに発揮させた。この2年間の食糧生産高は建国以来最高で、工芸作物と農業副産物の生産も急速に発展している。農業と国民経済全体の発展によって、人民生活は改善された」。

　この「決議」は、華国鋒批判を含んだ政治的色彩の強いものであるが、政策転換の時期についての記述は大筋において正確である。次節では、全国人民代表大会の政府活動報告等によって、それを確かめつつ、もう少し、細かく方針の推移を見よう。ただし、全人代の報告等に依るという性格上、方針が指導者間で実際に検討され定められた時期は、ここで示す時期よりもう少し前であることは言うまでもない。

Ⅲ 「現代化」の目標設定時期——実際

　中国の「4つの現代化」の方針が初めて打ち出されたのは、確かに第3期全

第2章　中国経済近代化論序説

国人民代表大会においてであった[3]。また「決議」には述べられていないが、第4期全国人民代表大会（1975年）においてやはり周恩来によって現代化政策の実施が再び明確に強調されている[4]。このときの政府活動報告は、周恩来のいわば遺言とも言うべきものであり、その後若干の曲折はありながらも、政策目標の中心が国民経済建設に置かれるようになったという意味で、現在に至る現代化政策の直接の源流をなすものと評価できよう。

しかし、この政策がただちに実施されたわけではない。経済政策が第1位の

---

3) 第3期全国人民代表大会第1回の会議において1965年1月4日、「あまり長くない歴史的時期にわが国を現代的農業、現代的工業、現代的国防、現代的科学技術を持つ偉大で強大な社会主義国に築き上げるため奮闘しよう」との決議がなされた（『北京周報』3巻1号、1965年）。この決議は、同大会席上の周恩来総理による「政府活動報告」（1964年12月21日および22日）に基づくものである。またその目的を達成するためには、今後国民経済発展の中で次の諸問題に注意しなければならないとしている。「第1、農業、軽工業、重工業の関係を正しく処理すること。……国民経済発展計画は、農業、軽工業、重工業の順で按配すべきである。……農業の発展のためには……大切なことは人民公社の集団的な力に依拠することである。第2、自力更生と国際協力の関係を正しく処理すること。自力更生は革命事業と建設事業の根本的な立脚点である。……国際協力は、かならず自力更生を基礎として打ち立てられなければならない。……第3、技術革命をおし進めること。……外国のりっぱな経験、りっぱな技術はすべてそれを取り入れ、自分の手で活用しなければならない。……第4、集中的な指導と大衆運動の積極的展開とを結びつけていくこと」（『北京周報』同上。または森下修一編訳『周恩来選集』（上巻）中国経済研究所、1978年、1257-1284頁参照）。本報告では、山西省昔陽県大寨大隊や大慶油田の経験を例に取り自力更生や集団化による経済建設を強調している半面、農業を政策目標の第1位に置くというように現在の政策に類似している点も多く見うけられ興味深い。

4) 1975年1月13日、第4期全国人民代表大会第1回会議における「政府活動報告」（1月17日採択）において、周恩来総理は国務院を代表して次のように述べている。「第3期全国人民代表大会の政府活動報告は、第3次5ヵ年計画から、わが国の国民経済を次の2段階にわけて発展させる構想を提起した。第1段階では、15年の時間をかけて、すなわち1980年までに独立した比較的整った工業体系と国民経済体系を打ち立てる。第2段階では、今世紀内に農業、工業、国防、科学・技術の近代化を全面的に実現して、わが国の国民経済を世界の前列に立たせるというものである。……内外の情勢から見て、今後の10年は先に述べた2段階の構想を実現するうえでカギとなる10年である。この期間にわれわれは独立した比較的整った工業体系と国民経済体系を打ち立てなければならないばかりでなく、また第2段階の構想の雄大な目標の実現をめざして前進しなければならない」（『北京周報』13巻4号、1975年）。

目標に置かれるのは「4人組」の失脚（1976年10月）以降のことである。張春橋たちは「4つの現代化」実現のスローガンを「生産力」論であり、また「資本主義の物質的基礎を準備するもの」だと攻撃したのであった[5]。

「4人組粉砕」以降、華国鋒が打ち出したのは、「毛主席の社会主義工業経営路線を堅持し、鞍山鋼鉄公司の憲法を全面的に貫徹・実行する大慶の経験を推し広め、全党、全国の労働者階級を動員して大慶型企業の普及に奮闘しよう」という方針であった[6]。その方針は、1977年4月20日から5月13日にかけて開かれた「工業は大慶に学ぶ」全国会議でも強調された。また、工業と国民経済全体を急テンポで発展させる決意が表明された[7]。すなわち、この時期の華国鋒の政策は、高成長を労働者の政治意識と勤労意欲を高めることによって達成しようとするものであり、所有形態については全人民所有制の強化をうたっている[8]。「4つの現代化」は華国鋒の講話において、今世紀中に達成すべき政策目標として掲げられているものの、その実現の方法としては、経済組織の改革というよりも、モラルの向上に力点が置かれている。また政策の優先順序は、農業、軽工業、重工業とすべきだと言いつつも、実際には、「農業の根本的な活路は機械化にある」として、基幹産業の発展の加速に重点が置かれている[9]。

同年6月末から7月初めにかけて開かれた中国社会科学院工作会議では、科

---

[5] 金岩「『4人組』はなぜ『生産力論』批判の棍棒を振り回したのか」（『北京周報』15巻27号、1977年）。
[6]「鞍山鋼鉄公司の憲法に関する毛主席の評語」が、「人民日報」編集者のことばを添えて、1977年3月22日の「人民日報」に発表された（『北京周報』15巻14号、1977年）。
[7]「『工業は大慶に学ぶ』全国会議における華国鋒主席の講話」（1977年5月9日）（『北京周報』15巻21号、1977年）。
[8]「大慶では、ひたすら労働者階級に依拠することを真に実現している。大慶の労働者は、高度の政治意識と勤労意欲を持ち、企業の管理に積極的に参加し、労働の規律をすすんで遵守し、団結して戦い、文字どおり企業の主人公となっている。……大慶はまた、現地の条件に基づいて、農業、林業、畜産業、副業、漁業の生産を推し進め、集団の福祉事業を逐次拡大し、工業と農業を結びつけ、都市と農村を結びつけた新しい鉱業区を建設した」（前掲「華国鋒主席の講話」）。
[9]「『工業は大慶に学ぶ』全国会議における葉剣英副主席の講話」（『北京周報』15巻21号、1977年）。

学技術こそは4つの現代化の鍵であるとし、「科学技術の着実な発展を図ることは単なる経済的任務であるばかりでなく、政治的任務でもある」という考え方が打ち出された[10]。同年7月中国共産党第10期中央委員会第3回総会においては、「鄧小平同志の職務復帰についての決議」が採択された[11]。この前後から、4つの現代化という政策目標がとなえられることが頻繁になり、また、外国との経済交流を積極的に行うという方針が打ち出されてきた[12]。

　8月12日、「中国共産党第11回全国代表大会における政治報告」(8月18日採択)で華国鋒は、国民経済の発展を強調したが、「大慶型の企業と大寨型の県」をつくりあげることを呼びかけるなど、未だ精神主義的色彩がつよく、また報告の力点は、「4人組の粉砕」という政治面に置かれていた。むしろ同大会で特筆すべきは、「中国共産党規約」に4つの現代化が目標として明記されたことであろう。「党は全国各民族人民を指導して、今世紀にわが国を農業、工業、国防、科学技術の現代化された社会主義の強国に築き上げなければならない」[13]。これによって、4つの現代化は、正式に中国の国家目標となったのであった。

　1978年2月26日、第5期全国人民代表大会第1回会議における政府活動報告において華国鋒は11全大会に比べて、かなりのウエイトを経済問題にさき、「社会主義経済を高速度で発展させること」[14]を強調した。そのために、「第1、全国をあげて農業に取り組む。第2、基礎工業の発展を速め、導き手としての工業の役割を発揮させる。第3、商業活動をりっぱに行い、対外貿易を発展させる。第4、社会主義の労働競争をくりひろげ、技術革新と技術革命を大いに行う。第5、統一的な計画を強化し、中央と地方の2つの積極性を発揮させる。第6、

---

10)『北京周報』15巻30号、1977年。
11)『中国共産党第10期中央委員会第3回総会の公報』(1977年7月21日採択)。
12) 余秋里副主席は1977年7月26日、「大慶に学び、大寨に学ぶ」全国対外貿易経験交流会議において、「自力更生はけっして『門を閉ざして自分だけに頼る』ことではなく、自分の力に依拠するというのはけっして外国のよいものを学ぶことを拒否することではない」と述べた(『北京周報』15巻33号、1977年)。
13)「中国共産党規約」(1977年8月18日採択)。翌年3月5日、「憲法」前文に同趣旨の文言が取り入れられた。

各人が能力に応じて働き、労働に応じて分配をうけるという原則を堅持し、人民の生活を逐次改善する」という具体的な方針を示している。本報告では、大寨、大慶をなお模範とし、階級闘争を呼びかけているが、農民の積極性を引き出すために、農産物や副業生産物の売り渡しに対する報奨政策、自留地や家庭副業の経営を許したこと、農産物の買い付け価格を引き上げる一方工業製品の引き下げを提唱していること、「経済を発展させ、供給を保障する」という方針のもとに商業活動の尊重をうたっていること、労働の報酬として均等主義を排し国営企業の従業員に報奨の制度を実行するなど物質的奨励も加味するという賃金制度改革の問題を提起するなど、文革中には口にするのもはばかられた方策を打ち出している。精神的奨励にのみ頼るこれまでの華国鋒の路線と明らかに異質の方針が示されているのであり、その新しい路線を鄧小平路線と名づけるならば、本決議は、華路線から鄧路線への過渡期の産物であると位置づけられるのではなかろうか。

　第5期全人代第1回会議ではまた、国務院の提出した「国民経済発展計画要綱」(1976-1985年)を承認した。この計画は、農業面では、主な農作業の機械化水準を85年までに85％以上に高めること、食糧の収量を4億トンにすること[15]、78年から85年までの8年間、年間農業総生産額の伸び率を4-5％にするというものであった。工業面では、同じ8年間の工業総生産額の伸び率を年間10％以上と見込み、120の大型プロジェクトを新しく建設あるいは建設を継続する。その中には、16鉄鋼基地、9大非鉄金属基地、8大石炭基地、10大油田・天然ガス田、30の大発電所、6本の鉄道新幹線、5つの重要港湾がふくまれている。

---

14) 第4期全国人民代表大会常務委員会第4回会議で余秋里副総理は、「中国国民経済の発展状況」に関する報告を行った (10月23日) が、そこでは国民経済発展の速度を早めることを強調した (『北京周報』15巻45号、1977年)。また、10月30日の「人民日報」では、「量の問題のみ考えて、質の問題を重視しないならば、いたずらに不良品を増やすことになり、結局速度も保証できなくなってしまうであろう」と品質水準の向上も呼びかけている (『北京周報』15巻47号、1977年)。このような経過の後、この報告がなされた。

15) 1977年の食糧総生産は2億8,500万トンであったので、1985年まで食糧生産は年間4.4％の割合で増大する必要がある。「中国経済発展10ヵ年計画の展望」(日中経済協会、1979年4月) 9頁参照。

この8年間における中国の主要工業製品の平均増加率は建国以来77年までの28年間の生産量の平均増加率を大きく上回り、国の財政収入と基本建設投資はいずれもそれまでの28年の総和に相当する。10ヵ年計画の達成によって、高速度、高水準をかちとり、4つの現代化の全面的実現を速めるための強固な基礎を作り上げ[16]ようという、きわめて野心的な発展計画であった[17]。

Ⅳ 第11期中央委員会第3回総会の注目点

1978年12月の第11期3中全会およびそれに先立って開かれた中央工作会議において、79年から社会主義的現代化の建設に全党をあげて取り組むという方針が打ち出された。12月22日に採択された、「中国共産党第11期中央委員会第3回総会コミュニケ」[18]は、総会が、「全党の活動の重点と全人民の注意力を社会主義的現代化の建設に移す」という中央政治局の提起した決定に一致して同意したことを明らかにしている。

ここで注目される点は、大衆的階級闘争は基本的に終わったとしている点である。「4つの現代化の実現には、生産力の大幅な向上が要請され、また必然的に多方面から生産力の発展に照応しない生産関係と上部構造を変えることが要請され、したがってそれは幅広い、深刻な革命である」としつつも、「大規模な嵐のような大衆的階級闘争はすでに基本的に終わったのであり、社会主義社会における階級闘争に対しては、性質の異なった2種類の矛盾を厳密に区別し、……憲法と法律の定める手続きを踏んで解決すべき」であるとしている。これによって、それまで階級敵として差別されていた人々に復活の道が開けたのである。

次に、経済管理の分権化がある。「いまのわが国の経済管理体制の重大な欠点は権限の過度の集中であり、指導性をもって大胆に権限を下放し、地方と工

---

16) 姫堤「工業現代化の実現」(『北京周報』16巻26号、1978年)。
17) 1978年における財政収支の悪化、調整政策採用への方針転換などにより、この計画は当時ほとんど実施されなかった。
18) 『北京周報』16巻52号、1979年1月。

農業企業に国家の統一計画を前提に、より多くの経営管理の自主権を持たせる」などして、「中央部門、地方、企業、勤労者の4者の主体性、積極性、創意性を十分に発揮させる」ことを指摘している。

さらにまた、「当面、全党は農業をできるだけ速く発展させることに主な精力を集中しなければならない」として、「人民公社、生産大隊、生産隊の所有権と自主権は国家の法律で確実に保護されねばならない。……公社員の自留地、家庭副業、定期市は社会主義経済を補完するために必要なものであり、何人も干渉してはならない」。そのほか、食糧の統一買い付け価格の引き上げ、農業向け工業製品価格の引き下げによって工農業生産物交換の価格差を縮小するなど、農業の近代化を通じて、全国人民の生活水準の向上を図っている。ここで「農業は大寨に学べ」という標語がなくなっている点、特に注目される。

人事の面で注目されるのは、陳雲が中央委員会副主席に選出され、同時に中央規律審査委員会第1書記に就任したことである。79年以後の調整政策は陳雲によって主導されていると見られるからである[19]。

1979年4月の中央工作会議および6月から7月にかけて開かれた第5期全国人民代表大会第2回会議で、「調整、改革、整頓、提高（向上）」の方針が打ち出され、現在（1982年）に至っている。政府活動報告[20]は華国鋒によってなされたが、内容的には完全に鄧小平・陳雲らの方針である。3中全会の決定に基づき、今年から全国の活動の重点を「社会主義的現代化」の建設に移したことを、偉大な歴史的転換であると評価したうえ、「第11期3中全会のあと、わが国経済建設の現状を全面的に分析した国務院は、……今年から3年間全力を挙げて国民経済の調整、改革、整頓、提高を真剣に実行し、それを持続的な均衡のとれた高度成長の軌道に逐次のせていくべきだと考えている」としている。

---

19) 調整政策において企業自主権が拡大される半面、経済面の規律の強化が図られている。このことと陳雲の中央規律審査委員会第1書記就任とは関係があるかも知れない。3中全会では、「全党の民主集中制を健全化し、党の規律を健全化し、厳格に執行することを決定した」が、これと氏の第1書記就任が時を同じくしていることに基づく推測である。

20) 『北京周報』17巻27号、1979年参照。なお本節の以下のカッコは、本報告の引用文である。

そして調整、改革、整頓、提高、を定義した[21]うえで、国民経済を発展させる当面の主要な任務として10項目を挙げている。このように、本報告は経済的色彩が強く、また政策も具体的であり、中国が経済近代化に本格的に乗り出したことをうかがわせている。

　本報告のもう1つの特色は「社会主義の民主と社会主義の法秩序の強化」を強調していることである。「もしも政治面に高度の民主化がなく、高度の民主を基礎として大衆の英知と力を発揮させることをせず、またこれを基礎として必要な高度の集中を実行することもしないなら、社会主義経済の持続的な、均衡のとれた高度成長を実現することはできず、4つの現代化を実現することもできなくなる」と述べている。この指摘は正しい。しかし、民主集中制の場合、どこまで民主を認め、どの程度の集中を図るかによって、民主化の程度はまったく異なってしまうのであり、「4つの現代化を実現するには、同時に政治の民主化も実現すべきである」という文言が、そのまま自由主義国の意味する民主主義に直結するとは期待できない。むしろ本報告の主旨は、「社会主義の民

---

[21]「調整とは、……経済のひどいアンバランスを意識的に調整して、農業、軽工業、重工業と工業の各部門が比較的に均衡の取れた発展を遂げるようにし、蓄積と消費が合理的なバランスを保つようにすることである」。「改革とは、現行の経済管理体制を、……全面的に改革することである。いまの経済管理体制の最大の問題点は、多くの分野で程度の差はあれ客観的経済法則にそむいていることにある。……3年間にわたるたゆみない模索、試行、実践を経て工業、農業、交通運輸業、商業などの企業体に必要な自主権を持たせるよう、一連の措置を講ずる必要がある」。「整頓とは、いまある企業、とりわけいま管理の混乱している一部企業を断固として整頓することである。……すべての企業が上から下まで明確な責任制をとって、どの仕事にも責任者を置くようにし、合理的、効率的、文明的な生産秩序を打ち立てるようにする。……経営管理がよくないため、長期にわたって欠損を出している企業は、今後1年間に赤字を黒字に変えなければならない。さもなければ、断固生産を中止して整頓を行わせ、政府は補償をあたえず、銀行も貸付けを行わないようにする」。「提高とは、生産面、技術面、管理面の水準を大いに高めることである」。「調整、改革、整頓、提高という4つの面の任務は、たがいに連携し促進しあうものではあるが、なかでも調整は当面の経済全体のカギである」。また、4つの「方針を実行する過程で、われわれは先進的技術の積極的導入と国外資金の利用という既定の政策を引き続き実行しなければならない」と国際化のなかで近代化を進めることを明確にしている。

主の制度化、法律化、秩序化、規律化を図る」ことにあると解することが妥当であろう。事実、本大会では、地方各級人民代表大会および地方各級人民政府組織法、全国人民代表大会および地方各級人民代表大会選挙法、刑法、刑事訴訟法、中外合資経営企業法という7つの法律案が上程された[22]。これら法制の整備は、経済近代化を進めるうえでの基礎となるものであり、また整備それ自体が中国の近代化の進展を意味すると言えよう。

なお1年後の80年8月末から9月初めにかけて開かれた第5期全人代第3回会議では、上記方針の大幅な変更はない。ただ人事面で華国鋒に代わって趙紫陽が国務院総理を担当するようになったことが注目される。氏はかつて四川省党委員会第1書記として四川省の経済改革に成果を挙げた経歴を持ち、いわば改革派の旗手である[23]。法制面では、中外合資経営企業所得税法、個人所得税法、改正された婚姻法ならびに国籍法が採択された。また、中華人民共和国憲法第45条改正に関する決議（すなわち「大鳴、大放、大弁論、大字報」に関する条項の削除）が採択された。このことは、鄧小平をはじめとする指導者が、復権を終えるとともに政権維持のために民主よりも集中を選択しはじめたこと、また法秩序や管理秩序の整備が進んできたことを反映したものであると解されよう。

経済面では、既定の方針がうけつがれた。ただし経済計画については、第1回会議で提示された10ヵ年計画の廃止と、1981年から1990年までの10ヵ年計画要綱および1981年から1985年までの第6次5ヵ年計画の作成がアナウンスされたのであった[24]。

---

22) 全国人民代表大会常務委員会法制委員会主任である彭真の「7つの法律案についての説明」参照（『北京周報』17巻28号、1979年）。
　なお最近、経済契約法、国営工場法、外国企業所得税法、渉外経済貿易契約暫定条例、海上安全法、海洋環境保護法、鉱産資源法、投機取引取締り条例などの経済法規の草案ができあがったと伝えられている（『北京周報』19巻45号、1981年参照）。
23) 他方、大寨の英雄陳永貴は、副総理の職務を解除された。経済政策が「紅」から「専」へ、精神主義から経済合理性を重んじる方向へ、完全に転換したことを象徴する人事である。
24) 華国鋒「第5期全国人民代表大会第3回会議における講話（1980年9月7日）」（『北京周報』18巻38号、1980年）。

第2章　中国経済近代化論序説

V　むすび

　以上、中国の「現代化」が政策目標となった時期を探り、それを達成する方式の変遷を跡づけてきた。すなわち「4つの現代化」は周恩来によって提唱されたものの、それが政策目標の第1位に置かれるようになったのは、1976年10月、「4人組」の失脚以降のことであった。しかし華国鋒は当初、その目標を達成するための方策としては、経済的合理性の重視や物質的刺激の導入に依るのでなくして、全人民所有制の強化や精神主義に依存しようとした。しかし、77年7月、鄧小平の再復活とともに、科学や経済合理性が重視される方向が出てきた。8月の中国共産党第11回全国代表大会において、「4つの現代化」が目標として党規約に明記された。78年2月開催の第5期全人代第1回会議は、大慶・大寨をよしとする半面、農民や労働者の積極性を引き出すために、物質的刺激を用いることを認めた。さらに、78年12月の第11期3中全会以降、社会主義的現代化は国の総力を挙げて取り組む目標とされ、生産関係における社会主義化の進展よりも生産力の増大を優先する方針に転換した。そして79年4月以降、経済調整期に入り、経済的合理性が一層重視されるようになり、その路線は基本的には変わらず今日まで続いている。

　このように過去の政策を概観してみると、76年10月以降の指導者たちは、たとえ政権担当者の交代があったとしても、少なくとも「4つの現代化」を政策目標としている点で共通しており、その意味で近代化は政策目標としてすでに中国に定着したと見てよいと思われる。したがって、近代化を実施するにあたっての政策手段選択の是非を論ずることが可能になったと言うことができよう。特に、「力に応じて事を運ぶ」という原則、すなわち経済的合理性に基づく政策選択が志向されるようになって以降、目標と手段の整合性だけではなく、政策の効果分析を通じてその効率性を検討しうる基盤が形成されつつあると考えられる。

　経済合理性に基づく政策運営を行うためには、中国の政策当局者自身にとっても、正確な統計数字を把握する必要がある。また国際連合や国際通貨基金など国際機関に加盟したことや外資を導入するなど国際化の進展とともに、統計

資料の公表も必要となった。60年代初期の経済危機以降18年間にわたって中断していた「前年度経済計画の遂行実績に関する公報」が、79年に復活したのをはじめ、数々の統計が公表されつつある[25]。中国において近代化が政策目標として定着したことに加えて、資料面からも、現在の中国は経済近代化論の研究対象たりうると結論づけることができよう。

しかしこのことは、他の国ならばほとんど自明のことにすぎず、残された問題は数限りない。最後にそれらの若干を挙げ、今後の研究課題としたい。

第1に、「現代化」が中国の政策目標であると言っても、では「現代化」とは何かという点が不明である。鄧小平は、「今世紀末までに中国人民の年間平均収入を1,000米ドルにすることである」と述べている[26]。しかしこのような考え方は、総合的な標識にすぎないと、中国国内の雑誌論文でも批判されている[27]。われわれにとっても、中国式現代化とは何かを定義する必要があろうが、とりあえずは、今後発表される中国の長期計画が掲げる目標を中国の近代化の目標とし、それと政策手段の整合性や効率性を検討することが最も効率的ではないかと思われる。

第2に、自主権を付与された企業の投資や生産と、経済全体での計画との整合性をどうするかという点である。マクロレベルの整合性を重視すると、例えば投資計画において上部の審査が厳しくなろうし、そうなれば自主権の付与の意義が大幅に減退することになろう。これは民主と集中という政治面の概念とも密接な関連がある。

---

25) その数字は未だ断片的であるが、『季刊・中国の動向』（産業能率大学）は、それらの総合によく努めている。

26) かつて日本の大平首相から「現代化の目標は何か」ときかれ、考えてからこのように答えたという（「鄧小平副主席、明報社長と会見」〔『旬刊・中国内外動向』5巻25号、1981年9月〕参照）。

27) 「『現代化』の概念と基準」（『アジア経済旬報』1185号）参照。なおこの論文は、「社会科学」誌（上海）1980年6号所収の「学術動態——現代化的概念和標準問題」を翻訳転載したものである。この論文によれば、「現代化」は「人の現代化」を含むことが中国でも提起されているというが、このような適切な指摘が中国でなされている点は、近代化の将来に明るい燈をともすものであると考えられる。

第3に、本章では触れなかった経済特別区の成否の問題がある。特別区を国内の統制経済と切り離すことが可能かどうかの検討が必要となろう。

　中国はいま、完全な統制経済を脱して、価格メカニズムを一部導入し始めた。現代化政策の進展とともに、どこまで経済の自由化が進展するのであろうか[28]。これらの興味ある問題を中国経済は内包しているのである。

---

[28] 現代化政策を推進するにあたって、陳雲は経済各部門の均整や物価安定など「調整」に主眼を置き、他方、四川省での経済改革の経験を持つ趙紫陽たちは、企業自主権の増大や価格メカニズムの導入など「改革」に、より重点を置こうとしているように見える。これが、経済の現状認識の差異によるものなのか、それとも、経済体制の自由化をどこまで推進すべきかという経済思想上の差異によるものかという点、さらには、どちらの立場が優位を占めるかなどについては、今後注意深く見守る必要があろう。

第3章

中国経済近代化政策における国内商業の役割について

I 社会的分業の進展における商業活動の役割

　国々の商業観は、時代によってもまたさまざまである。古代や中世においては、一般に、商業はいやしいものとして蔑まれてきた[1]。それは農業を基本とする自給自足的経済にあっては、市場経済が未発達であり交換が社会的分業を進展させる程度が低かったためであると解されよう。また、遠隔地商業が持つ投機性、非継続取引に伴いがちな欺瞞性、さらに多くの宗教に見られる利潤を悪しきものと見なす考え方などが、商業や商人を軽視する一般的風潮を生んだと考えられる。

　では、そのような風潮のなかにあって近代資本主義はどのようにして芽生え、また商業はその発達にいかなる役割を果たしたのであろうか。

　大塚久雄によれば、「商業は近代資本主義の成立にとって不可欠のエレメントであり、商業なき資本主義を構想するようなことが全く無意味であることは、……十分に銘記されねばならない。しかしながら、経済史上、商業および商業資本は歴史における方向決定の主体性を自己のうちに内包してはいないのであって、それはつねに現存の、あるいはすでに成立しつつある客観的な生産事情（生産倫理をも含めての）によってその歴史的性格を規定されつつ、中産的生産者層の自己分解としての産業資本の形成過程を、あるいは阻止的に、あるいは促進的に媒介する。要するに、商業および商業資本は結局近代資本主義の成

---

[1] 平野常治『商業政策概論（下）』巌松堂書店、1938年、第5章参照。

立過程における単なる媒介的契機たるに過ぎないのである」²⁾。

　商業は「媒介的契機に過ぎない」としながらも、氏はまた「商業は近代資本主義の成立にとって不可欠のエレメント」であるとも述べている。近代資本主義が、賃労働と資本の結合を通じて商品を生産し、それを市場で自由に売却することによって年々の再生産が行われていく経済組織³⁾であることを想起すればこの言葉は理解できよう。自由な商取引の存在は資本主義の成立にとっても資本主義の発達のためにも不可欠の要件であった。アダム・スミスの「分業をひきおこすのが交換力であるように、その分業の範囲もまたつねにこの力の大きさによって、いいかえれば、市場の広さによって制限されざるを得ない」⁴⁾という命題は直接的には、資本主義の発達過程を観察することによって導かれ

---

2) 大塚久雄「近代資本主義発達における商業の地位」(『大塚久雄著作集』第3巻、岩波書店、1969年) 161頁。なお大塚氏は、中産的生産者層を近代資本主義の方向へ分解させる究極的契機は、やはり結局商業と言うべきではないかという問に対し、前期的商業資本と近代的商品流通への志向と展望を持つ商業とを区別して考えるべきであると述べている。すなわち、「ここでの『商業』はあの前期的商業資本の営みとしての商業とおよそ歴史的性格を異にした近代的なものであることが注意されるべきである。すなわち、マックス・ウェーバーの用語を借りれば、前期的商業の非合理的＝投機的 (経済学的には不等価交換) に対して合理的＝経営的 (経済学的には等価交換) な近代的商品流通への志向と展望をもつ商業 (価値法則の貫徹！) である。……18世紀にいたって明白に現われて来るあの近代的な商業および商業資本の性格は、まさにここにその淵源を見出すのである。そして商業のこのような新しい近代的な性格を決定するものは、ここでも『商業』(生産に対して相対的に自立化せしめられた流通) 自体ではなくして、他ならぬ中産的生産者層の商品生産者としての規定性なのである」(大塚久雄『前掲書』159頁参照)。

3) 中村勝己『一般経済史』筑摩書房、1978年、第3篇第1章参照。

4) Adam Smith, *An Inquiry into the Nature and Causes of the Wealth of Nations*, ed. by Edwin Cannan, 6th ed., 1950, p.19. (大内兵衛・松川七郎訳『諸国民の富』、岩波書店、1969年、Ⅰ巻87頁)。またスミスは、分業と商業の関係について、次のように述べている。「いったん分業が徹底して確立されると、ある1人の人間が自分自身の労働生産物によって充足しうるところは、そのもろもろの欲望のなかのごく小さな部分にすぎない。かれは、自分自身の労働生産物の余剰部分のなかで、自分自身の消費をこえてあまりあるものを、他の人々の労働生産物のなかで、自分が必要とする部分と交換することにより、そのもろもろの欲望の圧倒的大部分を充足する。こうして、あらゆる人は交換によって生活し、つまりある程度商人になり、また社会そのものも、適切にいえば1つの商業社会に成長するのである」(*Ibid*., p.24 (『前掲邦訳書』93頁))。

第3章　中国経済近代化政策における国内商業の役割について

たものであったが、経済発展一般における真理とも言えよう。商業の発展は、市場の拡大をもたらし、社会的分業を促進するという側面を持つ。すなわち、ある経済が自然経済から市場経済に移行し、さらに市場圏を拡大し工業化を促進するためには、商業の発展は不可欠な要因なのである。

他面、商業および商業資本が「産業資本の形成過程を阻止的に媒介した」事例は、本書が対象とする中国にも数多く見られた。阿片戦争以降、中国のいわゆる買弁資本家たちは、外国資本と結び、先進資本主義国の工業製品を国内に流入させ、自分たちは商業利潤を得る一方で、弱体な中国産業資本を圧迫し、工業化を軸とする近代資本主義の発達を妨げたのであった[5]。

1949年、中国は社会主義国となった。生産手段の私的所有を否定し、全人民所有制や集団所有制に基礎を置く社会主義経済にとって、計画は不可欠の要素である。しかし、社会主義化を進める過渡期においては、私的所有は残っているし、社会主義化が進んだ後も、集団所有制企業間、さらには、全人民所有制の機関相互で、どのように価格を設定して商品交換を行うかという大きな問題が存在する。価格を、上部からの指令によって人為的に定めるのか、それとも商品の需給すなわち市場の動向に基本的には従うのか。両者の折衷か。つまり、計画経済下において市場をどのように位置づけるかは、社会主義の国々の初期条件や経済の発達の程度によって異なる。それに応じて、商業の役割も異なってこよう。すなわち、完全な指令経済下では、社会主義商業と呼ぶものの、現実に流通過程にあるのは、ただ「配給」だけである。しかし他方、ある程度の市場経済の存在が認められる体制のもとでは、生産者と消費者の間に介在し、自己の責任において商品を仕入れかつ販売することによって、自分は利益または損失を生ずるとともに、社会的には商品の流通を促進する機能を持つ商人（法人を含む）が存在することになる。そこにおいては、商業活動の活発化は、市場の拡大をもたらし、ひいては、スミスの指摘したように、社会的分業を促進することになろう。

もちろん、配給網が整備され拡大し、商品が円滑に流通しさえすれば、配給

---

[5] 栄孟源『現代中国史』（中国研究所訳）大月書店、1955年、10頁参照。

下においても同様に社会的分業は進展しうる。しかし、実際には指令経済のもとにおいては、個々の商品における需給の不均衡が生じがちである。その原因は配給網の未整備によるだけでなく、計画において設定した価格が、市場価格から乖離していることにもよろう。商品の過不足が生ずることは社会的損失である。価格メカニズムを導入することによって、需給を一致させ、損失を少なくしようと考える人々が、社会主義体制下にも存在することは、以上の理由から当然であって、ここに、指令的社会主義経済体制を守ろうとする人々との間に路線上の対立が生ずるのである。

では、社会主義革命の後、中国は、生産手段の社会化および市場経済に対してどのような態度を取ってきただろうか。また近年推進され始めた中国経済「現代化政策」において、市場や商業はどのように位置づけられているか。それらを考察したうえ、「現代化政策」およびそのもとでの商業活動の現状と問題点に触れ、今後の展望を得たい。

II 中国経済の社会主義化と商業活動

まず最初に、資本主義的商業を社会主義的に改造する過程を振り返ろう。中華人民共和国の成立から、生産手段所有制に対する社会主義的改造が基本的に達成された期間、いわゆる「過渡期」(1949-1956年) において、商業機関および市場機構はどのように改編されたであろうか。

中国においては農業部門の比重が大きいことから、商業政策の重点はまず、国家が農村市場を組織することに置かれた。建国前、中国共産党は、解放区で購買販売協同組合(「供銷合作社」)を作っていたが、その経験に基づき建国後は、購買販売協同組合総社が設立され、そのもとに協同組合が組織された。購買販売協同組合は、農民の農業・副産業産品、手工業者の製品を買い上げる一方、彼らが必要とする生産手段や生活資料を供給した。それによって、小生産者を組織しただけではなく、小生産者と資産階級のつながりを断ち切ったのであった。しかし、1950年に私営商業は卸売業で76.1％、小売業で83.5％とまだ取引において大きな役割を果たしていた。また、1950年6月人民政治協商会議第2

第3章　中国経済近代化政策における国内商業の役割について

回全国委員会で、国営商業は原則として卸売だけを行うと定めたため、私営商業が活発化した。

1951年12月から1952年6月にかけて、毛沢東の指導のもとに、「三反」「五反」運動が繰り広げられたが、その後は工業部門でも商業部門でも、国営および国家資本主義の占める割合が増大した。商業部門について言えば、1950年と52年を比較すると、卸売業に占める国営および購買販売協同組合の取引額の割合は23.9％から63.7％になり、また、小売業では、この両者は16.5％から49.7％に伸びたのであった[6]。

1952年末、党中央は、過渡期における党の総路線に基づき、資本主義的工商業に対する社会主義的改造にとりかかった。1952年に土地改革が完成し、労農同盟が普遍的に確立したからである。しかし一方で、1953年に始まった第1次5ヵ年計画が膨大な規模であったため、大幅な財政赤字を出した。そこで商業部副部長薄一波は国営商業部門の在庫品を減少させることを指示し、大量の商品が私営卸売商に流れ、市場経済が復活した。また、徴税の面で劉少奇や薄一波は、「公私の一律平等」を打ち出したため、この期間は国営商業と私営商業との間で対等な競争が行われていた。しかし、価格安定のため、11月には国営商業が食糧を、翌年9月から綿布を統一購入一手販売し始め、私営商業が対抗するのが難しくなった。

1954年9月、第1期全国人民代表大会第1回会議で憲法が制定されたが、その第10条には、「国家は、資本主義工商業に対して、これを利用し、制限し、改造する政策をとる。国家は、……資本主義工商業が、各種の異なった形態の国家資本主義経済に転化するよう奨励し指導し、逐次、資本家的所有制を全人民的所有制に替える」と規定されていた。これが当時の私営工商業に対する国

---

6) 薛暮橋「過渡期の経済領域における2つの道の闘争」(『北京周報』15巻49-52号、1977年)参照。また生産手段所有制に対する社会主義的改造の過程については、薛暮橋他『中国国民経済の社会主義的改造』(外文出版社、1966年)に詳しい。また同時期を簡明にあつかったものとしては、薛暮橋『中国社会主義経済問題研究』(人民出版社、1979年)第2章、および、許滌新「対民族資本的社会主義改造」『許滌新経済文選』上海人民出版社、1980年、第7章がある。

家の政策であり、具体的には公私合営企業の急速な増加という形をとった。55年末から56年の初めにかけて、全中国に農業の協同組合化が基本的に実現し、最終的に、資本主義経済と個人経済との関係を断ち切った。その結果、都市私営商業の資本家も、全業種の公私合営の道を歩まざるをえなくなった。56年1月、北京全市の資本家が全業種の公私合営を申し出た。つづいて、天津、上海、その他大都市の資本家も申し出て、56年の前半には、全国の各都市で公私合営が実施され、資本主義商工業の社会主義的改造は、都市においても農村においてもほぼなしとげられた。すなわち、卸売業では国営と公私合営が97.2％を占め、小売業でも97.0％を占めるに至った[7]。

しかし、急速な社会主義的改造は農村の流通機構を混乱させた。農村市場を廃止し国家機構によってその機能を代わらせるという試みは、輸送機関に重い負担がかかりまた事務が煩瑣になったこと、国営商業や購買販売協同組合の末端機構が未整備であったこと、商品仕入れが住民の需要を反映したものでなかったこと等により、商品の種類や数の不足をまねいた。そこで、56年夏ごろまでに、市場の規制をよりゆるめることによって、現機構の不備を補おうとする政策が実施に移された。

その理論的根拠として、陳雲が「中国の情況と人民の需要に合致した社会主義の市場」を打ち立てる必要性があることを提起したのはこのときである。彼は、「社会主義の統一市場では、国家市場がその主体であるが、それに加えて一定の範囲で国家が指導する自由市場も存在する。この自由市場は国家の指導を受けて、国家市場の補足的役割をさせるものであるから、それは社会主義統一市場の一部である」として、一部の製品については、国家の計画が許容する範囲で、市場の変化に伴って自由に生産されるべきであると主張したのであった[8]。また、1956年9月、党の第8回全国代表大会第1回会議において、中国では社会主義制度がすでに確立したがゆえに、いまや新しい生産関係のも

---

7) 『北京周報』15巻51号、1977年、13頁参照。中国研究所編『中国年鑑・1959年版』石崎書店、264頁参照。

8) 陳大鵾「商業体制改革のいくつかの問題」(『中国経済年鑑・1981年版』中日貿易新聞社、1981年、Ⅴ-129頁)。

とで生産力を保護し発展させなくてはならないとの指摘がなされた。そして10月、国務院は「農村市場管理の緩和に関する指示」を公布、特産物の市場管理が緩和された。

以上のように生産手段の社会主義的改造が進むなかで、「過渡期」における市場の役割の評価は、肯定、否定、肯定というように揺れ動いた。第8回全国代表大会の視点がつらぬかれれば、市場は拡大し商業も盛んになったかも知れない。しかし、中国共産党の路線をめぐる闘争は、続く社会主義建設の過程でもなお続き、市場における取引に対する政策は、さまざまに変化したのである。

1957年は経済活動が活発化した年であったが、資本主義の復活をおそれて党は「反右派闘争」を展開した。また、農村と都市の取引が復活した一方、都市に闇市が生まれるなどの現象が見られたため、政府は、「計画収購と統一収購」、つまり国営部門の独占を保護するために、統制を強化する必要性を感じた[9]。8月以降、市場管理が強化された。

1958年5月、党の第8回全国代表大会第2回会議で社会主義建設の総路線が打ち出され、つづいて、「大躍進」運動と農民の人民公社化運動が展開された。その過程で、残存していた市場機構が解体された。企業の合併、組織替えが実施され、生産単位と流通ルートが大幅に減少させられた[10]。しかし、商品分配が円滑に行われなかったため、1959年夏には農村市場機構を再建する必要に迫られ、秋からその困難な仕事がはじまった。資本主義の自然発生的な勢力に一層注意しながら、厳重な管理のもとでのみ、政府は市場の再開を認めた。だが、1959年から1961年初めにかけて、農村市場組織の復活はあまり進まなかった。それは、第1に、自然災害と農政の失敗による凶作、第2に、自主的な市場網を否定して行政区分にしたがって市場を編成しようとしたような無理な試みがなされたからであった[11]。1960年9月、党中央は「調整、強固、充実、

---

9) William Skinner, "Marketing and Social Structure in Rural China", *The Journal of Asian Studies*, Vol.24, No.1, 2, 3（1964年および1965年）.（今井清一・中村哲夫・原田良雄訳『中国農村の市場・社会構造』法律文化社、1979年、112頁）.

10) 薛暮橋「社会主義経済の計画管理についての研究」（『北京周報』17巻43号、1979年、19頁参照）.

提高（向上）」という方針を打ち出し、翌61年1月、党第8期9中全会で認められた。ここに「調整期」が始まり、61年6月には農村の「集市貿易」も許可された。

　1962年1月、中央拡大工作会議において「大躍進」の経験が総括・批判された。1962年から66年まで、国民経済は順調に回復し発展した[12]。この調整期に、購買販売協同組合と定期市交易が回復され、商品流通は、国営商業の統一的指導のもとに、国営商業、協同組合商業、定期市交易が並存することとなった。

　しかし、1966年5月から76年10月に至る「文化大革命」の時期には、市場や商業は再び圧迫された。文化大革命は、社会主義社会にもなお階級と階級闘争が存在するという前提の上に成り立っている[13]。66年8月、北京の紅衛兵は民主諸党派の解散を要求し、また同時に人民公社の原型復帰（58年当時の高度集団化への復帰）や公私合営企業家への定額利子支払い停止などを要求した。事実、文革中、中国人民政治協商会議の活動は停止させられ、また、定額利子の支払いも満期になったとして打ち切られた。この期間の特徴は、集団所有制企業が減り、全人民所有制企業が増大したことである[14]。農村では副業が圧迫され、定期市は停止した。商品不足の状況下で、商業は工業に従属することになった。また、国営商業による一手購入販売の現象が支配的になったので

---

11)「農村市場が復活したとき、中国のほとんどの地方の幹部は、供銷合作社が昔から続いていたその高位の市場町よりもその県の中心地にある国営公司と取引きするように特に強制することによって、行政区分と一致する市場機構を再計画しようと企てた」（スキナー著、今井清一他訳『前掲書』第3章参照）。

12)「建国以来党の若干の歴史的問題についての決議」（1981年6月27日、中国共産党第11期中央委員会第6回総会で採択）参照。

13) 例えば、1966年4月18日付「解放軍報」社説は、「毛主席は、社会主義社会にもなお階級と階級闘争が存在する、とわれわれに教えている。……文化戦線でプロレタリア思想を興し、ブルジョア思想を滅ぼすたたかいは、プロレタリアートとブルジョアジー、社会主義と資本主義という2つの階級、2つのイデオロギーの階級闘争の重要な側面である。……たたかいは避けられず、下手をすれば修正主義が頭をもたげることになろう」と述べ、さらに、「われわれの社会主義革命は、搾取制度を最終的に消滅し、人民大衆を毒すあらゆる搾取階級のイデオロギーを根こそぎにする革命である」としている（中嶋嶺雄編著『中国文化大革命』弘文堂、1966年）。

あった[15]。

　農村の集市貿易（自由市場）の回復に力がそそがれ、また都市でも農副産物市場が多く開設されるようになったのは、「4人組打倒」(1976年10月)からというよりもむしろ、党第11期3中全会（1978年12月）以後のことである。総会は、「大規模な嵐のような大衆的階級闘争はすでに基本的に終わった」とし、「全党の活動の重点と注意力を社会主義現代化の建設に移すべきである」と宣言した[16]。階級闘争から生産力の増強へと政策の重点が移ったなかで、再び市場の役割が肯定的に評価され始めたのである。3中全会以降、現在（1982年）に至る時期の中国の経済近代化政策のなかで、市場および商業がどのように位置づけられているかを次に考察し、その理論的根拠を検討しよう。

Ⅲ　経済近代化政策の実施と商業活動

　3中全会は、まず農業を重視し、その発展との関連で市場の役割を重視している。すなわち総会は、農業を「国民経済の基礎」と位置づけ、農業近代化の実現こそが国民経済全体の急速な発展と人民の生活水準の向上をもたらすとしている。そしてその実現のために、「なによりもまずわが国数億農民の社会主義的積極性を引き出さなければならず、経済的には彼らの物質的利益に十分配

---

14) 全国の小売り総額における国営企業、公私合営および集団所有制企業、私営および個人企業、それぞれが占める割合は、1957年には、65.7％、31.6％、2.7％であったのが、1975年には、それぞれ、92.5％、7.3％、0.2％となっている。基準年次が古いという難点があるが、文革後に国営（全人民所有制）企業が小売業において、圧倒的優勢にあったことがわかる（「所有制の変革――社会主義商業（一）」『北京周報』14巻31号、1976年、18頁参照）。
15) 商品不足から、投機や裏口取引等が増大したため、1970年、党中央は「国営商業、協同組合商業および許可証を有する商業販売を除いては、いかなる単位であれ個人であれ、すべて商業活動に従事することを禁止する」と重ねて通達した。また、1974年国務院は、「機関、団体、部隊、企業、事業単位が自ら農村に赴いて農業副産物を購入することを厳禁」した。このことから、一手購入販売の現象が支配的になったという（陳大鵠「前掲論文」『中国経済年鑑・1981年版』Ⅴ-129頁）。
16) 「中国共産党第11期中央委員会第3回総会コミュニケ」(1978年12月22日採択) 参照。

慮し、政治的には彼らの民主的権利を確実に保証しなければならない」との認識の上に立ち一連の政策的措置を打ち出した。その重要なものの1つに、「公社員の自留地、家庭副業、定期市は社会主義経済を補完するために必要なものであり、何人も干渉してはならない」ことを挙げている。

副業の奨励は、各省・市・自治区に配布することを同総会で同意した「中国共産党中央の農業発展を速める若干の問題についての決定」において強調された[17]。80年下期になると奨励策は一層具体化され、自留地の増大、取引品目の緩和、肥料や種子の供与、資金の便宜等が図られた。81年には、自留地・飼料地合計の最高限度が15％に引き上げられた。

流通ルートについては、家庭副業の生産物の販路を保証するため事業所の或るものは、生産隊を通じて生産販売契約を結んだ。また、一部の地方では、国家への売り渡し任務を完了した後に市場への出荷が認可されたものについては、その土地で販売するだけでなく、遠方へ運んで販売することも認められるようになった[18]。こうして農村の集市貿易が回復し、また都市でも農副産物市場が多く開設されるようになった。さらにまた、集団経営商業の発展が積極的に進められ、個人経営商業も相当程度回復して、流通ルートの拡大が急速に進んだ。農副産物市場の取引は、空前の活況を呈した。1980年末の全国都市・農村の集市は4万800ヵ所で、前年に比べて1万800余ヵ所、36％の増加であり、そこにおける商品取引成立高も238億元に達し29.4％の増加であり、これを公定価格に基づいて計算すると、小売商品総額の8.4％に相当する。農村の集市数、取引高はともに文化大革命前の1965年の数字を上回り、また都市の副産物市

---

17) この「決定」は草案が大衆討議にかけられた後、1979年9月に正式決定している。これは、農業近代化のための具体的方策を規定したものであるが、その第2章には、農業生産力発展のための政策と措置が25項目にわたって掲げられている。その主なものを挙げると、家庭副業の奨励のほかに、人民公社、生産大隊および生産隊の所有権と自主権は国家の法律の保護を受けること、三級所有制の継続、食糧の国家統一買い上げ価格を1979年夏から20％引き上げ超過供出分についてはさらに50％上乗せする、農業用工業製品の価格引き下げ、都市と農村との物流の工作の円滑化、貿易の発展に寄与すること、等々である。

18) 張思騫「1980年の中国農業」(『中国経済年鑑』中日貿易新聞社、1981年、Ⅳ-14-24頁)参照。また中国の都市の「自由市場」の実情を知るには、杉野明夫氏の解説による雲南省昆明市についての報告が参考になる(『アジア経済旬報』1193号、3-15頁参照)。

場は前年の2倍以上の規模になるという盛況ぶりだったという[19]。

　一方、工業品についても、商品の供給増大に伴い自由な買い付け・販売の範囲が拡大した。すなわち、国家が分配した210品目の重要物資の中で、1980年には146品目について供給が拡大した。それに伴い、13種の商品以外について、企業が国家の買い付けおよび供給契約を達成した後は、その剰余部分は自由に販売することが許されるようになった。

　この自由な買い付け・販売を可能にしたのが、もう1つの改革、企業の自主権拡大である。国営企業については、国務院が1979年7月に、国営企業の企業管理体制の改革に関する文書を下達して以後、企業の自主権拡大の試みが相ついで行われた。1980年の末までに、これらの企業は、全国予算内工業企業総数の15％を占め、その生産額の60％、利潤の70％を占めるに至ったと言われる[20]。また試みの内容も、1979年には主として利潤の留保の面で一定の自主権を有していたにとどまったのに対し、1980年には、計画の立案、製品の購入販売、新製品の試作、資金の運用、奨励金制度のあり方、機械設備のすえつけ、中級幹部の任免などの面で、それぞれ程度の差はあれ、一定の自主権を持つようになった。このような企業自主権の拡大は、その企業における経済的責任や効率と、経済的利益とを結合させることを可能にし、その結果として、企業と従業員の生産に対する積極性と創造性が発揮され、経営観念や市場感覚、サービス意識や競争意識が強まったのであった。

　国営商業部門においても、いくつかの工業製品について、従来より行ってきた「包銷弁法」(売り捌きを請け負う取り決め)を1980年に廃止し、「統購、統銷」(統一買い付け、統一販売)のほかに、「計画収購」(計画買い付け)、「訂購」(予約買い付け)、「選購」(選択買い付け)を実施し、工業品買い付け方式を多角化した。これによって、商品は国家が統一的に買い付けて一手に販売し、商業部門の各企業はその一機関にすぎないといった文革以来の枠組が打破され、企業が一定の範囲で購買販売に判断を加えることが可能になった[21]。

---

19) 商業部商業研究所「1980年の中国の商業」(『前掲年鑑』Ⅳ-163-167頁) 参照。
20) 魏礼群「1980年の中国の経済」(『前掲年鑑』Ⅳ-3-13頁) 参照。
21) 商業部商業研究所「前掲論文」Ⅳ-164頁。

具体例として北京市第1商業局管理下の4大デパートの1つ「王府井デパート」を挙げよう[22]。このデパートは、1979年以前は、国営商業系統からしか商品を仕入れることができなかった。北京市卸売公司が6割を占め、残りは指定された北京市所属の工場と他の大都市数市からそれぞれ2割ずつ仕入れていた。仕入先が少なく、種類も少なかった。需要の多い繊維品などはほとんどすべて計画供給なので、慢性的な品不足に陥っていた。しかし、企業に若干の自主権が与えられたことによって、工場は計画超過分を自由に処分する権限を持ち、デパートも従来の仕入先のほか、中小工業都市や全国の各工業部門からも仕入れることができるようになった。その結果、ウール地、絹織物、化繊、皮靴、腕時計、テレビなどの品不足が解消した。また、ローカル・カラー豊かな製品、例えば河北省張北のビロード帽子、上海のネッカチーフ、蘇州の刃物、紹興の老酒なども扱えるようになった。商品の種類は、1978年に1万8,306であったのに対し、80年には2万9,500へと急増した。

　経営自主権は、仕入・販売面だけでなく、利潤留保、賞罰、一部商品の価格決定に関しても与えられた[23]。適切な賞罰制をとることによって従業員の接客態度がよくなった。このほか、客の意見や提案を工場に取り次ぐための意見箱が各コーナーに置かれたり、大型商品の配達といったサービスも始められた。

　集団所有制商業、個人経営商業、農村の集市貿易や都市の農副産物市場が発展するにつれて、この例のように、国営商業も「役人商法」を改めつつある。経済近代化を進めるにあたって、国家計画の枠内でいかに市場の調整機能を発揮させ、商品流通を活発化するかが重要な課題となるに至り、商業構造の改革、経済自主権の付与、流通ルートの多様化等が図られている。このほかの注目すべき点として、鋼材、機械、トラックといった、以前は非売品だった生産財が市場で売買されはじめたことである。従来は「生産手段は商品でない」という

---

22) 以下、「商業改革・流通の円滑化を図る」（『北京周報』19巻22号、1981年、15-23頁による）。

23) このうち、利潤留保権の内容は、国家計画で決められた売上高を達成すれば、利潤総額の4.5％を留保（3％を厚生基金、1.5％を従業員の報奨として使用）できるというものである。1980年からは、超過利潤のうちの10％もまた留保することができるようになった。

理論が支配的であったため生産手段は国家計画と行政管理系統に基づいて分配されており、供給と需要がかみ合わない事例がしばしば見られた。そこで、重要なものや品不足のものは従来どおり公定価格による計画分配を行うが、超過在庫や超過生産の物資は市場に出すことになり、79年夏ごろから上海をはじめ各地に生産財市場が開設された。

以上のような市場、商業、企業管理等に関する政策は、現在（1982年）も実施の過程にあり、基本方針も不動である。1981年12月、国務院総理趙紫陽[24]は、政府活動報告の中で、次のように述べている。「経済体制改革の基本的方向は、社会主義的計画経済の堅持を前提に、市場調節に補助的役割を果たさせ、国家計画の制定にあたっても価値法則を十分に考慮し運用すること、全局的な性格を持ち、国家経済と人民の生活に関わる経済活動は、国の集中的、統一的な指導を強化し、企業の経済活動は、それぞれの企業に応じた決定権を与えるとともに、企業管理に関する従業員の民主的権利を拡大すること、単に行政手段に頼る経済管理を改め、経済的手段と行政的手段とを結びつける」。具体的には、「行政と企業の分離、企業自主権の拡大を逐次進めて、企業を相対的に独立した社会主義的経済単位にすること」や、商品流通体系については、「閉鎖的な、ルートの少ない、中間の環の多い商品流通体系を改め、ルートの多い、環の少ない、開放的な商品流通市場を設けること、大・中都市をよりどころにさまざまな経済センターを形成し、合理的な経済を組織すること」等を挙げている。

このような方針の理論的基礎を考察したうえで、現在の現代化政策の問題点に触れつつ、中国経済近代化過程における商業改革の方向を展望しよう。

Ⅳ　商業改革における理論的基礎

社会主義経済における計画と市場の関係については、劉国光と趙人偉の共同論文が注目に価する[25]。

24）趙紫陽「当面の経済情勢と今後の経済建設の方針——1981年11月30日と12月1日の第5期全国人民代表大会第4回会議における政府活動報告」（『中国の経済情勢と建設の方針』外文出版社、1982年）。

論文ではまず、社会主義政治経済学において、社会主義経済は計画経済であり、資本主義経済は市場経済であって、社会主義経済とは相いれないもの、とする見方が長期にわたってあったことを指摘している。この見方に対し著者たちはこれが、生産と需要の不均衡、計画価格の実際からの遊離などを生んだとしたうえで、「市場経済関係が社会的分業と生産の社会化を物質的前提とする以上は、それは社会化された大生産の上に築かれる社会主義計画経済と排斥しあうものではなくむしろ共通の部分を持っているのである。社会主義の計画経済は商品貨幣関係が存在する条件下での計画経済であり、それは自然発生的市場経済および自然経済とのみ対立し、人々が自覚的に統制を加える市場経済関係とは対立することがない」としている。

　集団所有制単位の自主権を尊重するのはもちろんであるが、社会主義公有制のもう1つの部分、全人民所有制内部にも商品と市場関係が存在するのはなぜか。「社会主義段階では、なお労働は共産主義段階のように生活の第1の要求ではなく、わずかに生計の手段でしかないことによる。人々の労働能力も貢献度も異なり、したがって人々の物質的利益における格差はやはり存在する。また、人々の間の物質的利益におけるこうした格差は、……さらに全人民所有制内部の各々の企業の間においても現れる。各々の企業の客観的要因によるものでなく、企業自身の経営によって生じる生産成績の格差は、各々の企業とその職員・労働者に物質的利益の格差のそれに応じて与えるべきであり、そうでなくては生産の発展にとって不利となる。したがって、全人民所有制内部の各々の企業（相対的に独立した経済計算単位）の間の経済関係は、等価補償および等価交換の原則を探らなければならない」。

　市場メカニズムの機能は何か[26]。「生産、供給、消費の問題で、市場メカニズムの利用を強化する方法は、品物が売れ残り、商品が滞貨し、あるいは品物

25）劉国光・趙人偉「社会主義経済における計画と市場の関係」（『中国経済年鑑・1981年版』中日貿易新聞社、V‐101‐114頁）。なお、この論文は、劉国光主編『国民経済管理体制改革的若干理論問題』（中国社会科学出版社、1980年）にも掲載されている。

26）劉国光は、市場メカニズムが働く3つの条件として、企業が独立で市場に参入できること、価格が変動すること、競争が存在することを挙げている（劉国光「経済管理体制改革的若干重要問題」劉国光主編『前掲書』10頁参照）。

第3章　中国経済近代化政策における国内商業の役割について

が欠乏するといった現象をとりのぞき、絶えまなく製品の品質を引き上げ、コストを引き下げ、品柄品種を改善するよう促し、生産者の利益を伸ばし、消費者の権利を保障することであって、それらはいずれも必要なことである」。そして、消費財市場についてだけではなく、生産財市場、賃金市場や労働市場にも市場メカニズムを取り入れるべきであるという。

競争については、「それは資本主義生産力の巨大な発展を促してきた」のであり、「社会主義制度のもとにあっても商品生産交換の必要性が客観的に存在しており、そのうえでわれわれが競争を否定するなら、実際上それは商品経済の客観的な存在を否定し、価値法則の作用を否定することになる」のである。

しかし一方、社会主義経済の本質的特徴は、「計画を持った調節があること」にある。「市場主体の自由裁量による結果は、社会の人、財、資源の分配、利用において、……社会発展の結果と必ずしも合致するものではない」のである。「社会主義計画経済の主な特徴は、指令性計画があるかどうかではなく、……社会が自覚的に事前に科学的予測に基づいて効果的な措置を採り、社会経済生活の諸方面が互いに協調し合って発展するよう保証でき、ならびに社会的労働の節約を保証できるかどうかである」。「指令性計画の範囲を逐次縮小し、企業が必ず達成しなければならない生産建設指標などは廃止しなければならない。国家計画は、国民経済の発展にとって予測的性格を持っており、……各企業は、国家計画の要求するところを参考にし、市場の状況に基づき、内部の潜在力を十分に発掘する基礎に立って自立的自主的に自己の計画を作成する」という。

劉国光および趙人偉によるこの論文は、現代資本主義経済における計画の役割について論じたものであると言っても不思議ではないような内容である。現代の資本主義諸国の中で、現実に完全競争の諸条件が成り立っている経済はない。完全競争の条件が成り立たず「市場の失敗」が存在する以上、社会的限界生産力と私的限界生産力の間の乖離を埋めるために、政府による介入の必要がある。また、経済計画の性格についても、予測的、指導的役割を果たすものとするならば、これも資本主義諸国のそれと性格的に何ら変わるところはない。この論文は、自然経済に市場経済を対置し、さらに、自由放任的資本主義経済

に市場調節を組み込んだ社会主義経済を対置している。したがって、自然経済や自由放任的資本主義経済に対する批判ではあっても、実は現代資本主義経済に対する批判にはなっていない。

次に、流通制度の改革については、薛暮橋が、「市場調節の役割を発揮させるために、例えば資本主義国家での市場流通の経済方式を一部利用して、中国の社会主義経済の発展に役立てる」という意見を出している[27]。具体的には、雑貨店、代理店、交易所など多くの商業の形式、および、銀行の各種業務を復活することを挙げている。

また、市場体制改革に関するより現実的な措置は、商業部経済研究所の陳大鵠によれば次のとおりである[28]。

1 商業は工業製品に対して、統一購入・一手販売だけではなく、発注購入や選択購入と直接販売や代理販売とを結びつけた方法を実行する。すなわち、国家の経済と人民の生活に比較的重要な関わりのある商品は、引き続き商業部門が統一購入、一手販売を行うとともに、その他の商品はそれぞれ別個に選択購入、発注購入の方法を取ることができるようにする。
2 定期市の交易を開設し、農業副産物の卸売り市場を組織し、農民と生産隊が都市に出て農業副産物を販売することを認める。
3 国営商業と協同組合経営の商業との関係を調整し、都市と農村の分業から商品の分業に改める。
4 新しい集団経営の商業を発展させ、地方商業の主体とする。
5 他人の労働力を搾取しないサービス面あるいは修理面の営業に従事することを許可する。例えば、理髪、靴修理、時計修理、自転車修理、電気器具修理、刃物研ぎ、茶類露天販売等の業種は個人経営を認める必要がある。条件があれば、新しい協力グループあるいは協同商店を組織することもできる。

これらは、先に述べたように陳雲が1956年に提起した「社会主義の統一市場」

---

[27] 薛暮橋「経済体制改革に関するいくつかの意見」(『前掲年鑑』Ⅴ-214-218頁)。
[28] 陳大鵠「商業体制改革のいくつかの問題」(『前掲年鑑』Ⅴ-128-134頁)。

を打ち立てるという目的に沿った、市場体制改革の諸措置であり、現在（1982年）、現実化しつつある。流通ルートを多くすることによって国営商業に対しても競争原理を働かせコストを引き下げさせること[29]、大規模生産を行うためには、それに見合った流通制度を整備すること等の根拠が、これらの措置の背後にあると考えられる。

最後に、利潤に対する現代中国学界の考え方を見よう。企業に独立した経済利益があると、資本主義企業のように盲目的に利潤追求へと走るという意見に対して蔣一葦は、「社会主義制度下では部分利益は全体利益に従う。企業が黒字になるのは悪いことではない。その黒字は、企業自身に有利なだけでなく、国家利益にも利がある。企業が国家の利を顧みず、盲目的に自己利益追求に走れば、国家は政策、法令および経済テコでそれをただすことができる」[30]と述べている。このように利潤に対し肯定的な考え方が生まれていることは、資本蓄積を通じての経済発展との関連で注目に値しよう。

以上のように若干の論文を検討しただけでも、われわれは1つの疑問、社会主義とは何かという疑問に逢着せざるをえない。中国における集団所有制の企業が、商品の需給によって決まる市場価格で販売し、得た利潤の一部を留保するという形態を取るならば、それは資本主義における企業と変わりがない。生産手段が私有でなく公有であることが社会主義を特徴づける最後の一線であると考えられるが、この点についても、資本主義もいまや株式の大衆化が進み、大会社になるほど、一般に公有ではないが共有的色彩が強くなっている。社会主義と資本主義の境界はあいまいになっており、上の論文もその差異を明確にしていないのである。

---

29) 劉福園・唐功烈・羅力行主編『中国社会主義商業経済』（中国人民大学出版社、1980年）132-136頁には、現行の商品ルートについての説明がある。それによると国営商業は、①商業部系統、②糧食部系統、③物資部系統、④医薬総局系統、⑤出版局系統、⑥旅遊総局系統、⑦工場・鉱山等の店、⑧軍隊や鉄道部系統などがある。国営商業以外のルートとしては、供銷合作総社系統、合作商店および合作小組、個人商店が挙げられている。ここでは後の3者の割合を増大させることを指しているのであって、国営商業内のルートについてはむしろ簡素化が必要かも知れない。

30) 蔣一葦「企業本位論」（『前掲年鑑』V-175-184頁）参照。

むしろここで浮かび上がってくるのは、統制経済対市場経済の視点である。生産力が相対的に遅れた現代中国においては、生産力を増大させるために、市場をいかに活用するかという点が焦点となっている。しかし市場の活用はすべての商品について可能なわけではない。重要物資や供給不足の財については国家の統制に頼らざるをえず、供給能力に余裕がある商品についてのみ市場を通じての価格決定が可能となるのである。言いかえれば、生産力に部分的に余裕が生じてきた段階で、徐々に市場機構の導入ができるのであって、生産力が極端に低い段階においては、全面的に、指令性の計画に頼らざるをえないのである。中国が統制を緩め市場経済を導入しつつある背景には、遅れた生産力とはいえ、ある一定の経済発展水準に達し、生産力に若干の余裕が生じた事実が存在すると解される。この段階に達すると今後は、統制が経済発展にとっての桎梏となる。しかし、社会主義という大義名分が存在している限り、統制を緩めることは一般に困難であるが、第11期3中全会以降の中国はあえてその困難な作業に取り組んでいるのである。では最後に、中国経済近代化政策が現在直面している問題を指摘し、商業改革の方向を展望したい。

V 近代化政策の当面の問題点と商業活動の将来

　問題点の最初は、経済近代化政策を進めるなかでマクロ経済面での歪みとして、物価騰貴および財政赤字が生じていることである。

　1980年、公定価格、談合価格、市価を含む全国小売物価指数は、1979年に比べ6％上昇した。そのうち、都市では8.1％の上昇、農村では4.4％の上昇であった[31]。これは資本主義諸国から見れば決して大きな率ではないが、過去1950年から79年までに全国小売物価指数がわずか38.6％の上昇にすぎなかった中国としては、大きな問題である。国務院は80年4月に「物価管理を強化し、価格暴騰と形を変えた値上げを断固として制限することに関する通知」を発表、また同年12月、再び「物価の統制、談合価格の整頓を厳格にすることに関す

---

31)『前掲年鑑』Ⅳ-224頁参照。

第 3 章　中国経済近代化政策における国内商業の役割について

る通知」を公布して、公定価格の厳守および各種談合価格商品を一律に80年12月7日の価格を超えて引き上げることを禁止することにより、物価の安定化を試みた。中国当局者が、建国前のインフレーションの経験から物価安定に力を注ぐことは十分理解できる[32]ものの、成長過程において財の相対価格の変化のみならず、所得の増大に伴って一般物価の上昇が起こり、それがまた供給側の生産増大を引き起こすといったことは、各国の事例からほとんど不可避な現象である。物価安定を最優先させるのか、それとも経済成長を優先し物価上昇の許容範囲を拡げるのかは、今後の中国当局者の直面する大きな課題と言えよう。

　より緊急の課題としては、財政赤字の問題がある。趙紫陽総理の報告によると[33]、1979年から81年にかけて、政府が農作物、副業生産物の買い付け価格を引き上げ、また一部地区の農村の税負担を軽減したため、財政収入は合計520億元の減収となった。またこの3年間に市町で2,000余万人の就業問題を解決し、さらに労働者・職員の賃金を引き上げ、報奨制を実行したため、政府の財政支出の増加は405億元に達した。この2つの部分の収入減と支出増の合計925億元は、予測していた600億元を54％上回った。このほか、農業用ディーゼル油、農業用電力、農業機械、化学肥料、民間用石炭、輸入食糧、砂糖、綿花などの逆ざや補償に合計234億元を支出した、という。これらの支出は、政府部門から民間部門に所得を移転するものであり、消費財の供給を増大し、国民の生活を改善しようという政策目的には合致している。しかし他方、1979年度には170億元余り、80年度には127億元余りに達する財政赤字が生じ、それを銀行借り入れでまかなったため、銀行の人民幣発行高が増大した[34]。中国政府はこの問題を、農業と軽工業の発展、消費財生産の拡大を通じて財政収入を増大させること、さらに、基本建設投資の削減、および行政改革による支

---

32) Alexander Eckstein, *China's Economic Revolution,* Cambridge University Press,1977.（石川滋監訳『中国の経済革命』東京大学出版会、1980年、第5章参照）。
33) 趙紫陽「前掲政府活動報告」。
34) 王丙乾財務部部長「1980年度国家決算と1981年度国家予算執行状況についての報告――1981年12月1日、第5期全国人民代表大会第4回会議にて」(『前掲書』79頁以下）。

出削減によって解決しようとしている。行政改革を通じて政府部門の非能率性を改めようとすることは正しい方向であるが、実施上、種々の抵抗に直面しよう。また、基本的建設の削減は、経済基盤の整備という面から考えるとそう長い間、建設を繰りのべることはできない。結局、消費財生産の拡大により、財政収入を増大させるという方策が財政赤字の成否を握ることになる。市場の役割が重視されるゆえんがここにある。

では、市場の導入は順調に進んでいるだろうか。それについても、ただちに3点ほどの問題点が挙げられる。

その第1は、先に挙げた趙報告にあるように、逆ざや補償に234億元も支出されている点である。これは農民に対する補助金の性質を持つと考えられ、当面はやむをえないかも知れない。しかし、この補助金は生産財の供給を増大したうえで自由価格に移行していけばなくなるはずのものであり、財政負担の軽減という点からも、市場で自由販売する財の範囲を拡大すべきであり、まだまだ自由化が不十分であると言えよう。

第2は、経済犯罪や分散主義的傾向が著しいことが、政府当局者によって指摘されている点に関するものである。82年3月の演説の中で趙紫陽は次のように述べている[35]。「今日、密輸、闇取引投機、詐欺、汚職、収賄など経済分野における犯罪活動は、1952年の『三反』、『五反』のときよりはるかにひどい。党の組織と幹部陣に対する腐食はかなり進行し、社会全体の気風もひどく悪化している。……これは、新しい歴史的条件、つまり対外的には開放政策、対内的には経済活性化政策の実施を条件として生じた、資本主義思想の腐食作用の際立った現れである」。

また次のようにも述べている。「もう1つ注意すべき問題は、近ごろ、経済の分野で自己本位主義、分散主義、自由化の傾向がやや目立つ点である。……わが国は統一した社会主義国であり、統一計画、統一市場を持たねばならず、決して1つ1つの省をそれぞれ独立した省にしてはならない」。

---

35) 趙紫陽「当面の経済活動に関するいくつかの問題──1982年3月4日全国工業・交通会議での演説」(『北京周報』20巻14号、1982年)。

第3章　中国経済近代化政策における国内商業の役割について

　指摘のうち、前者の現象については、「資本主義思想の腐食作用」というよりも、むしろ競争がなく権益に対する決定権を持っている人間がいることから生ずる現象であろう。したがって、競争原理を導入し、市場機構にゆだねる範囲を拡大していけば、むしろ減少する現象であると考えられる。後者については、各省や市が「独立王国化」することは、政治権力への影響が大きいがゆえに、現指導部としては許せないことかも知れない。ただ経済面からのみ考えれば、中国のような広大な国において、全国土がただちに市場圏になりえないのは当然であって、自然発生的に局地的な市場圏が成立するのが普通であろう。その市場圏をどのようにして連結し全国的市場を形成するかは、まさに、流通制度の整備・改革に現在課せられている課題にほかならない。「対外的な開放政策、対内的な経済活性化政策の堅持」と「実施中の経済政策は、年内に全体としては変更しない」と趙演説では明言されている点、経済の自由化の進展という点で希望が持てるが、現在生じている諸現象を指導部が重大視するか否かで、自由化の速度にも影響が及んでこよう。

　第3に、現在（1982年）はまったく表に現れていないが、自由市場の拡大は、資本主義の復活につながると考える人々が存在することである[36]。行政組織や軍組織の改革によって職を失う人々が、この思想を根拠にして、改革に反対し、現体制に対する不満を表明する行動に出るおそれは常に潜在的に存在していると考えられる。これらの人々の経済的、政治的不満をどのように解消させるかは、中国の経済近代化政策を進めるにあたっての、最大の政治的課題であ

36）鄧小平の1976年の失脚中に氏にあびせられた批判によって、中国の現行の経済政策に対して反対の立場に立つ勢力の論点がうかがわれる。鄧小平に対する当時の批判点を挙げると、「鄧小平は官僚独占資本主義の2つの側面すなわち、国民経済の管理体制面では『関係部門による企業の直接的、排他的管理』を復活し、企業内部ではソ連修正主義の企業管理制度を推進し、労働者にブルジョワ独裁を行った」。また対外政策面では、「鄧小平は経済建設を進め、4つの現代化を行うには、中国人ではだめであり、社会主義制度も別に霊験あらたかではなく、『外国の技術を導入して』、『工業の技術改造をはやめ、労働生産性を高める』以外にない、と考えていた。……独立自主、自力更生を堅持するかどうかは経済問題であるのみならず、何よりも政治問題である」。これらの主張については、高路・常戈「鄧小平の買弁ブルジョア経済思想を評す」（『北京周報』14巻35号、1976年）を参照。

ると言えよう。

　以上考察したように、階級闘争よりも生産力の解放に力点を置く現在の中国では、資本主義復活の議論は脇におしやられ、指令的計画経済を改め、どの程度市場メカニズムを導入しうるかということに関心が注がれているように見える。例えば、劉国光・趙人偉論文のように、計画経済は自然経済と対立するが、市場経済とは対立しないという論調も現れている。これは生存に必要最低限度の生産水準は獲得したものの、これ以上潜在的供給余力を顕在化させるためには、労働の意欲をかきたてる誘因を与えねばならないという中国の現状を反映した論理であると言えよう。したがって、中国経済近代化政策を理解するためには、社会主義経済体制対資本主義経済体制という旧来の視点に立つよりも、統制経済対市場経済という視点を持つほうが、適切であろう。この視点から、再び中国における商業の役割を考えるならば、本章の第Ⅰ節で掲げたアダム・スミスの言葉が想い起こされる。分業の規模は市場の範囲によって規定されるというこの言葉は、市場を円滑に運行させるという商業本来の機能の大切さを、改めてわれわれに教えてくれる。中国が中国式社会主義体制を堅持するとしても、その枠内で市場メカニズムの導入を図ろうとするならば、やはりこのスミスの言葉を常に銘記しつつ、中国の歴史的地理的社会的現状に即した、商業の改革を進めていく必要があるのではなかろうか。

第4章

「調整期」における商業観と中国体制改革

I はじめに

　1992年から始まった中国の商業分野における外資導入は、2003年9月までに外資導入額（実行ベース）で約30億米ドルにのぼる。中国は2001年12月のWTO加盟時の承諾事項に基づき、商業分野での対外開放を一段と進めており、2004年12月までに、外資系の流通・小売企業に対する営業地域や株式所有権、数量などに関する制限を撤廃する予定という[1]。

　現在（2004年）見られる中国商業の繁栄は、中国の改革開放政策の成果である。建国以来、外国資本に強い警戒心を抱き、かつ、指令的な社会主義計画経済を堅持してきた中国が、鄧小平の指導のもと、改革開放政策に本格的に転じたのは、1978年12月開催の中国共産党第11期中央委員会第3回総会（3中全会）以降のことであった。自給自足的な社会主義計画経済体制にあった中国は、それ以来、対外開放政策を実施し、経済特別区の設置を手始めとして輸出促進および外国資本の導入を積極的に行った。経済資源配分については、指令的計画経済体制から、市場経済体制の確立への改革を進めていった。

　改革開放政策以前の指令的計画経済のもとでは、市場は存在しえず、商業とは名ばかりであった。

　いま中国は「中国の特色ある社会主義建設」の道に沿い、社会主義現代化建

---

1) 全国流通改革発展工作会議（2004年3月16日開催）における張志剛商務部副部長の談話（『旬刊中国内外動向』2004年28巻10号、No.887、C7頁）。なお、これらの規制は、2004年12月11日に予定どおり撤廃された。

設を進めている。1992年以降は、「社会主義市場経済」を公認し、その発展をめざしている。

本章は、現在に至る商業改革は、どのような体制改革理念に基づいて可能になったかを探る研究の一環として、改革初期の「調整期」(1979-1982年) における商業観と改革理念についての考察を行うものである。

II　政治優先路線と経済優先路線の対立

文化大革命を進めた指導部である「4人組」の1人張春橋は、1975年、「階級闘争を承認し、同時にプロレタリア階級を承認するものだけがマルクス主義者である」というレーニンの言葉を掲げ、次のように述べた。「冷静に見ておかなくてはならないのは、中国には修正主義に変わる危険性が依然として存在することである。われわれは、所有制の面において問題がまだ解決されていないことを知らなければならない。工業、農業、商業のいずれにも、まだ部分的な所有制が残っており、社会主義の共有制もすべてが全人民所有制というわけではない。……（複数の）所有制が存在する限り、商品生産、貨幣による交換、労働による分配は避けられない。これらは、プロレタリア階級独裁のもとで制限を加えるほかない」[2]。すなわち、商品生産、貨幣、労働による分配は、政治権力によって制限しなくてはならず、それらを生む根源を断つために、全人民所有制をさらに進める必要があるという立場をとっている。

「階級闘争をなおざりにすれば、工場の社会主義的所有制は資本主義の所有制に変わり、労働者階級は再び賃金奴隷に転落してしまう」と言う。また物質的刺激、知識人や外国の知識の尊重、生産責任制に反対している[3]。この政治優先路線のもとでは、物資の流通は配給のみとなり、農村の自留地は廃止、定期市は停止させられた。商品不足によって、商業は工業に従属することになり、

---

2) 張春橋「ブルジョア階級に対する全面的独裁について」『紅旗』1975年4号（『北京周報』13巻14号、1975年所収）。

3) 高路・常戈「鄧小平の買弁ブルジョワ経済思想を評す」『紅旗』1976年6号（『北京周報』14巻35号、1976年所収）。

第4章 「調整期」における商業観と中国体制改革

国営商業機関による統一購入・統一販売の配給ルートが支配的となった[4]。

プロレタリア文化大革命は1966年5月から本格的に始まり、毛沢東が推進した大躍進政策（1958-1961年）が行き詰まった後を受けて政策運営の実権を握っていた劉少奇や鄧小平は失脚した。その後1971年9月、毛沢東の後継予定者であった林彪が政権奪取に失敗して墜死すると、4人組の攻撃の標的になったのは周恩来であった。

周恩来総理は、1971年7月にキッシンジャー特使と北京で秘密裡に会談して中国とアメリカ合衆国との国交樹立の基礎を築き、翌72年2月のニクソン米大統領の訪中を実現させた。その年の5月に膀胱癌が見つかった周恩来は、毛沢東が鄧小平の復活に反対でないことを示唆した折にその実現に尽力し、1973年3月、鄧小平は国務院副総理として復活した。そして、周恩来はその死の前年の1975年1月、第4期全国人民代表大会において、「4つの現代化」（農業・工業・軍事・科学技術の近代化）を再提唱した[5]。資本主義国との外交関係樹立、鄧小平の復活、経済近代化の提唱などは、4人組のイデオロギーや利益に反するものであり、林彪と孔子を批判する（「批林批孔」）というような間接的な表現で4人組から圧力がかけられたが周恩来は凌ぎ、後事を鄧小平に託した。

1976年1月に周恩来が死去し、4月の清明節に周を悼む人々が天安門に集まったが、この第1次天安門事件の責任を負わされて鄧小平は再失脚した。同年9月毛沢東が死去し、10月「4人組」が逮捕された。

1977年7月には鄧小平が再復活し、同年8月、中国共産党第11回全国代表大会において、「4つの現代化」が中国共産党規約に明記された。しかしその目標を実現するための手段としては、高速度発展を革命精神の高揚によって実現するという、毛沢東路線を忠実に守る華国鋒の考えが採られていた。

1978年2月、第5期全国人民代表大会第1回会議に至ると、農業生産の増大・農民の所得改善のために、自留地の復活、農産物価格の引き上げ、物質的

---

4) 拙稿「中国経済近代化政策における国内商業の役割について」『三田商学研究』25巻2号、1982年6月［本書第3章収録］。

5) 周恩来は、1965年1月、第3期全国人民代表大会第1回会議で「4つの現代化」を提唱したが、文化大革命のため実施に至らなかった。

報酬を認めることなどが、また農業以外の分野では、商業活動および対外貿易の発展、競争原理の導入、技術革新の推進などが提唱されている。これらは、78年12月の第11期3中全会の経済優先路線において実施された政策と同じである。だが、基礎工業の発展を速めるため、総花的にプロジェクトを実施しようとした。

1978年12月、党第11期中央委員会第3回総会（党第11期3中全会）において、「全党の活動の重点と全国人民の注意力を社会主義的現代化の建設に移す」という中央政治局の方針が承認され、党の主要目標は階級闘争から経済建設に移った[6]。建設を進めるにあたって価値法則を重視し、労働に応じた分配を実施することになった。

社会主義的現代化（農業、工業、国防、科学技術の「4つの現代化」）を実現させるためには、生産力の発展に照応しない管理方式、活動方式、思想方式を変えることが必要であり、改革の基本理念となったのは、「実事求是」、すなわち、実践こそ真理を検証する唯一の基準であるという原則であった[7]。

なお、この第11期3中全会の路線の理論的根拠は、1978年7月、国務院会議における発言に基づいて執筆された胡喬木中国社会科学院院長の論文に求めることができる[8]。

鄧小平が主導した中国共産党第11期3中全会において、「階級闘争を要とする」という方針が廃止された根拠は、社会主義的改造が基本的に完了した後、ブルジョワジーとその他の搾取階級が基本的には廃絶されたという認識に基づく。かつて、1956年9月開催の中国共産党第8回全国代表大会の政治報告において劉少奇は、「国内の主要な矛盾はもはやプロレタリアートとブルジョアジーの矛盾ではなく、経済、文化の急速な発展を願う人民の要求と当面の経済・

---

[6] 文化大革命の終結宣言は、1977年8月、党第11期全国代表大会において、すでになされていた。

[7] 『鄧小平文選（1975-1982年）』によって、この方針を貫徹する教育がなされた。

[8] 胡喬木「按照経済規律辨事、加決実現四個現代化」（1978年10月6日「人民日報」）『胡喬木文集』第2巻、1993年、401-432頁（胡喬木「経済法則にてらして事を運び4つの現代化の実現を速めよう」（上）（中）（下）『北京周報』16巻46-48号、1978年）。

文化が人民の要求を満たせない状況の矛盾であり、全国人民の主要な任務は、社会的生産力の発展に力を集中して、日増しに増大する人民の物質的、文化的要求を逐次満たすことである」と述べた。このように見ると、政治面では鄧小平路線は、党第8回全国代表大会の路線の復活と言えよう。また経済政策では、1961年以降の調整期と共通する点が多い。しかし、それを越える改革への萌芽を、鄧小平路線は内包していたのである。

　第5期全国人民代表大会第1回会議で承認された、国務院提出の「国民経済発展計画要綱 (1976-1985年)」は、急速な発展をめざすものであり、財政収支および貿易収支の赤字が生じた。そこで1979年3月、党中央政治局会議では、李先念や陳雲の意見を鄧小平が容れ、3年間をかけて国民経済を調整することが決定された。1979年4月の党中央工作会議において、「調整、改革、整頓、提高」の方針が打ち出され、同年6月、第5期全国人民代表大会第2回会議で具体化された。これ以降の3年間は、「調整期」と呼ばれた[9]。

　調整期には、総花的なプロジェクトを整理し優先順位をつけて実施することにより総需要を抑制する側面と、経済効率改善のために組織の改革・整備を行う側面があった。調整期の経済政策の重点は、同会議の政府活動報告によれば、次のようなものである。

　農業の発展、軽工業と紡績業の発展促進、石炭・石油・電力・交通運輸・建材工業の強化・充実、基礎建設の縮小と投資効率の向上、科学・教育・文化事業の発展と人材の育成、技術導入・外資導入・輸出振興、経済管理体制の改革、価格の安定と調整、人民の生活水準の向上、人口増加の抑制の10項目に重点が置かれた。

---

9) 調整期という言葉は、1961年から65年についても使われた。重工業発展に資源を傾注した大躍進政策 (1953-1957年) が失敗した後に、1961年1月、第8期9中全会は、農業を最優先し、軽工業、重工業の順序に計画を編成替えした。農業生産の回復のために自留地の保有やそこで生産した作物を自由市場で販売すること、工業部門においては、利潤率を指標とした工業管理、報奨金という物質的刺激を導入した賃金制度、企業長単独責任制度などが実施された。劉少奇の指導のもとに陳雲、鄧小平たちによって実施されたこれらの政策は、今回の調整期においても同様に実施された。

このうち外資導入に関しては、1979年7月、「中華人民共和国中外合資経営法」が成立し、合弁の法的根拠が与えられた。なお同法第5条は、「外資側が投資にあてる技術と設備は、先進的なものでなければならない」としている。生産面における経済近代化とは、生産過程に近代的工業技術を導入するものであるとするならば、本条は対外開放によって近代化を進めようとする意図が込められた規定であると言えよう。

　価格改革については、食糧、綿花、油、豚などの買い付け価格を引き上げる一方で、都市の食糧や油の価格の据え置き、その他の農産物や副業生産物の一部についての価格引き上げなどが、1979年に実施された。

　商業に関して注目すべきは、雇用増大の側面から、手工業、修理業、商業、サービス業、養殖業、飲食業、観光事業、都市の公共事業、公園緑化事業などの事業と企業を積極的に発展させようとしていることである。文化大革命が終わり都市に戻った青年たちに職を与えるために、商業を活用しようとしたのである。

Ⅲ　商業に対する2つの見解

　資源配分を社会主義計画経済にのみ頼る張春橋のような考えの人々の間で支配的な商業観は、商業部門は物質生産を行わない部門であるゆえに非生産部門であり、商業・サービス業の労働は、なんら価値を生まない、というものであった。また、生産手段は公有であるために価格はなく、計画に基づく物的な配分のみが存在しているとする、ソ連共産党書記長だったスターリンのいう「無流通論」が信奉されていた。

　文化大革命期には市場や商業は敵視されたが、経済体制改革の初期段階である「調整期」においては、商業活動は肯定された。しかし、商業労働が価値を創造するか否かについて論争がなされ、2つの代表的立場が対立した[10]。

　第1の見解は、一部の商業労働は生産的労働であるが、その他の部分は非生

---

10) 朱徳生「関于商業労働性質問題論点綜述」商業部商業経済研究所資料室編『商業労働性質問題的討論』中国商業出版社、1982年。

第4章 「調整期」における商業観と中国体制改革

産的労働であるというものである。生産的労働であるのは、生産企業に付属した商業、例えば衣料店や食品加工業の労働は、生産的労働である。また、運輸部門のように、生産過程がその生産の延長として流通過程を含む場合には、その流通過程の労働は生産的労働である。しかし、大部分の商業労働は何ら価値を創造しないとする。

この立場からすると、日用品の修理業は使用価値を回復するから生産的労働であるが、理髪業、写真屋、旅館などは、財を顧客が消費するのを助けるのであって、物質的富は増加させないから、非生産的労働であるということになる。すなわち、ある労働が物質的富を増加させる場合にのみ生産的労働である。この立場の代表的論者は、孫冶方であった[11]。

第2の見解は、商業、サービス業の労働はすべて生産的労働とするものであり、その代表的論者は于光遠であった。

その見解に従えば、①商業部門の生産企業、例えば肉や野菜など食品を扱う企業は、その商品を消費者に渡しうる形にするために手を加えるのであり、したがって生産部門である。②保管、運輸、包装などの業務は、商業の位置を移転することを通じて、需要を充たす機能を持つ。潜在的消費品を現実的消費品に転換し、商品の価値を増加させる。③商業部門に勤務する販売員等は、顧客に対し、消費者が欲する商品を手に入れやすくするという機能を果たす。④旅館、理髪、クリーニング、修理等の業務も、社会の需要するものを提供するという意味で価値を生む。⑤飲食業は、食品を加工して新しい使用価値を作り出すとともに、労働を提供する。

このように、商業・サービス業の労働は、すべて生産的労働であるとしている。

さらに于光遠は、商業・サービス業、教育・科学・文化に携わる人々は、大多数がこれまで労働者階級と見なされず、資産階級ないしそれに奉仕する分子として差別的な待遇を受けてきた、と指摘する。その原因は、商業・サービス業の労働は、生産労働ではないという理論のために、「その他労働者」という

---

[11] 孫冶方「関于生産労働和非生産労働、国民収入和国民生産総値的討論」『経済研究』1981年第8期。

分類項目に入れられてきたことにある。彼らの労働が生産的労働とは認められない限り、その社会的地位の向上は到底望めないだろう、と論ずる。

于光遠によれば、マルクスは、生産労働を財の生産に携わる労働に限っているのではなく、非物質的労働が有する生産効果も肯定している。非物質的労働生産の社会的必要労働量の確定は難しいが、生産自体は内在的価値を有しているとする。于光遠はこのようにマルクスを解釈し、そのうえで、社会主義制度下の生産的労働として、財を生産する労働のほか、生産品の分配と交換に携わる労働、サービスに関するさまざまな社会的需要を充たす労働、精神的な財産を生む労働、教育面の活動、環境を保ち改善する労働、などを挙げている。

すなわち、社会的生産の目的は、社会の構成員の日増しに増大する需要を充たすことにある。したがって、人々の需要を充たす財およびサービスの生産に携わる労働は、すべて生産的労働であると解するのである。ゆえに、西側の「第3次産業」という概念を認め、統計面でも世界各国と同様に「国民総生産」という概念を採用して、物質的生産だけでなくサービスもその価の中に含めるべきだと主張する[12]。

これに対して、孫冶方は社会の富裕度を測定する指標の最も基本となるものは、当時中国が採用していた「国民収入」であり、「国民総生産」は重複計算を含む指標であると批判している。なぜなら、科学、教育、文芸、医療などの精神的労働は、間接的に物質的富の増大に役立っているかもしれないが、それはすでに物質的富という形になっているのであって、精神的富の価値をその上に加算することは、二重計算という誤りを犯すことになる。それに、第3次産業という概念を用いると、教育、文化、サービス業、国防、警察、司法などの非生産部門と、工業、農業、交通、運輸などの物質的生産部門を区別できなくなると孫冶方は言う。

文化大革命中に商業網が大幅に縮小してしまった原因は、マルクス経済学の

---

[12] 于光遠「社会主義制度下的生産労働與非生産労働」『中国経済問題』1981年第1期。なお、肖灼基、孫凱飛、夏興園などが、于光遠と同じように科学研究や教育を生産労働と考えている。

第4章 「調整期」における商業観と中国体制改革

非生産的労働の概念に原因があるのではなくして、自然経済的思想が残存していたことが原因である。すなわち、封建的農業社会には、「重農軽商」という自然経済的思想が存在するが、それが残存していたことによる。社会主義計画経済には依然として交換あるいは流通過程が存在することを、自然主義思想によって否定してしまった。そこに問題があるのであり、国民収入という指標が原因ではないとする。

孫冶方は「流通は社会化された生産と再生産の物質代謝の過程である」との主張に基づいて、「無流通論」は批判している[13]。交換と流通がなければ、社会化された大規模生産を発展させることができない。社会主義経済の企業間には広範な分業がある。もし、企業間に生産物の交換が行われず、交換の替わりに調達を行い、流通の替わりに配給を行うならば、生産と販売の間に必ず不均衡が生じ、その結果、社会全体の再生産過程が混乱してしまう、と孫は言う。生産手段についても、社会的再生産の法則に応じて流通過程に組み入れ、商業の軌道に乗せる必要のあることを強調している。

孫冶方は、無流通論者が目的とする物資バランスでは不十分として、「価値平衡」すなわち、財を価値で示したバランスを重視した。全人民所有制のもとで商品・貨幣関係が消滅した後にも、価値規律は無視することができないのであり、財の価値を表す社会的必要労働の計算には、各企業や部門間の需給関係を考慮しなくてはならないとする。孫冶方は社会主義体制においても、社会的分業を実現するうえでの市場や流通の役割を認めている。60年代初期の調整期以来、このような考えを持っていたため、文化大革命期には、1968年3月から75年4月まで獄中に置かれた。

このような開明的な学者であった半面、「大きな計画、小さな自由」を中国の計画体制の原則とし、「流通過程または市場を計画的に組織し、統一の有機体にすること」を目標としている。

孫の商業観は、陳雲の「鳥籠経済論」と同じ立場に立つものであり、生産力が低い段階においては、斬新であり、妥当な考え方であった。生産能力がきわ

---

13) 孫冶方『《社会主義経済的若干理論問題》特集』(増訂本) 人民出版社、1983年、179頁。

めて低い水準にあるときには、潜在的需要を抑え、必要最小限の物資を配給することになる。しかし、発展への歩みを始めた初期においては、生産への誘因を与えることが大切であり、自由市場の一部導入が図られる。陳雲は、そのような過渡期の政治指導者であり、孫冶方は改革初期における進歩的なマルクス経済学者であったと言えよう。

これに対し、鄧小平はより大規模な、かつ速やかな経済発展を望んでいた。鄧小平や于光遠は、市場による資源配分を十分活用できる経済体制の構築をめざしていた。于光遠は、経済の現実を直視し、商業を含む第3次産業と市場経済の重要性を認識した上で、マルクス理論を柔軟に解釈したのであった。

この論争は、経済に対して果す商業の役割の程度に関するものであり、両者ともに商業の役割自体は評価していた。商業活動の復活とともに、商業に関する研究や教育が活発化した。研究面ではマーケティング[14]やPERTの手法の研究書[15]が出版され、商業学[16]や経営管理[17]の教科書も出されるようになった。実務書では、商店の販売促進法[18]や市場案内書[19]まで現れた。商業が市場経済へと向かう中国経済において、不可欠のものになり始めていたことの反映であったと言えよう。

Ⅳ 論争の結果とその後の展開

1961年から65年の「調整期」と79年以降の「調整期」は、経済目標と政策手段が似通ってはいるが、次の2点で大きく異なっている。

1つは、前者が自給自足の閉鎖経済であったのに対し、後者は対外開放を併

---

14) 羅真端・黄燕・江一舟『銷售学原理與応用』中国財政経済出版社、1982年。
15) 朱瑤翠・張文鑒編著『企業管理中的網絡計画技術』上海人民出版社、1982年。
16) 曽洪業主編『社会主義商業経済学』中国人民大学出版社、1980年。
　　劉福園・唐功烈・羅力行主編『中国社会主義商業経済』中国人民大学出版社、1980年。
　　賀名侖・周明星主編『商業経済学』北京科学技術出版社、1983年。
17) 夏光仁主編『中国商業企業管理学』中国人民大学出版社、1980年。
18) 例えば、湖南省商業庁・長沙市百貨公司『文明経商手冊』湖南科学技術出版社、1981年。
19) 杜宝才・樊志勇編著『北京市場大観』中国展望出版社、1982年。

せて進めている点である。社会主義計画経済では、国内の資源の調達を基本とし、不足する物資を輸入で補う。そのための輸入資金を得ることに輸出の意義があり、61年の調整期は「自力更生」の方針が打ち出された後のこともあって、国内資源の動員に力が注がれた。一方79年に始まる調整期には、輸出を通じて経済発展を図るという視点が導入された。比較優位の利益を得るためには、国内の資源配分の指標となる価格に歪みが存在してはならず、したがって、国内の価格機構の改革が必要不可欠となる。

　もう1つは、前者では企業自主権が認められていなかったが、後者では認められていることである。とりわけ、調整期に続く84年10月以降は「計画的な商品経済」というように、「計画的」という言葉は冠されているものの商品経済を公認したうえで、企業を「一定の権利と義務を持つ法人」と認めたことにより、企業に大幅に経営上の意思決定権が委ねられることになった。分業が政府内部の中央集権か地方分権かではなく、経済の基層単位である企業にまで意思決定が委ねられたのである。無数の企業が自主的に意思決定を行うためには、財および生産要素の価格を指標にするほか術はない。価格が生産効率を適正に反映するためには市場の歪みを是正した市場価格でなければならず、したがって、市場に対する政策的介入は公正な競争を促進するものでなくてはならない。

　この2点に、陳雲の「鳥籠経済論」の枠を破って、自由市場の整備へと向かう必然性が見られる。しかし、孫冶方は、「大きな計画、小さな自由」が持続可能なことを前提として、正統的なマルクス経済理論を商業観に適用したのであった。孫冶方の商業観は、「調整期」という過渡な時期においては一定の進歩性を持つものの、市場の繁栄とともに時代から取り残されるものであった。

　これに対し、于光遠は「社会的生産の目的は、社会の構成員の日増しに増大する需要を充たすこと」と喝破し、消費の視点を入れた経済理論に基づく商業観を持っているゆえに、市場経済体制への改革の展望を切り開くことができたのである[20]。

　1982年5月の中国商業学会成立大会に孫冶方は祝賀の手紙を送り、「生産が服務する対象は倉庫ではなく消費者であり、商業は広大な消費者の代表である」と述べている。彼もまたこのような進歩的思想を抱いてはいたが、時代の

制約がその進歩性を十分に開花させなかったのであると言えよう。

現実の動きとしては、第11期3中全会以降個人経営が許可され、79年中葉より個人経営が増加し、1982年下半期までには個人経営の商業が大幅に発展した[21]。国務院は1982年6月、「都市・農村商品流通経路の円滑化と農村への工業製品移出拡大に関する決定」を行うとともに、従来の商業部、食糧部、全国供給販売合作総社が、新しい商業部に統合された。また、1982年12月に第5期全人代第5回会議で採択された新憲法において、人民公社の政治機能が廃止され、郷人民政府が復活した。

「調整期」を経た後の1984年10月、上述のように、中国共産党第12期3中全会において「商品経済」が公認され、経済改革理念の深化がなされた。同総会では、第11期3中全会の路線に基づき、社会主義の根本的な任務は、「社会的生産を発展させることであり、社会の富をますます増やして、人民の日増しに増大する物質的、文化的需要を絶えず充たすことである」とし[22]、そのための改革の柱として、企業自主権の拡大、計画体制の改革、合理的な価格体系の確立、対外および国内の経済技術交流の拡大を挙げた。

企業は「一定の権利と義務を持つ法人」とし、経済主体の1つとしている。また、社会主義計画経済を「共有制をふまえた計画的な商品経済である」と定義し、商品経済を計画経済と対立させる従来の通念を否定した。社会主義経済と資本主義経済との区別は、商品経済の有無にあるのではなく所有制の異なる点にあるとされた。

商品経済の公認は、経済管理体制への新しい局面を拓いた。具体的には、指令的計画は重要な経済活動および重要生産物の配分にとどめ、大部分の生産活

---

20) 孫冶方は1983年に逝去したため、この論争は両者の間では未決着に終わった。しかし、その後の改革開放政策の展開は、于光遠の主張の進歩性を証明している。なお于光遠は、社会主義初級段階論が公認された後、その段階論をマルクス主義の立場から肯定する著作を著している。于光遠『中国社会主義初級段階的経済』広東経済出版社、1998年参照。

21) 1982年に全国の都市部で飲食店を営む商店は、78年の7.7倍に当たる147万店であり、その中で個人商店は92万店で、78年の77.8倍に当たる(『北京周報』21巻34号、1983年参照)。

22) 『経済体制の改革に関する中共中央の決定』外文出版社、1984年。

第 4 章　「調整期」における商業観と中国体制改革

動と生産物については、指導的計画か、あるいは完全に市場メカニズムの調節によるべきであるとしている。党第11期3中全会以降、商品生産は認められていたが、「商品経済」が公認されたことにより、市場メカニズムを基本として、財政金融政策によって間接的に経済管理を行う体制への転換を正当化する根拠が与えられたのである。1986年1月には、国務院は「銀行管理暫定条例」を、また同年3月には、企業連合を推進するために「水平的経済連合を推進する若干の問題に関する規定」を公布し、金融改革、企業改革の方針を打ち出した。

一方、対外開放の面では、対外貿易体制の改革、技術交流の促進、経済特区の発展と沿岸都市の一層の開放が挙げられ、外資を利用し、合資経営企業、合作経営企業、単独外資企業を設立させることも、社会主義公有経済にとって必要かつ有益な補完であるとされた。86年4月には、「外資企業法」、同年10月、国務院は、「外国投資奨励に関する規定」を公布した。

以上のように、第12期3中全会（1984年10月）では、社会主義経済と資本主義経済を区別するものは、経済資源の配分のメカニズムではないとされた。その本質的区別は、所有制の違いにあるとされている。資本家による生産手段の私的所有が賃金労働者の労働からの搾取を生み、その搾取部分である余剰価値を資本蓄積に充てることによって資本主義経済が存立するという理論は、マルクス経済学の基本をなしている。生産手段の私的所有を認めることは、マルクス経済学の原理からは決して生まれるものではなく、段階論によって原理の発現形態に幅を持たせる以外に解決の道はない。

1987年11月の中国共産党第13回全国代表大会において、趙紫陽総書記による報告[23]が採択され、中国は、「社会主義の初級段階」にあるとされた。そのことにより多様な所有制への道が開かれたのである。

生産関係と上部構造で生産力発展に照応しない部分を改革するにあたっては、所有と経営の分離という原則に基づいて、企業を名実ともに自主権と損益自己責任の主体とすることに力を注ぐとされた。企業形態は、公有制を主体としつ

---

23) 趙紫陽「中国の特色を持つ社会主義の道に沿って前進しよう」『北京週報』25巻45号、1987年。

つも個体経済や私営経済もその発展を奨励すべきであるとして、さまざまな所有制経済を容認している[24]。

　企業の損益が効率を反映するためには、消費財市場や生産財の市場のみならず、資金、労務、技術、情報、不動産などの市場を整備しなくてはならない[25]。

　このように、私営経済まで含めた多様な所有制の容認、労務を含む生産要素市場の容認により、市場経済を基本とした体制への改革が進められることが明確になった。この決議に基づき、1988年4月の第7期全人代第1回会議で憲法が改正され、「私有経済は社会主義公有制経済の補充である」、「国は私営経済の合法的権益と利益を保護する」などの内容が書き加えられた。

　1992年は、改革開放政策が一段と進んだ年であった。鄧小平は1992年1月から2月にかけて、武昌、深圳、珠海、上海等を視察したうえで、いわゆる「南巡講話」で対外開放政策の加速を呼びかけた。同年10月、中国共産党第14回大会において、江沢民総書記は1978年12月以来の改革開放路線の実践の基本的総括をし、経済体制の目標は「社会主義の市場経済を確立し、生産力のさらなる開放と発展を促進することにある」と報告し承認された。「社会主義市場経済」という言葉が公認され、ここに、資源配分にあたって市場経済を統制経済より優位に置くことが確定した。特に、大・中型国有企業の経営メカニズムの転換を図り、その活力の強化、体質の向上に努めるとした[26]。

　以上のように、社会主義商品経済の公認（1984年）、所有制における問題を解決するための社会主義初級段階の承認（1987年）、さらに社会主義市場経済の公認（1992年）によって、資源配分メカニズムを基本的に市場に依存する体

---

24) 私営経済、中外合資経営企業、合作経営企業、外国所有企業も「公有制経済の必要かつ有益な補完物」と肯定している。
25) 解放前の地主を打倒した中国共産党が土地に対する権利を前提とする不動産市場を認めたのは、本大会が初めてであった。
26) この方針に基づいて、1993年11月、党第14期中央委員会第3回総会において、『社会主義市場経済体制を確立するうえでの若干の問題についての中国共産党中央委員会の決定』がなされ、国有企業の経営メカニズムを転換し、「現代企業制度」を確立することが提唱された。「公有制を主体とする現代企業制度は社会主義市場経済の基盤である」という考えに基づいている。

制作りを官民挙げて進める条件が整えられた。

V　所有制改革と私有財産権の保護

　党第15回大会（1997年9月）で、株式会社は社会主義経済の一形態と位置づけられ、国家株を主とする株式制が公有制の範囲に入れられることとなった。

　同大会報告において江沢民は、鄧小平を「中国の特色を持つ社会主義建設の基本理論と基本路線の創立者」と称え、鄧小平の思想と実践を「鄧小平理論」と名づけて、毛沢東思想の継承と発展であり、マルクス主義の新境地を開いたとした[27]。

　憲法上では1999年3月の第9期全人代第2回会議において、個人経済、私営経済などの非公有制経済は社会主義市場経済の重要な構成部分であると規定され、市場経済への改革への法的基盤が確立された。

　2001年12月、中国は懸案であったWTO加盟を果たし、市場開放を一段と推し進めることになった[28]。

　2002年11月、中国共産党第16回大会において、江沢民の提唱した「3つの代表」論が、党規約に「3つの代表」思想として明記され、企業家の入党の道が開かれた[29]。

　2003年10月、中国共産党第16期3中全会において、「社会主義市場体制整備の若干の問題に関する党中央決定」がなされた。これは、社会主義市場経済が

---

27) 同大会報告によれば、その根拠は、1978年に「思想を解放し、実事求是の態度を取ろう」と提唱し、マルクス主義の新境地を開いたこと。「何が社会主義であり、どのように社会主義を建設するか」という根本問題をつかんで、党の路線と国際戦略を確定したこと。鄧小平理論は中国の特色を持つ社会主義建設理論の新しい科学的体系を形成し、「社会主義初級段階」の基本路線を制定したこと、によるとされている。

28) WTO加盟が流通業に与えると予想される影響については、黄磷編著『WTO加盟後の中国市場』蒼蒼社、2002年によくまとめられている。

29) 「3つの代表」論が今後の中国経済改革に対して持つ意義については、赤川元章・唐木圀和編著『東アジア経済研究のフロンティア』慶應義塾大学出版会、2004年、第2章を参照。

初歩的に構築されたという認識のもとに、社会主義市場経済体制の整備を一段と進めるための指針を示したものである。体制整備の目標としては、都市と農村、各地域、経済と社会、人と自然の調和の取れた発展をめざして、資源配分における市場の基礎的役割を発展させ、企業の活力と競争力を強め、国のマクロ経済管理を健全化し、政府の社会管理・公共サービス機能を整備し「小康社会」の全面的建設に体制面からの強力な保証を与えるとしている。

93年11月の党第14期3中全会では、社会主義市場経済の樹立のために現代企業制度の確立が課題であったが、今回は、社会主義市場経済の整備にあたって、近代的な財産権制度の確立が中心に据えられている。そして、財産権の明確化を重点にした集団所有制企業改革、混合所有制経済の発展、非公有経済に対する差別的な法律・法規や政策の整理・改正などに力点が置かれている。市場については、全国的統一市場作りの加速、WTOのルールに従い内外市場の一体化の進展、資本その他要素市場の発展、財産権を基礎とする社会的信用制度を確立することをめざしている。

2004年3月、第10期全国人民代表大会第2回会議において、「3つの代表」思想を前文に明記するとともに、私有財産権の不可侵を保障した憲法改正案が採択・決定された[30]。改正点のうち、社会主義市場経済と関係のある諸点について考察しよう。

(1) 憲法前文に、江沢民が2000年に提唱した「3つの代表」論が、マルクス・レーニン主義、毛沢東思想、鄧小平理論に並ぶ重要思想として位置づけられた。

(2) 同じく憲法前文に、各民主党派と各人民団体が参加する幅広い愛国統一戦線の参加者として、「社会主義事業の建設者」が付け加えられた。この文言は、個人事業主や民間企業家などを意味している。「3つの代表」思想が明記されたことによって、「人民民主主義独裁」という国体の中国において、企業家たちも人民に含まれ、その利益も擁護されることが法律上確約されたのである。

---

[30] 『北京週報』42巻3号、2004年参照。

(3) 第16期3中全会の決定どおり、国は、非公有経済の合法的な権利と利益を保護するだけでなく、その発展を奨励・支持することになった[31]。
(4) 保護される「合法的な権利と利益」とはどのようなものであろうか。従来は個人の生活に関わる財産についての保護にとどまっていたのが、今回は、私有財産の不可侵を明記している[32]。私有財産一般ということは、生産手段の私的所有をも認めることであり、社会主義の根幹である生産手段の公有制の原則を揺るがせる規定であると言えよう。
(5) 公共の利益のためには、私有財産を公的に用いることがあることを想定しつつも、補償を与えるとして財産権を認めている[33]。

このほか、初めて「人権の尊重、保障」（憲法第33条第3項）を規定し、また「経済発展水準に適応する社会保障制度の確立」（第14条第4項）が明文化された。

VI　むすび

以上のように、中国は改革・開放政策において、市場による資源配分メカニズムの樹立と外資導入・輸出促進によって発展を図った。社会主義計画経済から市場経済への転換は、社会主義の定義自体に関わることであり、理論上のみならず、政治的にも困難な作業である。中国経済体制改革を進める指導者たち

---

[31] 憲法第11条第2項が、「国は個人経済、私営経済を指導、監督、管理する」などから、「国は個人経済、私営経済など非公有制経済の合法的な権利と利益を保護する。国は非公有制経済の発展を奨励、支持、指導するとともに、非公有制経済に対し法によって監督・管理する」へと改正された。

[32] 憲法第13条は、「国は公民の合法的な収入、貯蓄、家屋およびその他の合法的財産の所有権を保護する」、「国は法律の規定に従って公民の私有財産の継承権を保護する」であったものを、「公民の合法的な私有財産は侵犯されない」、「国は法律の規定に従って公民の私有財産権と継承権を保護する」とした。

[33] 第13条に「国は公共利益の必要のため、法律の規定に従って公民の私有財産を徴収または徴用することができるとともに、補償を与える」とある。なお憲法第10条第3項には土地に関して、従来の「国は公共利益の必要のため、法律の規定に従って土地を徴用することができる」から、「徴収または徴用しうるとともに、補償を与える」へと、やはり、権利を明確化している。

は、新しい理念を打ち出しつつ、改革開放初期の「調整期」以来、着実に体制転換を進めてきた。この転換にあたって、適切な体制改革理念の提示は、政治的にも、学問の発展にとっても大切である。例えば、「市場経済」という用語と「商品経済」という用語は、両者とも、需給によって価格が決まるという点で、財に関する限り変わりがない。しかし、市場経済は生産要素価格も市場によって決定されることを公認しているのであって、商品経済の時期には公式には認められていなかった土地の使用権にも価格が付せられるようになったのであった。実際の市場が繁栄するだけでなく、中国の学者たちも安心して、市場という言葉を使えるようになり、経済学や商業学も一段と発展している。

「社会主義初期段階」という言葉も同様である。この公認により、搾取の問題が棚上げにされ、民間企業が発展した。そこからは企業家や都市中間層が生まれ、その人々を中国共産党に入党させ、党の強化を図るために「3つの代表」思想が生まれた。その思想に基づく憲法改正においては、私的財産の保護をうたうまでに至ったのである。

競争的市場と私有財産制が自由主義の基礎であることは、F. A. ハイエクによる指摘のとおりである。この理論に従えば、今回の憲法改正（2004年）によって、中国においても自由主義を可能とする条件が、憲法上では整ったと言える。しかし、中国の目標は、「富強、民主、文明の社会主義国に築き上げる」（憲法前文）ことにある。社会主義建設を進める中国で、個人の自由を至上とし個々人の基本的人権を尊重する自由主義と、党の指導を重視する路線とをどのようにして調和させていくのだろうか。中国商業の役割は、社会的分業の促進と消費者主権の確立にとどまらず、企業家の政治参加を通じて、国家体制のあり方にも関わってくる。今後とも注目し続けなくてはならない課題である。

第5章

「分業」の視点から見た中国第7次5ヵ年計画
——その進歩性と実施上の諸制約——

I　はじめに

　1986年3月、第6期全国人民代表大会第4回会議において、中国国務院総理趙紫陽は「第7次5ヵ年計画に関する報告」[1]を行い、併せて同会議は、「中華人民共和国国民経済・社会発展第7次5ヵ年計画（1986-1990年）」を承認した[2]。本計画の主要任務は次のとおりである。
　(1)　経済体制の改革にとってさらに好ましい経済環境と社会環境をつくり出し、社会の総需要と総供給の基本的均衡を図り、改革を一層順調に進め、5年あるいはもうすこし長い期間に、中国特有の新しいタイプの社会主義経済体制の基礎を基本的に確立する。
　(2)　経済の持続的安定成長を維持し、固定資産の投資総額の抑制を前提に、重点建設、技術改造、頭脳開発を大いに強化し、物財、技術と人材の面から90年代における経済と社会の持続的発展のために必要な後続力を準備する。
　(3)　生産の発展と経済効率の向上をふまえて、都市・農村人民の生活をひきつづき改善する。
　これら3つの任務はたがいに関連し、緊密に結びついているが、なかでも第1の任務である経済体制改革が、本計画の主要目標とされている。したがって、本計画は、単に向こう5年間の計画というよりも、今後長期間にわたる中国経済の方向を規定するものであると言えよう。では、この経済改革はどのような

---

　1)　『中華人民共和国第6期全国人民代表大会第4回会議主要文献』外文出版社、1986年。
　2)　計画の内容については、『前掲書』および、『中華人民共和国国民経済和社会発展第7箇5年計画、1986-1990』人民出版社、1986年参照。

理念に基づいて進められるのであろうか[3]。それを知るためには、現行の経済政策路線の方向を定めた中国共産党第11期3中全会（1978年12月）の方針を顧みる必要があろう。

同総会は、「大規模な嵐のような大衆的階級闘争はすでに基本的に終わった」とし、「全党が活動の重点を社会主義的現代化の建設に移す」という路線を打ち出した。そして、客観的な経済法則に基づいて事を運び価値法則の役割を重視すること、幹部と勤労者の生産意欲を十分に引き出すこと、経済管理体制における権限の過度の集中を改め国家の統一計画を前提に地方と工農業企業により多くの経営管理の自主権を持たせるべきであること、自力更生をふまえて世界各国との平等・互恵の経済協力を積極的に発展させ世界の先進技術と先進設備を努めて採り入れること、現代化の実現に必要な科学・教育活動を大いに強化すること、などの方針を示した[4]。その後、第6次5ヵ年計画期（1981-1985年）における農業改革のめざましい進展に較べて都市改革が立ち遅れているとはいえ、これらの方針に沿って、改革は着実に進められ今日に至っている。

「客観的な経済法則に基づいて事を運ぶ」ということを言いかえれば、経済合理性にかなった経済計画の立案および政策運営を行うことであろう。冒頭に

---

[3]「実事求是」という理念が経済体制改革を始動させた大前提であることは言うまでもない。鄧小平は、中国共産党第11期中央委員会第3回総会（1978年12月）に先立つ中央工作会議で次のように述べた。「思想の硬直化を打破し、幹部と大衆の思想を大いに解放するのでなければ、4つの現代化は望めない。実践は真理を検証する唯一の基準であるという問題について、いま討論が行われているが、これは実質的には、思想を解放するかどうかに関わる論争である。……思想を解放し、実事求是の原則を堅持し、なにごとも実際から出発し、理論と実際を結びつけてこそ、われわれの社会主義現代化は順調に進捗する……。」「思想を解放し、実事求是の態度をとり、一致団結して前向きの姿勢をとろう（1978年12月13日）」『鄧小平文選（1975-1982年）』外文出版社、1984年、207頁。

この講話は事実上、3中全会の基調報告になったと言われ、「実事求是」は、思想を解放し改革を進めるにあたっての重要な理念である。しかし、これは改革にあたっての方法上の基礎をなすものであり、本章では経済改革という特定分野の改革の理念として「分業促進」を取り上げる。

[4]「中国共産党第11期中央委員会第3回総会の公報（1978年12月22日採択）」中国研究所編『新中国年鑑（1979年版）』大修館書店、1979年、215-220頁。

掲げたように、第7次5ヵ年計画の主要任務の1つは、「生産の発展と経済効率の向上」であった。経済合理性の追求という理念が、この5ヵ年計画を貫いていると考えられる。

第7次5ヵ年計画には、価値法則の重視や労働に応じた分配といった方策とならんで、分業の促進という経済合理性にかなった視点がうかがわれる。

例えば、本計画では、前期2年間の主要任務として「経済の安定を図りながら、全人民所有制の大型中型企業の活力をさらに強め、横の経済連携を大いに発展させると同時に、マクロの面から経済活動に対する管理と統制を強化、改善しなければならない」としている。このように、「横の経済連携を発展させる」という官僚機構的縦割り行政の枠を越えて分業を促進する視点が、「マクロ面の管理を改善する」という経済管理体制改革への志向とともに示されている。

分業の促進が生産要素の効率を改善し、生産を増大させることは、アダム・スミス以来、一般に認められている。またスミスによれば、「分業は市場の広さによって制限される」[5]。したがって、市場の拡大を阻むような制度的・思想的障害を除去することは、分業を促進し、生産力を発展させるという意味で、経済合理性にかなった政策であると言えよう。とりわけ、広大な中国では運輸の未発達により自給体制が支配的な地域も多く、また指令経済のもとでの縦割り行政によって自然発生的な市場による分業の進展が妨げられた例も多く見られた。その実情からしても、分業促進策による生産力改善の効果の大きさが期待できる。

したがって本章では、分業という視点に絞り、分業が従来、中国の経済政策においてどのような地位に置かれており、それはなぜであったかを次節で考察する。そのうえで、第11期3中全会の路線が、分業の促進、価値法則の実現という点で経済合理性を持つものであることを確認し、第12期3中全会で「商品経済」という概念が認められたことによりその路線が1つの頂点に達したことを見る。第Ⅲ節で、第7次5ヵ年計画に、分業を促進する施策がどのように盛

---

[5] Adam Smith, *An Inquiry into the Nature and Causes of the Wealth of Nations*, ed. by Edwin Cannan, 6th ed., 1950, Chapter 1-3.（大内兵衛・松川七郎訳『諸国民の富』岩波書店、1969年、Ⅰ巻、第1-3章を参照）。

り込まれているかを述べたうえで、最終節では、分業体制の確立を抑制する諸制約について考察したい。

II　分業軽視思想とそれからの脱却

　分業の利益を軽視する考え方は、過去の中国において根強く存在した。「重農軽商」という商業蔑視の考え方があるが、これは1つに、長らく中国が自給自足的な農業社会にとどまっていたことから生じた思想であろう。この自然経済的思想は、中国が社会主義国になってからも残存し、社会主義計画経済に流通過程が存在することを否定する考え方を生む大きな要因をなしたのだった[6]。

　また、大躍進期（1958-1960年）や文化大革命とその路線期（1966-1976年）には、商品流通網を縮小する一方で、投資を地方に分散し、中小工場を設立する政策が採られた。資本の効率よりも、地方の自給化の達成に重点が置かれたのである。その結果、能率の悪い中小工場が乱立し、資本が浪費された。ここには、分業の利益を実現するという視点が欠落している。

　これらの分業軽視の経済政策は、単に自然経済的思想によるだけではなく、毛沢東の思想的影響が考えられる。その思想は、戦時下、しかも山間の革命根拠地で形成されたものであった。

　毛沢東は延安において、解放区が当面の条件のもとですべての経済生活を組織する際の正しい原則は、「統一指導、分散経営」の原則、すなわち、上部が適切に任務を提起し、思いきって下部に自力更生させることであると説いた。そして、軍隊の生産自給は、形のうえでは退歩的なものであるが、実質は進歩的なものであり、大きな歴史的意義を持っているとした。すなわち、「形のうえでは、われわれは分業の原則にそむいている。しかし、われわれの置かれている条件のもとでは、すなわち国の貧困、国の分裂、および分散的な長期の人民遊撃戦争のもとでは、われわれがこうすることこそ進歩的なのである」と言

---

[6] 孫冶方「関于生産労働非生産労働、国民収入和国民生産総価値討論」『経済研究』1981年第8期（商業部商業経済研究所資料室編『商業労働性質問題的討論』中国商業出版社、1982年に再録）。

第5章 「分業」の視点から見た中国第7次5ヵ年計画

う。その根拠として、生活必需品の確保、人民の租税負担の軽減、労働観念や規律の強化などを挙げている[7]。このように毛沢東は、「分業の原則」(それは、統一的計画下における協業と言うべきものだが) を一応認めながらも、自給自足体制の現実性を説いたのだった。

　交通・通信などの社会的間接資本が少なく、また農民が8割を越す中国は、長らくこの自給自足の勧めを受け入れやすい状況にあった。また一方、商業、サービス業の労働は生産的労働でなく、それらに従事する人々は資産家階級かそれに奉仕する者であるという考え方が存在した[8]。そのために、階級闘争が強調されるごとにこの自給自足体制重視の考え方が前面に出てきた。例えば、1957年6月から翌年初頭にかけての「反右派闘争」後、毛沢東がプロレタリアートとブルジョワジーの矛盾は依然として中国社会の主要な矛盾であるという観点を提起すると、続いて大躍進の運動が展開され人民公社化が進められた。また「文化大革命」も、1963年から一部で推進されていた社会主義教育運動の重点を65年初めに「党内の資本主義の道をあゆむ実権派」への打撃に置いたことを契機として、その翌年から全面的に展開されたのだった。

　分業それ自体は基本的には軽視され続けたとはいえ、経済効率を重視し生産力の回復増強が図られた時期もあった。例えば、大躍進政策が失敗した後に開催された中国共産党第8期9中全会 (1961年1月) では、農業生産を回復するために、自留地の保有やその生産物を自由市場で販売することを認めた。また、工業部門でも、報奨金や利潤率指標による経営管理が導入された[9]。さらに、第3期全国人民代表大会第1回会議 (1964年12月) の席上、周恩来総理は、政府活動報告で「4つの現代化」を提唱した。また、自力更生を基本としたうえで、国際協力を進め外国の優れた技術を導入し、活用することを呼びかけた[10]。

---

7) 毛沢東「軍隊の生産自給、あわせて整風、生産の2大運動の重要性について」(1945年4月27日)『毛澤東選集』第3巻、外文出版社、1968年。
8) 于光遠は、その事実を指摘したうえで、商業、サービス業の労働が、生産的労働であると認められない限り、彼らの社会的地位の向上は到底望めないであろうと論じている (于光遠「社会主義制度下的生産労働与非生産労働」『中国経済問題』1981年第1期、この論文も商業経済研究所編『前掲書』に再録されている)。

このように、経済合理性を重んじた政策が短期間打ち出されたが、文革のためにすぐ潰えてしまった。

　文化大革命開始期に、階級闘争が強調され、商業取引や自留地などが資本主義の残滓として否定された背後には、中国が置かれていた当時の国際環境という因子を無視できない。1965年2月に米軍による北ベトナム爆撃が開始され、66年5月には米戦闘機が雲南省上空に侵入したというように、国防上の危機が迫っていた。この状況下で、延安時代の毛沢東の自給自足優先という考え方が優勢を占め、集積や分業の利益を犠牲にしても、設備・工場を内陸に移し危険の分散を図るという方策が採られたことは、それなりに合理的であったと言えよう。また、国際関係が緊張した場合、国内政治において強硬路線が優位を占めることは一般に見られることである。70年当時の中国では、極左思想を支持する林彪たちが実権を握り、国防工業を統一管理する軍事委員会弁事組を通じて、国民経済の総合的均衡を無視した軍事産業項目の増大を続けていた[11]。

　1971年下半期に、大きな転機が訪れた。同年7月、米中両国はニクソン米大統領の訪中計画を発表した。同年9月には林彪が墜死し、党中央の日常活動を主宰する周恩来によって外交面においてめざましい展開を見た。同年10月に

---

9) 行政系統や地域区画に従って人為的に細分化された経営管理体制下で、工業企業は部品も作るというような自己完結型であった。それに対し、専業化した協業の原則で公司や工場を組織して、大規模生産の要請に対応しなくてはならないという考え方は、この時期から存在した。「国営工業企業工作条例（草案）」（1961年9月）第6章や、1964年のトラスト構想に基づく、煙草公司、塩業公司などの設立がそれである。文革中にこの試みは批判されたが、1978年1月、第3次全国農業機械化会議で余秋里副首相は、全国と各省・市・自治区の農業機械工作を専業化した協業の原則で改組するという課題を提起した。さらに、同年7月の中共中央による通達「工業の発展を速める若干の問題に関する決定」では、専業化した協業の原則で工業を改組してその発展を速めるという方針がさらに明確にされた。このように、「専業化した協業」の構想は、企業自主権の拡大の実施に先立って存在していた（浜勝彦『鄧小平時代の中国経済』亜紀書房、1987年、第3章2節）。第11期3中全会路線の特徴は、この両者を結びつけた分業を意図している点に、新しさがあると言えよう。

10) 『北京周報』3巻1号、1965年参照。

11) 柳随年・呉群敢編『中国社会主義経済略史（1949-1984年）』北京周報社、1986年、第23章および24章を参照。

は、第26回国連総会で中華人民共和国に代表権が与えられたし、翌年2月には予定どおりニクソン訪中が実現した。こうして、米中間の緊張緩和をはじめとして、日中国交正常化（72年9月）など、中国と先進資本主義諸国との国際関係は劇的に好転したのであった。

このような情勢のなかで、農民や労働者に対し、均等主義を排し、出来高や労働に応じた報酬を与えようという提唱が1978年2月の第5期全国人民代表大会第1回会議における政府活動報告でなされた。だが、この華国鋒報告は、精神的奨励に頼るそれまでの路線から、物質的奨励も加味する新しい路線への過渡的な産物であった。新路線が全面的に示されたのは同年12月の第11期3中全会であり、したがって新政策の方向が討議され、定められたのは、78年中ということになる。

78年7月に開かれた国務院会議の席上、胡喬木社会科学院院長は、新経済政策の方向および根拠に関する発言をした。胡氏は、当時、鄧小平路線の思想面における重要な推進者であり、その発言の主旨は、第11期3中全会の新路線によく反映されている。したがって、ここで、その折の発言を整理した胡喬木論文[12]を検討し、3中全会における新経済政策の理論的基礎、とりわけ分業に対する考え方を探っていきたい。

胡論文は、「……社会主義制度の優越性を、発達した資本主義諸国の先進的科学技術や先進的管理経験と結びつけ、外国の経験の中のすべての有用なものをわれわれ自身の具体的状況や成功の経験と結びつけてこそ、われわれは客観的な経済法則にてらして事をはこぶ能力を急速に高めることができ、4つの現代化実現の足どりを速めることができる」としている。

ここで、鄧小平の「実事求是」の経済面への適用とも言うべき「客観的な経済法則」とは何か。それについての説明はないが、経済合理性にかなった方策、すなわち、その主要なものとして分業の促進と価値法則の遵守を挙げることができよう。

---

12) 胡喬木「経済法則にてらして事を運び4つの現代化の実現をはやめよう」（上）（中）（下）『北京周報』16巻46-48号、1978年。以下の引用は同論文による。

胡論文では、分業が生産力の発展において果たす役割が次のように強調される。「国民経済の計画的・均衡的発展は、専門化と協業を着実に立派に行うことを求めている。これは近代的な大生産の発展の必然的法則であり、生産技術を高め、労働生産性を向上させ、製品の品質を高め、動力と原材料の消費を節約し、コストを引き下げる1つのきわめて重要な道である。……われわれの経済が十分な発展をとげるには、国家の統一的計画のもとに、専門的な分業と、部門間、地区間、企業間の協業を真に進めなければならない」。

　また価値法則については、「遵守しなければならない」としている。その理由は、「価値法則は商品経済の普遍的法則であり、……社会主義の条件のもとで商品生産と商品流通は引き続き長期にわたって存在し、わが国においてはさらに大々的に発展させる必要がある」からである。

　計画と価値法則の関係については、「計画第一、価格第二」であるが、「計画を確定、実施する過程で、必ず価値法則を利用し、……経済計算を厳格に行い、単位製品のコストを引き下げることに努め、労働生産性と利潤率を高めるよう努めねばならない」としている。

　このように、分業は計画下で行われるものの、その計画は価値法則を利用して立てられるというように、商品経済重視の思想が、本論文に見られるのである。

　さらに胡喬木論文の本当の新しさは、分業を重視しているとともに、企業や個人を1つの経済主体として認め、そのことを明示していることにあると言えよう。それを認識したうえで、経済管理体制を改革しようとするのである。

　「これまで、管理体制の問題を考える場合、いつも国家内部の縦横の関係や中央と地方の関係について、つまり集権と分散の問題について考えることが多かった。……経済関係の面から国家・企業・個人の利益の統一を保証する問題についてはあまり考えられなかった」。しかし改革にあたっては、「企業が誰によって管理されていようと、まず国家・企業・個人の経済関係から問題を考えないわけにはいかない」という。

　その理由として、第1に、社会主義経済の根本目的は人民の物質・文化・生活水準の向上であり、労働者・職員の利益を考えなければ社会主義経済の根本

第5章 「分業」の視点から見た中国第7次5ヵ年計画

目的に反すること。

　第2に、労働者・職員は直接の生産者であり、また彼らが所属する企業は生産の組織者であり、それらの利益を考えなければ生産の急速な発展を保証できないこと。

　第3に、行政機関は、企業の経済活動面の切実な要請にうといため、中央国家機関と地方国家機関との集中と分散だけでは、その要請に応えられないこと、の3点が挙げられている。

　したがって、個人の物質的利益を図るためには、「各人は能力に応じて働き、労働に応じて分配を受けるという原則を貫くこと」が必要である。また、国家と企業の関係の処理にあたっては、「国家の統一的計画のもとに、……国家と企業双方の経済的責任を明確にする必要がある。当面、企業の指導部と大衆が経済活動の成果に進んで関心を持つようにするため、企業の権限を拡大することを考慮すべきである」としている。

　このように、分業を重視するとともに、単に分業を中央と地方との政府間の権限委譲の問題にとどめるのではなく、ミクロの経済主体としての企業間の分業まで考えている点に胡論文の進歩性があると言えよう。それは胡喬木1人の考え方ではない。第11期3中全会の思想的基礎をなしているのであり、事実、総会の公報の中に、第Ⅰ節で触れたように、経営管理の自主権、価値法則の役割の重視等がうたわれているのである。

　第11期3中全会の路線は、1984年10月の中国共産党第12期中央委員会第3回総会（第12期3中全会）において採決された「経済体制の改革に関する中共中央の決定」に引き継がれ、そこにおいてさらに新たな展開を見た。本総会では経済体制改革の経験を総括して、「対内的には経済の活性化、対外的には門戸の開放という方針をさらに貫徹し、都市を重点とする経済体制全般に対する改革のテンポを速めて、社会主義現代化建設の新しい局面をよりよく切り開くべきである」との見解の一致を見た[13]。すなわち、農村では生産量連動請負

13）『経済体制の改革に関する中共中央の決定』外文出版社、1984年、1頁。なお、以下本文では「決定」と略して記すことにする。

責任制を全面的に実施したことにより、農業生産は発展し、「農村経済は専門化、商品化、現代化の方向へ変化しはじめている。このような情勢から、日ましに増える農産物の市場を開拓するとともに、工業製品と科学技術、文化・教育に対する農民の需要のたえまない増大にこたえるため、都市と農村の流通経路を拡大することが切実に要求されている」。一方都市の改革は初歩的なものにすぎない。「都市の企業における経済効率はまだ非常に低く、都市の経済の巨大な生産力はまだまだ発掘されていない」のであり、生産、建設、流通などの諸分野で、系統的な改革を進める必要がある。

工業生産、建設および商品流通の主な直接の担い手は企業である。したがって、企業、特に全人民所有制の大型・中型企業の活力を強めることは、都市を重点とする経済体制全般の改革の中心的な一環であると位置づけられる。企業改革にあたっては、企業に対する国の管理を直接的統制から間接的統制に変え、所有権と経営権を適切に切り離すことによって、企業が独立した経済主体となるようにするという方針を打ち出している。

そのうえで、計画体制全般の改革は、どのように進めるべきであろうか。本決定では社会主義計画経済を「共有制をふまえた計画的な商品経済である」としている[14]。計画経済の実行と価値法則の運用、商品経済の発展とは排斥しあうものではなく統一されるべきものであるという見解のもとに打ち出されたこの定義は、経済体制改革を合理的に行うという点で、さらに一歩の前進をもたらした。すなわち、第11期3中全会では、商品生産は認めたものの、未だ商品経済を肯定するには至っていない。商品「経済」と言う場合、生産のみならず、消費面も含まれるのであり、したがって、一歩進めれば需給の出会う場として市場の役割も積極的に評価されることになる。「計画的」という言葉がある限り、総体的には完全な市場メカニズムの調節による市場経済ではない。しかし、価値法則を重視する限り、需給の一致する点で成立する市場価格を軽視することはできず、指令経済から市場経済へと資源配分機構の重点が移されたと言えよう。分業もまた、国家の指令経済体制の分権化にとどまらず、市場機

---

14)『前掲書』15頁。

構によって分業構造が形成される可能性が生まれたと考えられる[15]。第11期3中全会の路線は、この第12期3中全会における「決定」によって、1つの頂点を迎えたのであった。

Ⅲ 第7次5ヵ年計画における分業の視点とその施策

本計画には、経済管理機構および地域の両面において、分業の視点が組み込まれている。

分業は、完全な指令経済下においても原理的には協業という形でなしえないわけではない。しかし最適な分業体制を1度は確立できたとしても、現実がすぐに変化し、それに対応するための情報収集の困難さという1点を考えてみても、指令経済下の分業体制に限界があることは自明である。ところが、第7次5ヵ年計画における経済体制改革は、経済の管理機構内部の分権化にとどまらず、行政機関と企業の職責分離をめざしている点に特色がある。

すなわち、特に力を入れているのは次の3点である。

「(1) 企業の活力、わけても全人民所有制の大型・中型企業の活力をさらに強めて、それらを名実ともに、相対的に独立した経済実体、自主経営と損益自己負担の社会主義商品生産者および経営者に育てあげる。

(2) 社会主義の商品市場をさらに発展させ、市場体系を逐次整備する。

(3) 企業に対する国の管理を、直接統制を主とするものから間接統制を主とするものへ逐次転換し、新しい社会主義のマクロ経済管理制度を打ち立てる」[16]。

さらに、以上の3点を中心に、計画体制、価格体系、財政体制、金融体制、労働・賃金制度などの改革を適切に組み合わせて、「計画と市場、ミクロの活性化とマクロの統制を有機的に結びつけた一系列のメカニズムと手段をつくり

---

15) ただし、人材の発見や登用についての顧慮はある(「決定」第9章参照)ものの、自由な労働力市場を形成するという考えはなく、この点が解決されない限り、資源の最適配分は、達成しがたい。

16) 注1)の『文献』83-84頁。

あげる」としている。

さて、分業が市場の大きさによって規定されるならば、流通は、財市場と生産者を結びつけるものであるゆえに、その機能が円滑に行われることが重要となる。本計画は、この面において、消費財については、「政策の枠をさらにゆるめ、流通経路の疏通を図る」としている。また、生産手段についても、「指令的計画による配分物資の種類を次第に減らして、その社会総資源に占める割合を引き下げ、指導的計画と市場調節による物資流通の範囲を次第に拡大する」としている[17]。これは、趙報告において、「社会主義の商品市場をさらに発展させ、市場体系を逐次整備する。国が統一的に配分する生産物の種類と数量を引き続き減らし、農業・副業生産物の契約買い付け制度を改善し、多地区、多部門にまたがる商品流通を積極的に発展させ、農工商結合、農商結合、工商結合、商商結合といった新しい商業形態を逐次樹立し、消費財市場と生産財市場をたえず拡大する。同時に、資金市場、技術市場を段取りを追って開拓、設立し、労働力の合理的流通を促進する」[18]という方針に対応しよう。

また、社会主義の市場体系を確立、整備する鍵は、価格体系と価格管理体制をさらに改革することにあるとして、ごく少数の商品・労務については国が価格を決めるが、大多数については、国の指導する価格と市場調節による方向での改革を進めるとしている。

一方、地域的配置の面でも、各地区の役割の分担と各地域の結びつきが考慮されている。

計画では、全国を東部沿海、中部、西部の3つの主たる経済地帯に分類し、それぞれの発展目標と任務を設定したうえで、施策を掲げている。東部沿海地帯では、知識・技術集約型産業や高級消費財工業、金融・保険・情報・商業など第3次産業を発展させる。経済特別区、沿海開放都市、経済開発区の建設を進め、この地帯を対外貿易の基地とする一方、全国へ新技術を広める基地とす

---

17) 同『文献』115-116頁。
18) 趙紫陽「第7次5ヶ年計画に関する報告（1986年3月25日、第6期全国人民代表大会第4回会議において）」『中華人民共和国第6期全国人民代表大会第4回会議主要文献』外文出版社、1986年、46頁。

第5章 「分業」の視点から見た中国第7次5ヵ年計画

るよう位置づけている。

　中部地帯では、電力、石炭、石油、非鉄金属、燐鉱、建材の開発と建設の促進、食糧や工芸作物の安定した増産が、主な発展目標である。また経済発展の水準が比較的高い都市や地区では、東部沿海地帯と同様、知識・技術集約型産業を発展させる。中部地帯は、東部と西部の中間に位置しているが、なかでも長江中流沿岸地区は、中国が東から西へ発展していくための重要なベルト地帯とすべく、開発の促進が提唱されている。

　西部地帯は、農業、林業、畜産業と交通・運輸の発展、エネルギー資源、地下資源の開発、および、現地の条件に応じた加工業の発展が目標である。また経済・技術面の基礎が比較的良好な都市と地区では、既存企業の改造・技術水準の向上を進める。この地帯は、東部沿海、中部地帯との関連を強めるとともに、西部地帯内部における各地区相互間の横の交流を強めることが必要であり、そのために、鉄道、自動車道路の建設や鉄道電化の促進、さらには、地方の民間航空事業の発展などがうたわれている[19]。

　これら3地帯のほか、旧い革命根拠地については、交通・運輸を発展させ、山間地区における商品経済の発展を促進すること、少数民族地区では、農業、畜産業、林業、エネルギー、素材産業、輸送を発展させ、民族間の交易と民族特需品の生産を発展させること、内陸部の辺境地区では、農業、林業、畜産業、

---

[19] 3地区の分類は、次のとおりである。
　　東部は北京、天津、上海各市、および、河北、遼寧、江蘇、浙江、福建、山東、広東、広西の諸省および自治区。中部は、山西、内蒙古、吉林、黒竜江、安徽、江西、河南、湖北、湖南の諸省。西部は、四川、貴州、雲南、陝西、甘粛、青海、寧夏、新疆、チベットの諸省および自治区である。
　　なお、1985年において、全国に占める各地区の比率（百分比）は、工農業総生産について東部56.9、中部28.9、西部14.2であり、東部の比重が高い。工業総生産については、それぞれ、61.2、26.5、12.3、農業総生産額については、43.3、36.5、20.2である。また1980年から85年にかけての成長率は、工業、農業いずれについても、東部、中部、西部の順となっており、現状では地域格差が拡大しつつある。沿岸部の成長を内陸部に及ぼすという構想の妥当性は、これら第6次5ヵ年計画（1981-1985年）の実績からも容認できよう。より詳しくは、「中国大陸の地域別経済発展状況」『北京周報』24巻50号、1986年を参照。

地方工業の発展に努め、条件が許すところでは国境での小規模交易を積極的に発展させる、としている。

以上のように、地域の特性に応じた発展を促し、さらに、地域間の交流を推進していこうとする方向が、本計画に見られる。

しかし、3地帯が緊密に結びつくには時間がかかる。したがって、本計画では、経済区を中心としたネットワークの形成による地域協力が構想されている。経済区とは、省や市の管轄を越えて、いくつかの省や市が共同して経済発展を促進していくというものであり、この経済区という構想自体に分業の視点があるが[20]、すでに実施されているこの経済区をさらに発展、充実させようとする構想が、本5ヵ年計画に見られるのである。すなわち、

(1) 上海経済区、東北経済区、山西省を中心とするエネルギー基地、北京・天津・唐山地区、西南地区など全国の1級経済区について、そのネットワークの形成と発展をさらに推進する。

(2) 省政府所在都市と一部の出入国港、交通要衝都市を中心とする2級経済区のネットワークを形成する。

(3) 省管轄市を中心とする3級経済区のネットワークを発展させる。

そして、地域協力を進めるに際しては、「中央と地方が段階別に管理し、地方を主とする」という原則が打ち出されている。

地域間分業およびある地域の内部での分業について見てきたが、国際分業についてはどのように構想されているだろうか[21]。

輸出構造は、石油、石炭、非鉄金属および食糧、綿花など1次産品のほか、輸出総額における完成品の割合を次第に増やしていく。貿易管理については、地方、部門、特に輸出関連企業の経営権を拡大し貿易に対する意欲を高める。また、輸出産業については経済手段を運用して生産意欲を高める。品質改善により輸出競争力を強める。その他、原材料、資金、輸送、技術改造などの点で

---

20) 例えば、上海経済区には、上海市、江蘇省、浙江省、安徽省、江西省という全国でも有数の工業先進各省が含まれ、これら各省や省内の諸都市が協力して、合理的な分業体制を確立することが期待されている。

21) 以下、『文献』136-141頁参照。

第5章 「分業」の視点から見た中国第7次5ヵ年計画

従来どおり優遇措置を講ずる。また国際市場の調査、サービスの改善により、世界各国、各地域の市場を開拓する。これら輸出促進策の目的は、輸出による外貨獲得能力の強化という点に主眼がある。

外資利用にあたっても、2大重点として、エネルギー、交通、通信、素材の建設、機械、エレクトロニクスなど諸業種の技術改造という第1の重点とともに、第2に、輸出による外貨獲得能力の強化と輸入代替の実行が挙げられている。

なお、輸入の重点は、ソフトウェア、先進技術、特別重要設備および国内で至急必要な不足生産財の輸入に置かれている。

このほか、経済特別区、沿海開放都市等でも、輸出促進が強調される[22]。すなわち、深圳、珠海、汕頭、厦門の各特別区は、「すでに開発中の区域の建設に力を集中すべきで、工業を主とし、先進的な技術を持ち、輸出で外貨を獲得できる外向型経済を逐次形成しなければならない」[23]。14の沿海開放都市と海南島は、「対外導入、対内連合を積極的に進めて、対外貿易・技術交流を重点的に段どりを追って発展させるべきである」[24]。長江三角洲、珠江三角洲、福建南部三角区などの各開放地区では、「貿易―工業―農業型の生産構造を逐次つくりあげ、技術導入と技術改造に鋭意取り組み、輸出による外貨収入の増加に努めるべきである」としている。

趙報告でも、「輸出を増やして、より多くの外貨獲得に努めることは、対外貿易と技術交流をさらに大規模に発展させるための基礎であり、鍵である」と

---

22) 経済特別区、沿海開放都市の現況に関しては、王文祥編著『中国経済特区和14個開放都市』中国展望出版社、1986年、に簡明に記述されている。また、社会主義経済体制内での経済特別区の位置づけについては、千家駒『特区経済理論問題論文集』人民出版社、1984年を参照。
23) 1984年の初頭に、鄧小平が深圳、珠海、厦門を視察した後、加速していた経済特別区の投資は過熱を見せ、85年6月以降、基本建設の圧縮、軽工業品を中心とした輸出拡大へと方針が転換された。この引用文には、そのような事情が反映されている。
24) 開放都市には、経済技術開発区が設置されていることが多い。例えば上海では、閔行開発区と虹橋開発区を設置した。前者については経済技術開発区として86年認可され、優遇条件のもとで外資を誘致している。既存の港や電力などのインフラストラクチャーを利用でき、かつ、労働力が手近に得られること、大消費地が近いなどの立地条件の点で、人口過疎地に一から建設が始められた経済特別区よりも有利性が見られる。

されているように、第7次5ヵ年計画において輸出促進は、外貨獲得の手段として位置づけられているところに特徴があると言えよう。

以上、本計画において、分業がどのような施策として現れていくかを見た。本計画には、分業という言葉は明示的には使われていないが、行政と企業の分離、商品経済の発展、地域内・地域間・国際間取引の増大など、分業体制の確立をめざした施策が考えられている。しかし、物的な制約を別にしても、中国社会の中に、なお、分業体制の確立を遅らせる制約要因が存在する。次節でそれらについて考察しよう。

IV　分業体制確立への制約要因

第7次5ヵ年計画には、前節のように、経済管理および地域に関して分業体制を確立する方向性が内在している。この計画は、党第12期3中全会における「決定」の「共有制をふまえた計画的な商品経済」の概念に基づいて立案されており、したがって、企業自主権を前提に市場機構を重視したうえで、社会的・地域的分業を促進するものであると言えよう。このように、分業の促進という点に関して進歩性を有する計画であるが、中国社会にその促進を妨げる理念的並びに利害面の制約がある。それら諸制約は、ただちに除去できるものではなく、また、社会主義を実現するためには除去すべきではないものもあるかも知れない。しかし、本章では、あくまで分業促進という視点から、本計画に盛られた政策を実施する際の制約を挙げ、今後の中国経済改革を考える際の留意点を指摘したい。

第1は、「計画的な商品経済」という定義における「計画」と「商品経済」の関係に関わるものである。「決定」では、「国の経済と人民の生活に関わりのある重要な生産物のうちで国が配分調整する必要のある部分と、全局に関わりのある重要な経済活動については、指令的計画を実行すべきであるが、その他の大量生産物と経済活動については、個々の状況に応じて、指導的計画を実行するか、あるいは完全に市場メカニズムの調節によるべきである」としている。また、「指導的計画は主として経済槓桿を運用することによって実現され

第5章 「分業」の視点から見た中国第7次5ヵ年計画

る。指令的計画はぜひとも実行すべきものだが、その際も価値法則を運用しなければならない」というように、計画経済の実行と価値法則の運用、商品経済の発展は排斥しあうものではないという考え方を積極的に打ち出している[25]。

中国共産党第12回全国代表大会における趙紫陽国務院総理の「第7次5ヵ年計画策定の提案についての説明」でも、経済体制の全面改革にあたっては、企業活力の強化、商品市場体系の形成とならんで、間接統制手段の整備がうたわれている[26]。

それに対し陳雲中央政治局常務委員は、この計画策定の提案に賛成しつつも、社会主義における計画と均衡を強調し次のような意見を述べた。「計画経済を主とし、市場調節を従とする言い方は、いまなお時代遅れとはなっていない」。また、「指導的計画は市場調節とは同じではない。市場調節とは、つまり計画をつくらずに、市場の需給関係の変化に基づいて生産を行うだけで、盲目的な調節の性格をおびている」[27]。このように、「商品経済」の面よりも、「計画的」ということに重点を置いて経済運営をするべきであると考える人々も多い。また後段では、市場調節機能を「盲目的」というように否定的に扱っている。ここには、「商品経済」という言葉にふくまれる需要面を重視する考え方もなければ、まして、消費者主権の理念は見られない。前出の「決定」にも消費者主権という言葉はないが、商品経済および価格機構の重視の論理の背後には、消費面の重視が暗黙裡に含まれており、究極的には消費者主権を認めていると解してよいであろう。これに対し、陳雲講話の立場では、「市場の需給関係の変化に基づいて生産を行うだけ」という言葉からわかるように、市場調節は、物資供給の不足分を補うものにすぎない。有力な政治家であり過去の経済運営に実績を持つ人のこのような考え方は、状況によって、商品経済の発展に抑制的に働くこともありうると思われる。例えば、次の「均衡重視」という考え方と

---

[25] 『経済体制の改革に関する中共中央の決定』外文出版社、1984年、第4章。
[26] 趙紫陽「第7次5ヶ年計画策定の提案についての説明(1985年9月18日)」『改革を堅持し社会主義現代化の実現のために奮闘しよう』外文出版社、1985年。
[27] 陳雲「中国共産党全国代表会議における講話(1985年9月23日)」『前掲書』1985年、97-98頁。

結びついたときである。

　陳雲は同講話において、「計画的に、バランスを保って、着実に前進させることだ。それでこそ、最高の速度なのである」[28]と述べている。経済発展において各産業部門の均衡を保つことが大切なことは言うまでもない。しかし、均衡を重視しすぎると、経済発展を抑制することになる。投資や消費が増大し総需要が総供給を上回れば、物価騰貴や貿易収支の赤字は避けられないのであり、このとき引き締めを早めに行いすぎると、経済規模の拡大がなかなか実現できない。また、一般に発展途上国では供給能力に限りがあるため、鉄鋼や食糧など建設資材や生活必需品が不足した場合には、その隘路の規模に合わせて経済規模を抑制せざるをえない。部門別需給に不均衡が生じた場合に、その均衡を重視しすぎて経済全体の投資や消費を過度に抑制することは、党第11期3中全会以前の中国において見られた。経済運営にあたっては、需給の均衡を保つよう心がけなくてはならないが、発展過程における一時的不均衡を恐れるあまり引き締めすぎては発展自体が停滞する。消費の増大が投資を促進させるということを認識し、かつ消費水準の向上が経済政策の重要な目標であることを考えたならば、極端な均衡主義や、経済運営における消費の軽視は、後退せざるをえないはずである。しかしながら、陳雲、薄一波をはじめとする過去に経済の一部自由化を実施した指導者たちにもこの均衡重視の思想があり、それが社会主義という大前提と結びつくことによって、状況に応じた適切な経済運営を妨げることになりかねないのである。

　第2に、国際分業の面でも、この均衡優先の考え方があり、それが貿易や直接投資受け入れの拡大を阻害している。その典型例は、外資企業に対する外貨収支均衡の規定である。「外資企業は、みずから外貨収支の均衡を図らねばならない。外資企業の製品を主管機関の認可を得て中国市場で販売し、そのため企業の外貨収支に不均衡をきたした場合には、中国市場での販売を認可した機関がその処理に責任を持つものとする」[29]と外資企業法に規定されている。この規定によれば、1企業が外国から資材、原料等を輸入すれば、その額以上

---

28) 陳雲「前掲講話」『前掲書』99頁。

の外貨を輸出により獲得せねばならず、輸出産業以外は発展しにくくなる。また外資企業や外国籍従業員の所得の国外送金は同法19条で認められているが、これにも18条の外貨収支均衡の規定が適用されているのが現実である。この原則は、一面で輸出促進策のように見える。しかし、実際には、1企業ごとか、ある製品の主管機関の範囲内で外貨収支の均衡を図ることは非常に困難である。そのために、外資の進出が抑制されることになり、技術および資本の導入により輸出競争力をつけ将来において国際分業を推進するという機会を失うことになる。

第3に、労働力市場における労働移動の不完全性が挙げられる。分業実現に関して進歩性を持つ「決定」においてさえ、「わが国社会主義の条件のもとでは、労働力は商品でない」と明言されている。第7次5ヵ年計画では、農村部の労働力については、「離農はしても離村はしない」という方針のもとに、林業、畜産業、漁業、郷鎮企業を発展させて余剰労働力を吸収する一方、都市部については、生産の多様化を図り、特に集団経済と個体経済の発展、第3次産業の発展[30]に努めて、5年間に就職させる必要のある約3,000万人の労働力のほとんどを就業させるようにする、としている。

サービス業等において集団経営や個体企業を、認可を得て自分たちで設立できるという点は、労働力や企業家精神を効率よく生かせる途として大いに評価できよう。また、企業破産法も施行され、効率の悪い企業の閉鎖も可能となり、

---

29)「中華人民共和国外資企業法（1986年4月12日、第6期全国人民代表大会第4回会議で採択）」『北京周報』24巻18号、1986年。なお、国務院は、同年1月には「中外合資経営企業外貨均衡問題に関する規定」を公表していた。

30) 中国では、長い間第3次産業という概念は認められていなかったが、1984年に国務院がこれを認め、1985年から統計が作成された。第3次産業は、①流通部門、②生産と生活のサービスを提供する部門、③文化部門、④社会の公共需要にサービス部門（国家機関、政党、社会団体、軍隊・警察など）。1986年現在、中国では、①から③までについて生産額を算出しており、④は算出せず就業者数が発表されているだけである。なお、第3次産業の発展への関心は、当然大都市において強く上海、成都などで次のような書物が出版されている。潘学敏・蔡来興主編『第三産業縦横談』上海財政学院、1985年。陶永寛等編著『大力発展第三産業』上海社会科学出版社、1986年。王暁魯『第三産業与生産労働』四川人民出版社、1986年。

産業構造の転換の道も開かれている。しかし、都市への人口集中を避けるためとはいえ、居住の自由への制限は、農村部の優秀な人材からその才能を発揮する機会を奪ってしまう可能性がある。また、労働力は商品でないという定義は、2つの問題を生じさせる。1つに、自由な労働力市場を発達させず、したがって企業間および産業間の労働移動を停滞させ、産業構造転換を遅らせる。もう1つは、集団および個人企業が、規模を拡大したいとき、何人まで雇うことができるかという問題である。大勢雇えば、それは労働力を搾取するということになりかねない。商品経済を発達させるためには、単に商品取引に対する制約を除去するだけでなく、要素市場の流動性を増進しない限り、分業体制の確立は、不完全なままにとどまってしまうであろう[31]。

　第4に、部門および地域の行政の枠を越えて、企業間、部門間、地域間で横の経済連携を図るとされるがその場合、官僚たちが旧来の経済体制における自己の権限を容易に手放すか否かという問題がある。趙紫陽総理も、1986年3月に開かれた全国都市経済体制改革工作会議で、86年の中国都市経済体制改革は、横の経済連携を発展させることであり、それは、社会主義商品経済発展の前提であるとして次のように述べている。

　「現在の中国の経済活動は、地域と行政関係に基づいて構成されたものである。その結果、地域間の障害によって社会主義商品経済の発展が妨げられている。

　横の経済連携は、旧い経済体制、特に計画体制、財政体制、金融体制、物資供給および流通体制と必ず矛盾を来たす。それは悪いことではない。改革の全体は、矛盾の発生、矛盾の解決の中で発展する」[32]。

　そのとおりとはいえ、矛盾の解決は、時間のかかる困難な作業であろう。そ

---

31) 1986年9月10日、国務院は国営企業労働制度の改革に関する4つの規定を発表、労働契約制および公開募集の実施、規則違反の従業員を解雇する権限を企業に付与、未就職労働者保険と養老保険制度の創設を定めた。この改革の目的は、「労働者と生産手段を合理的に結びつけるため」とされる（「中国労働制度の重要な改革」『北京周報』24巻37号、1986年）。分業による資源効率化を実現するためには、この改革が実際に進展していくことが望まれる。

32) 「横の経済連携を重視する都市経済改革」『北京周報』24巻14号、1986年。

第5章 「分業」の視点から見た中国第7次5ヵ年計画

れは、行政権限の委譲に関わるものであり、旧来の組織の中の官僚たちの存在理由そのものを脅かしかねないものだからである。新しい働きがいのある任務への配置転換や引退後の生活保障など、細かく手厚い配慮が必要であろう。

計画と市場の関係、均衡重視という思想が内外の取引に与える影響、労働市場の不完全性、官僚のセクショナリズムなどの問題点を指摘したが、分業体制の確立のためには、少なくとも、これらの諸点を解決する必要があると考えられる。最後に、経済発展を担う経済主体の意識に関する問題点に触れたい。

1986年9月、党第12期6中全会は、数年来の精神文明建設の成果と直面する諸問題を回顧したうえで、「この面での活動を強化することは、社会主義現代化建設事業の順調な発展を保証するうえで、きわめて大きな現実的意義と長期的意義を持つ」とした[33]。

経済発展の一層の推進のためには、経済主体の意識改革が必要であることは総会も認識していた。そのことは、次の文言からわかる。すなわち、「社会主義商品経済の発展と社会主義民主政治の改善に伴い、人々の思想意識、精神状態に深刻な変化がもたらされるとともに、精神文明の建設に対しても新たな、より高い要求が提起されている。この要求に応じて、社会主義現代化建設と全面改革に有利な世論、価値観、文化条件、社会環境を作り出し、資本主義と封建制の腐敗した思想を強力に排除し、……全国各民族人民の大きな熱意と創造性を引き出し、……社会主義の現代化した強国を築き上げる」としている。そしてその指導理念となるものは、マルクス主義なのである。

「社会主義精神文明」の内容は、概念が広く把握し難い。第7次5ヵ年計画では、10の大項目の最後でこの建設について述べている。また、中項目として、文化事業、思想・政治工作、社会主義の民主と法秩序、社会秩序、が挙げられているが、計画全体としては、本章冒頭で述べた3つの主要任務からもわかるように、経済改革と建設に力点が置かれており、精神文明については特に強調されていない。それにもかかわらず、86年秋に至って精神文明に関する決議

---

[33] 『社会主義精神文明建設の指導方針に関する中国共産党中央委員会の決議（1986年9月28日採択）』外文出版社、1986年。以下の引用も、同書による。

がなされたことは、経済の発展、消費の拡大につれて、人々の価値観に急激な変化が生じ、その変化の方向を社会主義の立場からは容認できないという考えが主流を占めたためと推察される。

この言葉は、1979年9月、葉剣英が建国30周年を祝賀する記念集会で用いて以来[34]、折にふれて強調されてきた。とりわけ、消費が拡大し物価騰貴や貿易収支赤字の拡大の恐れがあるときになると、均衡重視論者たちの側から強調されてきた。

第7次5ヵ年計画に関しては「策定に関する中共中央の提案」において、「物質文明の建設を進めると同時に、社会主義精神文明の建設にも大いに力を入れる方針を堅持すること」と述べられている[35]だけであるが、鄧小平は、「講話」において「4つの基本原則の堅持」とともに、「ブルジョア自由化の宣伝は資本主義の道の宣伝であって、断固これに反対しなければならない」と精神文明建設の方向と意義を強調している[36]。この意見は計画それ自体には大項目の最後に盛り込まれたに過ぎなかったが、86年9月の精神文明決議にその趣旨が組み込まれ、「社会主義精神文明」の建設は現政権（1987年時点）にとって大きな課題となっている。しかし、この概念は、その含む内容の範囲が広いために、分業の促進にとっては、両刃の剣であり、今後、政治制度の民主化の動きに伴って、どのように取り扱われるのか注目を要しよう。

V　むすび

以上、第7次5ヵ年計画を中心に、中国の経済改革を分業促進という視点から評価し、その問題点を指摘してきた。分業という概念を特に取り上げた理由

---

[34] 葉剣英「中華人民共和国成立30周年祝賀集会における演説」『北京周報』17巻40号、1979年。

[35] 「国民経済・社会発展第7次5ヶ年計画の策定に関する中共中央の提案（1985年9月23日採択）」『改革を堅持し社会主義現代化のために奮闘しよう』外文出版社、1985年、19頁。

[36] 鄧小平「中国共産党全国代表会議における講話（1985年9月23日）」『前掲書』1985年、90頁。

第5章 「分業」の視点から見た中国第7次5ヵ年計画

は、それが生産力の発展という第11期3中全会以来、中国が主要な目標としているものを実現する方策策定にあたって有効な概念であると考えられるからである。また、中国が置かれている国際環境の点からも、自給自足体制が戦略上必要であった時期は去り（第Ⅱ節）、全国的に地域的分業を展開させる（第Ⅲ節）ことが可能となった。その意味で、分業促進という視点は、今後の中国経済発展およびその前提となる改革において、重要であり、かつ現実的な視点であると思われる。

しかしながら、分業促進という側面から、本計画および中国経済の現状を観察した場合に、制度的、思想的制約がいくつも存在している（第Ⅳ節）。これらを解決していくことは、分業促進という視点からはぜひ望まれることであるが、実現するか否かは、政治的動向との関係で曲折があろう。しかし、現在（1987年）の政権が、基本的には経済合理性を貫徹しようとしている限り、徐々に、分業促進の施策が実現していくと思われる。最後に、分業に関して中国自身が直面している問題点とわれわれが中国経済を認識する際の当面の方法について、1点ずつ述べ、結びとしたい。

中国の直面している最大の問題は、計画的な商品経済の発展と社会主義精神文明の関係をどのように考えるかという点であろう。その関係について、多数説は、「封建的なイデオロギーに打撃を与え、小生産の狭い概念を打破し、科学、文化の発展を促進し、人々の精神状態を改めるなどの面から言えば、それは社会主義精神文明の建設と統一的なものである。一定の程度において盲目性、自発性が存在し、拝金主義、私利私欲、他人を損ねて私利を図るなどの面から言えば、社会主義精神文明の建設と矛盾する一面を持っている。……商品経済の発展のなかで腐敗した消極的な現象の発生、氾濫を防ぐため、社会主義精神文明の建設を強化しなければならない。……商品生産に従事する広範な一般労働者について言えば、主に、規律・法秩序の遵守、職業道徳の教育を行うことであり、共産党員は共産主義思想できびしく自己を律するべきである。社会主義精神文明の建設を強化することにより、計画的な商品経済の社会主義的方向を確保し、生産力の発展を促進することができる」[37]としている。

妥当な考えであり、特に官僚に対しては綱紀粛正や思想強化による自律が、

官僚制を保つために不可欠であろう。しかしながら、商品生産に従事する者に対して、職業道徳の教育等だけで十分であろうか。また商品生産に対し、盲目性があり私利私欲を図るものとして、この側面については否定的に扱っている。私利私欲を、はたして職業教育で抑えることができるだろうか。

　アダム・スミスは、自利心と社会的利益の調和を図る哲学を基礎にしていたからこそ、その自由主義の経済学が広い影響を持ち、かつ、自由放任政策の理論的主柱となりえたのである。その先例にならえば、生産力の発展をめざす中国においても、各人の自利心と社会主義の発展を調和させる哲学を確立することによって、はじめて、社会主義のもとでの商品経済の発展が促進されることになろう。その哲学の確立が、中国の当面の最大の課題であると言っても過言でないであろう。それがどのようなものかは予想できないが、社会的分業を個々人が分担しているという現状を認識し、分業が生産力の発展を促進するという側面を考慮することによって、個人の自利心と社会主義との調和が図りうるのではなかろうか。また、商品経済が発展すればそれとともに商道徳が向上することも考えられ、商品経済の主体の経済的動機と社会的利益を、社会主義のもとで調和する哲学の確立は、不可能ではないと考えられる。

　次に、われわれが中国経済を認識する際の当面の方法について言及したい。本章では、経済改革という制度上の変革を対象としているゆえに、第7次5ヵ年計画の数値についての議論は行っていない。だが、徐々に中国でも、統計資料を整備し公表するようになってきたため、計量的分析はもちろん可能である。また中国自身も間接的統制手段による経済運営への大幅な移行のため、マクロ経済学の手法を取り入れ始め、大学の経済管理学系などでその研究がなされている。しかし、中国のマクロモデルを作成する場合、全国モデルを作成することはあまり現実妥当性を持たない。中国は、労働の移動が限られており、また、

---

37)「改革理論についての討論」『北京周報』24巻48号、1986年、15頁。商品経済の性質については、第12期3中全会でこの定義がなされて以降、経済理論界でもその性質をめぐって活発な討論が展開されている。例えば、1986年8月、山西省太原で「全国社会主義商品経済理論討論会」が開催された。そこにおける于光遠、劉国光をはじめとする諸学者の見解については、『経済体制改革』1986年、5号、3-16頁を参照。

第5章 「分業」の視点から見た中国第7次5ヵ年計画

商品流通も社会的間接資本の不十分さや過去の経済管理機構上の影響によって大きいものではない。したがって、少なくとも省ごと、ないしは、経済区を1単位とした各地域の発展モデルを作成するべきであろう。その場合、地域間の交易は、国際貿易と同じように取り扱われる。それらの地域モデルを総合することによって全国モデルとするならば、現実に一歩近づいたモデルとなるのではなかろうか。

　種々の制約要因があるとはいえ、中国は現在（1987年）なお、自給自足体制から開放体制に移行しつつある経済であり、分業体制の確立への途を歩みつつある国である。それだけに、分業の利益はなお大きいと思われ、第7次5ヵ年計画が実施されるにつれて今後の発展が期待されよう[38]。

---

[38] 第6次5ヵ年計画における工農業総生産の年平均伸び率は目標4％に対し、11％（工業12％、農業8.1％）の実績を示した。1981年には4.6％であったが、以後年次が進むにつれて成長率は高まっている。これは同計画期後半3ヵ年の経済改革の重点が、「1) 国営企業の租税納付制の実施、2) 中心都市の役割の発揮と、縦割り行政の改善、3) 商業流通体制の改革」に置かれており、これら分業促進のための方策がすでに実施されていたことが影響していると思われる。例えば、縦割り管理体制の是正の実績としては、1981年から85年にかけて各地区間、各地区と各部門間で合意を見た経済・技術項目は7万余りであるが、このうちの4万余りは1985年になされたのであり、前4ヵ年を上回った。第7次5ヵ年計画は、これらの方針をさらに推進した一層包括的な計画であり、第IV節で述べた制約要因があるとはいえ、工農業総生産年平均伸び率の目標値6.7％（工業7.5％、農業4％）は、都市改革の進展の効果1つを考えても達成可能と思われる（なお、「第6次5ヵ年計画についての報告」は『北京周報』20巻51号、1982年を、またその実績については、「第6次5ヵ年計画期における経済、社会発展の十大変化」『北京周報』24巻15号、1986年を参照）。

第6章

中国経済近代化と鄧小平の思想

I　はじめに

　農業、工業、国防、科学技術の近代化、いわゆる「4つの現代化」が、周恩来によってはじめて提唱されたのは1964年12月末から翌65年1月初めにかけて開催された第3期全国人民代表大会第1回会議の席上であったが、このときは具体的施策がなされないまま、1965年11月姚文元による劇評の発表を端緒として発動された文化大革命のためにそのままに終わった。10年の間をおいて、1975年1月、第4期全人代第1回会議において周恩来は、再び「4つの現代化」を強調した政府活動報告を行い、同会議はその報告を承認した。また同会議で鄧小平は第1副総理に任命され、重病の周恩来総理を助けて、党中央の日常活動を主宰した。

　しかし、文化大革命の路線とはまったく異なった路線を歩む鄧小平を容認できなかった毛沢東は同年11月以降「右からの巻き返しの風潮に反対する」運動を展開、翌76年1月周恩来の逝去の後、4月7日、中国共産党中央政治局は、鄧小平を党内外の一切の職務から解任、華国鋒を党中央委員会第1副主席、国務院総理に任命した。9月9日、毛沢東党主席逝去の後、10月6日、江青、張春橋等「4人組」逮捕につづいて、10月7日、党中央政治局は、華国鋒を党主席および中央軍事委員会主席に任命した。翌1977年7月中旬に開催された党第10期中央委員会第3回総会（第10期3中全会）において華国鋒の党主席および中央軍事委員会主席への就任が追認された。しかし一方、同時に、鄧小平もその全職務が回復されたのだった。

「4つの現代化」は、この前後から、政策目標としてしばしば言及されるようになった。すなわちそれは4人組の追放後、77年4月から5月にかけての「工業は大慶に学ぶ」全国会議における華国鋒の講話で言及されていたが、77年8月中旬、党の第11回全国代表大会において、「中国共産党規約」に「4つの現代化」が政策目標として明記された。さらに、翌78年3月、「中華人民共和国憲法」の前文にも、同趣旨の文言が取り入れられ、「4つの現代化」は、党および国家が挙げて取り組む目標とされたのであった。

　「4つの現代化」という同じ政策目標を実現しようとするにしても、精神的奨励に頼ろうとする華国鋒路線と、科学技術を重視し所得分配方式や経済管理方式にまで改革を加えようとする現路線との間には、方針や政策手段において大きな差がある。一般に認められているように、現在（1988年）に続く路線が1978年12月の第11期3中全会において確立したとし、いまその路線を鄧小平が中心となって指導するがゆえに「鄧小平路線」と呼ぶならば、1978年2月の第5期全国人民代表大会第1回会議の政府活動報告は、華路線から鄧路線への過渡期の産物であると言えよう[1]。その会議の後、78年3月18日の全国科学大会における鄧小平講話、同年11月から12月にかけての中央工作会議などを経て、新路線が打ち出されたのであった。

　第11期3中全会以降、第12期3中全会（1984年10月）において社会主義経済を「計画的商品経済」とする新概念が打ち出され、また、第13回党大会（1987年10月）においては中国が「社会主義初級段階」にあるという歴史段階認識がなされた。これらのいわば「鄧路線」の発展の経過およびそれぞれの意義については次章に譲る[2]として、本章では、「鄧路線」の最高指導者である鄧小平自身の発言を通じて、その思想の特質を明らかにしたい。そうすることによって、第11期3中全会以降の路線（「鄧路線」）の性質がより理解され、今後の改革の方向について示唆が得られるかも知れないと考えるからである。

---

1) 拙稿「中国経済近代化論序説」『三田商学研究』24巻6号（1982年2月）59-69頁［本書第2章収録］参照。
2) 拙稿「中国の体制改革と日中経済関係」矢内原勝・深海博明・大山道広編著『世界経済のニュー・フロンティア』文眞堂、1988年、169-196頁［本書第7章収録］参照。

Ⅱ　鄧小平の思想の特質

　鄧小平の思想の特質としては、「実事求是」という言葉に代表される現実重視の考え方、科学法則や科学技術の尊重、「4つの基本原則」という言葉に見られるマルクス主義の堅持の3点が主なものとして挙げられる。

(1)　「実事求是」

　「実事求是」とは、「なにごとも実際から出発し、理論と実際を結びつけること」であり、思想の解放とは「実践は真理を検証する唯一の基準である」ということを受け入れること[3]である。

　鄧小平は、第11期3中全会に先立って開かれた中央工作会議において、この考え方は毛沢東に由来するものであるとし、「実事求是は、プロレタリア世界観の基礎であり、マルクス主義の思想的基礎である」[4]と述べている。

　この「実事求是」は、鄧路線の思想的基礎であり、以後の改革の基本理念となった。この理念を、何人も反対しがたい毛沢東の言葉に求めたところに、鄧小平の政治的技法の巧みさがうかがわれる。

　「実事求是」を思想路線における真偽判定の基準として受け入れることにより、新たな歴史的条件のもとで生まれた新しい状況や、新しい問題に柔軟に対応できるようになり、それによって改革が可能となった。「われわれの革命の教師マルクス、レーニン、毛沢東同志は、具体的な歴史的条件を一貫して重視し、歴史と現状の研究の中から革命を指導する法則的なものをさがし出すことを一貫して重視した。新たな歴史的条件を否定する観点は、歴史を分断し、現実から遊離し、形而上学に走るものであって、弁証法に反する」[5]。このように、

---

[3]　鄧小平「思想を解放し、実事求是の態度をとり、一致団結して前向きの姿勢をとろう」（1978年12月13日）『鄧小平文選（1975-1982年）』外文出版社、1984年、203-223頁参照。
[4]　鄧小平「前掲論文」208頁。

鄧小平は、歴史的視点に立ち、いま、何をなすべきかを判断している。この歴史的視点に立ったうえでの実践性の重視こそ鄧小平の思想における最大の特長であると言えよう。

(2) 科学技術の尊重

鄧小平は、中国で社会主義的現代化を実現するには、少なくとも2つの重要な特徴を見ておくべきであるとする。人口が多くて耕地が少ないことがその1つであり、第2に基礎があまりにも弱いことである。前者からは、農業重視の方針が生まれ、後者からは科学技術の尊重の方針が導かれる。

科学技術の尊重については、すでに再失脚以前の1975年に「新しい技術、新しい設備を導入し、輸出入を拡大すること。……できるだけ多く輸出し、それとひきかえに高度で、精密で、先端をゆく技術と設備を輸入して、工業の技術改良を速め、労働生産性を高めよう」[6]と述べ、輸入を通じての技術導入を提唱している。この考え方は、再失脚の際、「洋奴哲学」として左派から攻撃されたが、第11期3中全会以降は、輸入による間接的な技術導入にとどまらず、対外開放を行うことにより「外資と外国の技術の合理的な利用を図る」[7]という外資および外国技術の直接的導入へと発展していった。

さらに科学技術の導入のみならず、自主開発を促進するために、「企業の科学研究を強めること」を提唱している。また教育面でも、「現代化を実現するうえでのカギは、科学技術が進歩できるかどうかにかかっている。科学技術を発展させるには、教育に力を入れなくてはだめだ」[8]として、「知識を尊重し、人材を尊重するという気風」を党内に打ち立てることの必要性を説いた[9]。

鄧小平は、このように科学技術（生産管理の技術も含む）を尊重しているが、

---

5) 鄧小平「全軍政治工作会議における講話（1978年6月2日）」より。『前掲書』181-182頁。
6) 鄧小平「工業の発展に関するいくつかの意見（1975年8月18日）」より。『前掲書』46-47頁。
7) 鄧小平「当面の情勢と任務（1980年1月16日）」より。『前掲書』324頁。
8) 鄧小平「知識を尊重し、人材を尊重しよう（1977年5月24日）」より。『前掲書』59頁。

これらには階級性がなく、資本主義においても社会主義においても役立つと述べている[10]。このような技術尊重、技術の普遍性の認識などは、鄧小平思想の第2の特質と言えよう。

(3) 「4つの基本原則」の堅持

「4つの基本原則」とは、(1) 社会主義の道、(2) プロレタリアート独裁、(3) 共産党の指導、(4) マルクス・レーニン主義および毛沢東思想、この4点を堅持することを指す。

中国において「4つの現代化」を実現するためには、思想面、政治面でこの「4つの基本原則」を堅持しなければならない。鄧小平が挙げるその理由は次のとおりである[11]。

(1) 社会主義の道の堅持については、①歴史的に見て社会主義でなければ中国は救えない。②経済、技術、文化などの面に関しては、社会主義中国は未だ発達した資本主義諸国に及ばないが、それは社会主義に原因があるのではなく、帝国主義と封建主義がもたらしたものであって、社会主義革命後の経済建設の発展速度はかなり速い。③社会主義経済は共有制を基礎とするものであり、社会主義生産は搾取のためではなく、人民の物質的、文化的要求を最大限に満たすものである。このため、中国人民は政治、経済、社会についての共通の理想を持ち、共通の道徳基準を持つことができる、などの理由を挙げている。このことにより、中国は、資本主義の進んだ技術と有益なものを計画的選択的に導入するが、資本主義制度を模倣、導入するとか、さまざまの醜い退廃的なものを模倣、導入することは決してしない、と述べている。

---

9) 鄧小平はまた、「知識分子に対しては、精神的な激励のほかに、彼らの物質面での待遇改善を含めて、その他の激励措置をとらねばならない。教育関係者は科学研究者と同等の待遇をうけるべきだ」としている（「科学・教育活動についての若干の意見（1977年8月8日）」より。『前掲書』76頁）。

10) 鄧小平「イタリアの記者オリアナ・ファラチとの談話（1980年8月21、23日）」より。『前掲書』470頁。

11) 鄧小平「4つの基本原則を堅持しよう（1979年3月30日）」『前掲書』225-262頁参照。

(2) プロレタリアートの独裁は、これがなければ社会主義を守り建設することは不可能である。その理由として、社会主義社会にもなお反革命分子や特務分子、悪質分子、さらに、汚職、窃盗、投機活動を行う新しい搾取分子がおり、これらすべての反社会主義分子に対して依然として独裁を実行する必要があること。また、階級闘争および帝国主義や覇権主義が存在する条件のもとでは、国家の独裁機能の死滅は考えられないこと。このように、内外2つの理由を挙げて、独裁は国内闘争であるのみならず国際闘争でもあるとしている。

　(3) 共産党の指導の堅持については、次のように述べている。「われわれの党は、いく度も誤りを犯したが、われわれはそのつど党に依拠して自己の誤りを是正したのであり、党から離れて是正したのではなかった。……党の指導を弱め、さらには解消することを求めるならば、……それは無政府主義を招き、社会主義事業の崩壊と覆滅を招くのみである」[12]。

　(4) マルクス・レーニン主義、毛沢東思想の堅持については、「われわれが堅持し、行動の指針としているのは、マルクス・レーニン主義、毛沢東思想の基本原理であり、言いかえればこれらの基本原理で構成される科学的体系である」[13] としている。

　とりわけ毛沢東思想については次のように評価している。「1949年に全国の解放をかちとり、1956年に社会主義的改造を基本的になしとげ、……中国の運命を根本的に変えたばかりでなく、世界の情勢も変えた。……毛沢東同志は晩年、3つの世界の区分についての戦略思想を提起して、中米関係と中日関係の新段階をみずから切り開き、世界の反覇権闘争と世界政治の前途のために新しい発展条件をつくり出した。われわれが今日のような国際環境の中で4つの現代化建設に取り組むことができるのも、毛沢東同志の功績によるものであることを銘記しないわけにはいかない」[14]。

　以上の理由で4つの現代化を実現するためには、4つの基本原則を堅持しなければならないとしている。この「4つの基本原則を堅持しよう（1979年3月

---

12) 『前掲書』242-243頁。
13) 『前掲書』244頁。
14) 『前掲書』244-245頁。

30日)」という講話が、「思想を解放し、実事求是の態度をとり、一致団結して前向きの姿勢をとろう（1978年12月13日）」という中央工作会議閉幕当日における講話とほとんど時を置かないで出されていることは、注目に値する。鄧小平は、「われわれには集中した統一的指導が必要であるが、正しい集中のためには十分な民主がなくてはならない。いまのこの時期には、とりわけ民主を強調する必要がある」[15]と1978年12月に述べながら、翌年3月には、「ここで特に批判を加えたいのは、4つの基本原則に右の側から疑いを持つか、あるいはそれに反対するような思潮に対してである」として民主集中制の、「集中」に重点を置いた講話を行っている。

1978年12月初旬、北京市西単の「民主の壁」が禁止され、「大字報」の掲示場所は月壇公園内に限られるなど表現の自由を一部制限する動きは3中全会直前にすでに見られた。次いで翌79年年頭から2月の春節にかけて下放青年を中心とする大・中都市での上訴運動が高まり、3月には魏京生が逮捕された。このような情勢下にあって、鄧小平は社会主義制度のもとでの民主を明確にする必要に迫られ、「4つの基本原則」を強調するに至ったと考えられる。「実事求是」も「4つの基本原則の堅持」も、時を置かず相ついで打ち出されたことは、どちらも鄧小平の思想の基本を形成しているものであると考えてよい。両者は鄧小平の中で矛盾なく並存しているのであり、鄧小平の考える民主とは、あくまで「民主集中制」における民主なのである[16]。このことはまた後で検討しよう。

以上、鄧小平の思想の特質を挙げた。これらの特質から見て、鄧小平の思想は、中国経済近代化という視点より見たとき、どのような進歩性を有しているのだろうか。また一方、近代化が進展した将来においては、何らかの問題点が

---

15) 『前掲書』209頁。
16) 1980年8月開催の第5期全国人民代表大会第3回会議において、中華人民共和国憲法第45条から、「『大鳴、大放、大弁論、大字報』を運用する権利を有する」とした部分が削除された。これは、すでに同年2月の中国共産党第11期5中全会において決定されており、削除の主な理由は、「4大」自由が民主主義の発揚に有効ではなく、少数者に悪用され、秩序を混乱させる原因をつくりだし、党と国家の機密をもらすなど、むしろ人民の民主的権利を妨害する役割を果たしてきたため、と説明されている（中国研究所編『新中国年鑑』〔1981年版〕大修館書店、85頁）。

生じないだろうか。それらについて、以下考えていきたい。

Ⅲ 鄧小平の思想の進歩性

　鄧小平の思想が中国経済近代化政策に与えた貢献の最大のものは、前節の第1点に挙げた「実事求是」を毛沢東思想の基本であるとして、体制改革の基本理念に据えたことであろう。それによって導かれたもののうち、次の2点が特に重要である。

　(1) 鄧小平は中国が貧困であるという事実を認め、社会的生産力の発展、人民の物質的、文化的生活の改善こそが、社会主義制度の優位性を示すことになるとした[17]。この考えは、第11期3中全会の「全党の活動の重点と全国人民の注意力を社会主義現代化の建設に移す」という決議に生かされている。

　鄧小平は、「いま、わが国は世界でも貧しい国に数えられ、第三世界においてすら、あまり発達していない部類に属する」[18]と明言しているが、それまでの中国の指導者でそこまで言い切る人はいなかった。自国が貧しいことを認識してこそ[19]、それを解決する方策も立てられる。観念論を排し、「実事求是」の思想に則って中国の現状を見たとき、中国は貧しく、「門戸を閉ざしてしまうのはよくないし、頭を働かせずに、いつまでも立ち遅れた状態に甘んじているのもよくない」という認識が導かれたのであった。

　(2) 全党の活動の重点を社会主義的現代化の建設に移すという政治路線が定められたことによって、経済を、経済法則に従った方法で管理することが可能になった。「地方、企業、生産隊に、経済管理の面でもっと多くの自主権を与

---

17) 鄧小平「毛沢東の旗じるしを高くかかげ、実事求是の原則を堅持しよう（1978年9月16日）」『鄧小平文選（1975-1982年）』外文出版社、1984年、189-193頁参照。
18) 『前掲書』192頁。
19) 1978年10月、鄧小平が日中平和友好条約の批准書交換のため来日した。このときの様子は、まだ台数が少なかったもののテレビを通じて全中国に伝えられた。日本の一般民衆の生活水準の相対的高さを知るよい機会だったという話を1979年夏大寨で聞いたことがある。外国に関する情報公開によって、指導者たちのみならず民衆が、経済近代化の進んだ国と自国との差異を意識するに至った1例である。

第6章　中国経済近代化と鄧小平の思想

えること」、「個人の所得をもっと引き上げ、集団福祉ももっと充実させるべきこと」、「責任制の強化に意を注ぐこと」などが、1978年12月の講話では強調されている[20]。これらは、鄧小平路線の経済面の当時における集大成と見られる胡喬木論文「経済法則に基づいて事を運び、4つの現代化実現をはやめよう」(『人民日報』1978年10月6日)の中にすでに生かされており、さらに、第11期3中全会の決議における具体的方策の中に生かされたのであった。

もっとも、「実事求是」[21]という言葉は、他の人々の思想を転換させるために、改革の基本理念としたものであって、鄧小平自身は、再失脚以前から、第11期3中全会の路線に沿った考えを持っていた。対外開放、物質的刺激の導入、企業における責任体制の確立などがそれであるが、折にふれ特に強調していたのは、「科学技術の尊重」である[22]。1975年8月「工業の発展に関するいくつかの意見」[23]の中で技術の重要性を取り上げているが、再復活後も、科学技術の重要性を訴え続けた。「4つの現代化は科学技術の現代化がカギである。現

---

20) 鄧小平「思想を解放し、実事求是の態度をとり、一致団結して前向きの姿勢をとろう (1978年12月13日)」『前掲書』203-223頁参照。
21) この言葉は、すでに1977年7月には講話の中に「延安の中央党学校で毛沢東同志がみずから揮毫した大きな4文字、つまり『実事求是』であること」として現れている(「毛沢東思想を全面的かつ的確に理解しよう (1977年7月21日)」『前掲書』67頁)。
22) そのことは再失脚中に左翼からの攻撃の材料となった。例えば、「鄧小平は『レベルの高い知識のある』ブルジョワ知識人を『指導的ポストに昇格させる』べきだと吹聴したではないか。……外国崇拝哲学、牛歩主義を躍起になって宣伝してまわったではないか。……われわれが社会主義の工業近代化を速やかに実現するには何に依拠するのか。……毛主席のプロレタリア革命路線の導きのもとに、毛沢東思想で武装された労働者階級と広範な人民大衆に依拠するのである(苗雨「衛生戦線の右からの巻き返しに反撃を加えよう」『北京周報』14巻24号、1976年)。また物質的報酬を与えることも非難された。「われわれの社会主義国では、生産を発展させるのに利潤第一や物質による刺激に依拠していない。われわれは毛主席のプロレタリア革命路線に依拠し、プロレタリア階級の政治による統率、階級闘争をカナメとすること、強大な政治思想工作に依拠している。これが社会主義企業をりっぱに運営する根本である。」(高路・常戈「鄧小平の買弁ブルジョア経済思想を評す」『紅旗』1976年7号。転載『北京周報』14巻35号、1976年)。また企業や工場の組織において責任体制の確立を試みたとも非難されている。これらの諸意見は、4人組の路線と、鄧小平路線とのちがいをよく示している。1976年10月以降の華国鋒路線もまた経済建設方式は精神主義に立つものであった。

代的な科学技術なしには、現代的な農業、工業、国防を建設することができない。……科学技術は生産力である」[24]（「全国科学会議の開幕式における演説」〔1978年3月18日〕）。この言葉は、鄧小平の科学技術に関する認識をよく示している。すなわち、農業、工業、国防の各分野への科学技術の適用によって、はじめて近代化が可能になるというのであり、鄧小平は経済近代化というものの本質を見抜いていたと言えよう。それは、次の理由による。

　J. ホールは近代化の概念に含まれている諸変動を析出して、近代化の諸基準を7つ挙げているが、その第1番目は、「個人が環境に対して、非宗教的かつ科学的に対応していこうとする志向を強めるような読み書き能力の普及」であるとしている[25]。また、H. ロゾフスキーは、S. クズネッツの定義にしたがって近代的経済成長の第1の条件に、「近代的科学思想と技術の、工業、運輸、農業への適用」を挙げている[26]。鄧小平の言葉をこれらの基準と照合してみ

---

23) 『鄧小平文選（1975-1982年）』外文出版社、1984年、45-49頁。また次の言葉は、「実事求是」を強調する以前から、科学技術の重要性を説くために毛沢東思想を援用していたものとして注目される。「毛沢東同志は4つの現代化について語り、階級闘争、生産闘争、科学実験が基本的な3つの社会的実践であることについても語っている。ところが、いまはそこから科学実験が切りはなされて、それを口にするのも怖がり、口にすると罪にさえなってしまう。……毛沢東思想はさまざまな分野の実践と密接に結び……ついているのであるから、われわれはかならずこれを全面的に学習し、宣伝し、貫徹しなければならない」（「どの分野でも整頓が必要である」より。『前掲書』54-55頁）。

24) 『前掲書』133頁。

25) J. W. Hall, "Changing Conceptions of the Modernization of Japan", (M. B. Jansen, *Changing Japanese Attitudes toward Modernization*, Princeton University Press, 1965, pp.7-41)

26) W. ロックウッド編、大来佐武郎監訳『日本経済近代化の百年』日本経済新聞社、1966年、39頁。クズネッツは、科学の適用が決定的な意味を持つことについて、それが経済成長を促進するのみならず、科学自体の発展をもうながし、それによって、また経済成長を促進するという累積過程を生むがゆえに重要であるとしている。ただし、科学を適用するにあたっては、それを受け入れる精神的風土が必要であり、また実際に科学技術を適用し生産力を引き出すためには社会制度の変革が必要となるとしている。近代的科学の適用が「近代化」にとっての必要条件であるということの意味をよく表した見解と言えよう（S. Kuznets, *Modern Economic Growth*, Yale University Press, 1966, Chap. 1 参照）。

ると両者は同じ趣旨であり、その意味で、鄧小平の思想は、経済近代化という基準からして進歩性を有するものであると評価できよう。

近代的科学思想および技術を経済の諸分野に適用することが近代化への必要条件であるならば、先進工業国から技術を導入するために「対外開放」によりこれら諸国と接触することは中国経済近代化のために大いに役立つであろう。まして急速な近代化を実現しようとするならば、技術導入は不可欠である。ここに、対外開放の根拠があると考えられる。

だが、対外開放を行えば、技術のみならず、資本主義制度やそれを支える思想との接触がなされ、それらによって社会主義国中国も何らかの影響を受ける。鄧小平は、「資本主義国の進んだ技術とその他われわれにとって有益なものを計画的、選択的に導入する」[27]と言っている。それは正論ではあるが、はたして実行可能なのであろうか。対外接触によってさまざまな物品や情報が流入するということのほかに、技術は経済体制やその体制を構成する制度と関係を有するのか有しないのかという問題がそこにある。もし有するならば、技術導入にあたって制度改革の必要が生じる。しかし、その制度は「われわれにとって有益なもの」か否かは、政策当局者の判断に依存し、もし有害とされたときには技術導入自体が停滞しかねない。次にそれについてもう少し検討しよう。

Ⅳ 技術導入と経済体制改革

科学技術について鄧小平は、それらには階級制がなく、資本主義においても社会主義においても役立つ、と述べているが、そう言い切れるであろうか。機械やプラントに胎化された技術は、たしかに経済体制にかかわらず生産に寄与する。単なる特許やパテントの購入も体制に関係なく、それらを製品化するための制度が完備しているならば、生産力や品質の向上をもたらすにちがいない。しかし、いずれの場合も、異なった経済体制にある国々が社会主義国における政治路線をどの程度容認するか否か、また、特許法をはじめとする経済法規の

---

27)『鄧小平文選（1975-1982年）』外文出版社、1984年、238頁。

整備が受け入れ国でどの程度なされているかなどによって、技術先進国がその財や技術を供与するか否かが左右される。そのことは対中国輸出統制委員会（CHINCOM）や対共産圏輸出統制委員会（COCOM）による対共産圏禁輸政策が中国と西側諸国との国際関係の好転によって緩められてきたことを想起すれば理解できよう[28]。

また一方、受け入れ国側にも、技術導入を促進するような動機がなくてはならない。例えば、これ以上の経済の発展は新規技術の導入なしには不可能であると政府当局者が判断するとか、企業レベルでは導入によって企業やその従業員たちが利益を得る可能性がある場合などである。後者の場合については、技術導入によって生じた生産力の増大分の或る部分が、企業に留保されるような経済体制になっていることが必要であろう。

技術導入というのは、受け入れ国側からすれば技術革新[29]の一形態である。科学技術自体は普遍的なものであっても、それを生産過程に適用する技術革新に対しては、どのような経済体制かという点が大きな影響を持つ。政府当局者が積極的にかつ適切に革新を行えば従来の社会主義体制であっても技術導入は活発になされるだろうが、各企業の自発性を引き出そうとするならば、企業に革新の成果が残される制度への改革が必要となる。ここに従来の社会主義制度を改革する必要性が生ずるのである。

一方、自国の研究機関における技術開発を促進する場合にも、発明者やその所属する機関に対して報酬を与えたり、その投じた資金回収を可能とする仕組

---

28) 経済近代化のためには、資源を軍備に過大にさかないということだけでなく、先端科学技術を西側諸国から導入するためにも、西側諸国との国際関係を好転させ、さらに友好関係を維持することが不可欠である。平和外交の展開を鄧小平も「4つの現代化達成のための国際的条件」と呼んでいる（『前掲書』325頁）。なお、CHINCOM は 1952年に設立され、1957年に COCOM に統合された。COCOM は 1949年結成され、1994年まで続いた。

29) ここで言う「技術革新」とは、シュムペーターの言う Innovation すなわち、新結合の遂行を指す。Joseph A. Schumpeter, *Theorie der Wirtschaftlichen Entwicklung*, 1912, 2 Aufl. 1926, S. 99-139.（塩野谷祐一・中山伊知郎・東畑精一訳『経済発展の理論』岩波書店、1980年、150-199頁参照）。

みが必要であろう。特許法その他の経済法規の整備が要請される所以である。またこれらの法規の整備は、技術導入に関して言えば技術供与国に、第三国への技術流出などの不利益を与えないためにも必要である。さらに、直接投資を伴った技術移転については、特許法や技術導入に関する法規だけでなく外資企業法など経済法規の、一層の整備が必要となる。直接投資の導入は、対外開放という路線があってはじめて可能となることは言うまでもない。

このように、技術自体はどの体制下でも生産力の増大に役立つといってもそれは工学的な概念において言えるのであって、生産過程に実際に適用するか否かは経済の問題であり、したがって経済体制の影響を大きく受けるのである。

社会主義か資本主義かと、二分法で考える限り、シュムペーターの言うように資本主義にとって技術革新は不可欠であり、それゆえに資本主義体制のほうが革新をもたらしやすい体制であると暫定的に結論できよう。しかし、社会主義を従来の指令経済のみのものとせず、多様な形態があるとするならば、技術革新を促進するような社会主義体制とはどのようなものかという課題が生まれる。鄧小平が中心となって指導する路線は、「個々の企業と生産隊があらゆる方策を講じて創造精神を発揮できるようにする」[30] ことからして、この課題の達成をめざしているのではないだろうか。

鄧小平は、技術には階級性がないと言いつつも、技術導入およびその根本にある技術革新については、制度と不可分な点があることを十分に認識していると考えられる。それは次の理由による。

(1) 党の第11期3中全会を主導し、全党の活動の重点を社会主義現代化建設に移すことを決定した。この政治路線を実現するために改革と開放の堅持の必要性を説いた。

(2) 従来の分権化は管理機構内の分権化にとどまっていたのを、企業を生産単位の基層に置き、その自主性を重んじた。このことによって、企業に経済計算を行わせ、効率増進の誘因を与えるとともに、分業の利益の実現も期待している。

---

30) 鄧小平『前掲書』211頁。

(3) 知識分子の名誉を回復し、また精神的な激励のほかに、物質面での待遇改善を含めた奨励措置をとらねばならないとした。また、教育制度の改善や内外研究者間の学術交流の促進、学術刊行物の出版の保障など、研究・教育両面で制度上および政策実施上の改善を呼びかけた[31]。

(4) 労働に応じた分配をはじめ物質的利益を重視し、また多く働いた人や地方が多くの収入を受け取り、先に裕福になることを認めている[32]。これによって、個人、企業、その地方の諸機関の創意工夫を奨励している。

(5) 対外開放を堅持し、さらにその拡大を呼びかけている。

これら5点から考えて、鄧小平は、技術導入、技術革新のためには、社会主義体制内で諸制度を改革する必要性を十分に認識しており、実際、第11期3中全会から今日に至る歴史が示すように、経済改革は着実に進展してきた。現在、価格決定機構の改革がインフレーションのため一休止しているとはいえ、直接的統制である指令経済から、市場機構による価格決定を基本としその水準を財政金融政策によってコントロールする制度への移行という方針は不変である。すなわち、従来、資本主義の特徴として考えられてきた、市場機構による価格決定や市場向け商品生産、さらには株式制度でさえ、新たなる解釈のもとに中国の社会主義制度に取り入れられつつある。「資本主義制度を模倣、導入しない」と言いつつも鄧小平はこれら諸制度の導入を容認しているが、それは「実事求是」の思想によるものであろう。しかし一方で絶対に譲れない点がある。それは、中国が社会主義国であり続けることであり、そのために「4つの基本原則」を堅持することである。

「4つの現代化」を実現するには、「4つの基本原則」を維持しなくてはならない、という鄧小平の考えの根拠は、前節に述べたとおりである。要約すれば、共産党の指導のもとに内外の反社会主義分子に独裁を実行し、マルクス・レーニン主義、毛沢東思想の基本原理で構成される科学的体系に基づいて正しい政策を実施していかねば、社会主義的現代化は実現できない、となる。党の指導

---

31) 鄧小平「労働者階級は4つの現代化実現のためにすぐれた貢献をしなければならない（1978年10月11日）」より。『前掲書』197頁。
32) 鄧小平「当面の情勢と任務（1980年1月16日）」より。『前掲書』340-341頁。

を弱めることは、「無政府主義を招き、社会主義事業の崩壊と覆滅を招くのみである」[33]と認識している。これらを総合して考えれば、明治期の日本を含め、開発途上国によく見られる政府主導型の近代化を鄧小平はめざしていると考えられる。すなわち、発展を促進するためには独裁をやむをえないとする、いわゆる「開発独裁」の一形態が、ここ中国に見られるのである。ただし、党内においては「民主」が保証されなくてはならない。官僚主義や特権主義を排し、「民主集中制」を機能させるための政治改革の必要性がここに生じ、人事の若返りや差額選挙制の実施などの改革が鄧小平の主導のもとに実施されている。

このように、鄧小平は科学技術に階級性はないと言いつつも、技術導入や技術革新にとって必要な制度の導入は事実上認め、体制改革を進めている。では、資本主義の何を悪と見ているのであろうか。次にそれを検討しよう。

V　鄧小平の資本主義観と若干の疑問点

「資本主義国の進んだ技術とその他われわれにとって有益なものを計画的、選択的に取り入れる」というのが、鄧小平の方針であった。別のときには次のようにも述べている。「われわれは対外開放政策を断固実行し、平等互恵をふまえて、対外交流を積極的に拡大するものである。同時に、われわれは頭脳を冷静にして、腐敗した外来思想の侵食を断固として阻止し、ブルジョア的生活様式がわが国に氾濫するのを断じて許さない」[34]。このような腐敗した外来思想の侵食を阻止するという鄧小平の立場は、第11期3中全会以来、一貫している。では、鄧小平は、何を阻止すべきと考えているのだろうか。

第1は、ブルジョワジーの自由主義に反対している。「一部の同志は、精神汚染に関心を示さず、自由主義の態度をとり、精神汚染は生気はつらつとした

---

33) 『前掲書』243頁。
34) 鄧小平「中国共産党第12回全国代表大会開会のことば（1982年9月1日）」より。鄧小平『現代中国の基本問題について』外文出版社、1987年、13頁。

局面の現れであり、『百花斉放、百家争鳴』の方針の現れであるなどと考えている。……これを徹底的に転換して、マルクス主義の宣伝、社会主義・共産主義の宣伝、わけてもすべての重要な理論問題、原則問題における正しい観点が、思想界で真に主導的な役割を発揮できるようにしなければならない」[35]と言う。

では、なぜ自由化がいけないのか。「そもそも自由化それ自体がブルジョアジーのもので、プロレタリアートの自由化、社会主義の自由化などは存在しない。……事実、自由化はわれわれを資本主義の道へ導こうとしている」[36]。さらにもう1つの理由としては、「自由化をやれば、わが国の安定・団結の政治的局面は破壊されよう。安定・団結の政治的局面なしには、建設は不可能なのである」[37]からである。そして、自由化反対は、10年、20年と唱えつづける必要がありそうだ、とする。

第2に、ブルジョワジーの民主に反対している。資本主義社会で言う民主は、「1つには複数政党による選挙であり、1つには三権分立にほかならない」としたうえで、「われわれは三権分立が採用できるでしょうか。われわれの制度は人民代表大会の制度であり、共産党が指導する人民民主主義の制度です。社会主義国の最大の優位性は、何事であれ、決断を下し、決議したらただちに実行し、他のかかわりを受けないことです。……この範囲に限って言えば、われわれの効率は高いのです」[38]と述べている。

1979年当時、すでにこのようにも述べている。「中国人民がこんにち必要とする民主とは、もっぱら社会主義の民主、人民の民主のことであって、ブルジョアジーの個人主義的民主ではない。……社会主義制度のもとでは、個人の利益は集団の利益にしたがい、局部の利益は全体の利益にしたがい、一時の利益は長期の利益にしたがう。それは個人の利益、局部の利益、一時の利益に留

---

35) 鄧小平「組織戦線と思想戦線における党のさし迫った任務（1983年10月12日）」より。『前掲書』68-69頁。
36) 鄧小平「党の12期6中総での講話（1986年9月28日）」より。『前掲書』262-263頁。
37) 同上、262頁。
38) 鄧小平「改革のテンポを速めるべきである（1987年6月12日）」より。『前掲書』323-324頁。

意しなくてもよいという意味では決してなく、……われわれは統一的計画、全般的配慮という原則に基づいて、さまざまな利益の相互関係を調整しなければならない」[39]。

「われわれには集中した統一的指導が必要であるが、正しい集中のためには十分な民主がなくてはならない」[40]。このように、一党独裁を遂行する半面、党が正しい方針を打ち出すための手段として、党内の民主が必要とされているのである。

第3に、人間の普遍的な価値や人道主義に基づいて資本主義制度下のみならず社会主義においても疎外があるという議論を、精神汚染の1つとして排除している。それは、「人々に社会主義を批判させ、疑わせ、否定させ、社会主義と共産主義の前途に対し確信を失わせ、社会主義も資本主義と同じく希望がないと思わせるだけ」[41]だからである。「われわれはマルクス主義の分析を加えて、社会主義の人道主義を宣伝、実行し、ブルジョアジーの人道主義を批判すべきである」[42]。

第4に、精神的生産物を商品化しようとする「何ごともカネ次第」の風潮を非難している。一部には低俗な内容と形式を売りものにして荒かせぎしている者もおり、「西側諸国においてすら低俗あるいは有害とされている一部の書籍、映画、音楽、舞踊から、ビデオ、カセットに至るまでが、ここ数年、少なからず輸入されているのだ。西側ブルジョアジーの没落期の文化によって青年を腐食するというこの事態は、もはや容認することができない」[43]としている。

以上、4つの点に共通することは、党の指導のもとに社会主義建設に邁進するという方針を受け入れた範囲内での自由であり、民主であり、人道主義だということである。社会主義制度下で近代化を急速に実現するという目的に立

---

39) 鄧小平「4つの基本原則を堅持しよう（1979年3月30日）」より。『鄧小平文選（1975-1982年）』外文出版社、1984年、249-250頁。
40) 『前掲書』209頁。
41) 鄧小平「組織戦線と思想戦線における党のさし迫った任務」より。鄧小平『現代中国の基本問題について』外文出版社、1987年、59頁。
42) 「前掲論文」より。『前掲書』57頁。
43) 同上、65頁。

ば、自由、民主に対する制限はやむをえないことかも知れない。しかし、われわれの観点からすれば、第4点目はともかくとして、自由や民主に関しては若干の誤解が存するように思える。

第1は、「社会主義の自由化など存在しない」という点についてであるが、「百家争鳴」を奨励していることは、社会主義の枠内で言論の自由を認めていることにほかならない。この自由の範囲を政治権力の安定度の増大とともに拡げていくことは可能ではないだろうか。一方で、「自由化はわれわれを資本主義の道へ導こうとしている」というが、完全競争下の資本主義を想定するならば、この言葉は正しい。しかし資本主義は放任しておけば独占形成への傾向を持つがゆえに、経済的公正の追求とか、個々の企業の競争条件を平等にするために、独占禁止法等によって自由放任を制限しているのが現実である。現代においては資本主義にも、無制限の自由は存在せず、むしろ国は公正をめざしている。一方、中国が企業に自主権を与え、市場において競争させる政策を採ろうとするならば、競争のルールは社会主義の理念に適合したものにしつつも、その枠内での経済的行動の自由を保証しない限り、企業に自主権を与え積極性を引き出そうとした目的は、達し難いであろう。文化大革命時に見られた無秩序は放縦とも言うべきものであり、資本主義を採る自由主義社会における自由とは異なる。自由主義社会でも、自由とは、社会を維持する限りにおいての秩序ある自由なのである。鄧小平の見解は、自由を放縦もしくは無秩序と混用しているように思われる。

第2は、「三権分立」に対する考え方についてである。「私はいつもアメリカの権力者を批判して、アメリカにはその実、3つの政府があると言っている。……国内では自分たち同士で角つき合わせ、もんちゃくを引きおこしている」[44]と鄧小平は三権分立に対して否定的な見解を示している。普通選挙について、人口が多く、地区間の不均衡、多民族という条件のもとでは、直接普通選挙を行う機はまだ熟していない[45]という意見は説得的である。また民主集

---

44) 鄧小平「旗幟鮮明にブルジョワ自由化に反対しよう(1986年12月30日)」より。『前掲書』274頁。
45) 鄧小平「改革のテンポを速めるべきである」より。『前掲書』329頁参照。

中制の人民代表大会制度を採ることについて、「中国のような大国で、もし中核となるものの指導がなければ、多くの物事はとてもやりにくく、まず食の問題も解決できないであろう」[46] という見解も理解できる。しかし、三権分立については、中国自身ももう少し研究を深めたほうがよいのではなかろうか。

それは、中国が人治から法治への道を歩もうとするならば、不可欠の制度だからである。中国は、すでに第11期3中全会の前後から、「民主と法制」をスローガンに、社会主義的民主を発揚する一方で、法による秩序維持をめざして、法制の整備および人民の法意識を高めるための方策を講じてきた。党政分離も進めてきている。いま、司法権の独立が保証されるならば、真の法治国家となるのであって、これは、第11期3中全会以来、中国がめざしてきた目標と合致すると考えられるからである。

第3に、人権の普遍的価値の存在を認めるか否かという点である。古くはマグナカルタ（1215年）、下ってはアメリカの憲法（1776年）やフランスの人権宣言（1789年）以来の人権思想をわれわれが顧みたとき[47]、たとえそれがブルジョワ社会において成立したものとしても、人類普遍の願いによって裏打ちされた諸権利が含まれていると考えられる。現在は事情によって制限せざるをえない権利であるとしても、経済近代化政策が成功し、中産階級が増大するならば、社会主義国であっても国際連合憲章（1945年6月）に言う「人権および基本的自由」への欲求が高まるものと予想されるのである。社会主義の価値を説くことと、基本的人権の尊重とは両立しうるのであり、後者に現在制限を加えることと、その価値自体を否定することは区別すべきであろう。

このような疑問点がありながらも、現在（1988年）においては、人民民主主義独裁という形態が、中国近代化政策の推進に適した形なのかも知れない。その点を含めて、最後に近代化論の視点から鄧小平の思想を評価し、むすびに代えたい。

---

46) 同上。
47) 例えば、宮沢俊義『憲法Ⅱ』有斐閣、1959年、参照。

Ⅵ　むすび──中国経済近代化過程における鄧小平の思想の評価

　経済近代化の過程を、経済史家速水融は、「経験的近代化」と「意識的近代化」の2つに区分している。「経験的近代化」は、18世紀末のイングランドの自主的な産業革命の過程が典型的な例であり、「政治指導者によって指導されたものでもなければ、他国からの衝撃によるものでもなかった」近代化過程を指す。一方、「意識的近代化」は、イギリスに後続した諸国の産業革命に見られるように、「少なくともその最初の局面においては、指導者が近代化を意識し、未成熟な部分を補強しながら遂行した」近代化過程を指す。

　しかし、イギリス以外の諸国が、経験的局面を持たなかったわけではない。近代化の準備過程は西欧でも日本でも「経験的」に行われた。そして意識的局面は経験的局面の上に継続的に起こり、さらに再度経験的局面に引き継がれていったと指摘している[48]。

　上の定義を中国に適用してみれば、4人組追放（1976年）以降「4つの現代化」というスローガンのもとに、政府が中心となって近代化政策を遂行してきたという点で、中国の経済近代化は意識的近代化の一形態であると言える。しかし、文化大革命の混乱を経た後ゆえ、その出発点において当時の経験的近代化の度合は低かったものと推定される。短期間の華国鋒路線実施の後、第11期3中全会において鄧路線が確立し現在（1988年）に至っているが、そこにおいて鄧小平をはじめとする現当局者たちが、「4つの現代化」推進にあたって採用した方法も、「開発独裁型」の近代化であり、ここで言う「意識的近代化」にほかならなかった。

　鄧小平の思想は、第Ⅱおよび Ⅲ 節で触れたように、「実事求是」というきわめて実践性の強い理念を中核に据え、農民・労働者や生産隊・企業といった基層単位の積極性を精神的な鼓舞のみならず物質的報酬も加味して引き出すなど、

---

48) 速水融「経験的近代化と意識的近代化」矢内原勝編『近代化の条件』ダイヤモンド社、1970年、3-20頁参照。

第6章　中国経済近代化と鄧小平の思想

経済法則に沿った経済管理を行うものであった。また、生産過程に科学技術を適用することを奨励するなど、合理的、近代的な内容を有している。

　しかし、科学技術それ自体は一見、経済体制に対して中立的なように思えるが、技術革新という生産力の増大に連なる概念との関連で考えると、それは、経済体制、または、体制を構成する諸制度と密接に関係している。したがって従来革新が活発でなかった経済体制下で、技術革新、およびその一形態である技術導入を促進するためには、体制改革という名の制度変革がなされなくてはならない。鄧小平は十分そのことを認識しており、経済体制改革と対外開放の推進という政治路線を確立し、加えて、諸制度の改革の方針を示している。しかし一方、対外開放にあたっては、中国における社会主義建設という目標が資本主義国との接触によって揺らぐことのないよう、「4つの基本原則」の堅持を強調している（第Ⅳ節）。

　では、資本主義の制度や思想の中で何を排除すべきと言うのであろうか。第Ⅳ節で見たように鄧小平は、資本主義体制の中で生まれたものであっても、科学技術とともに管理制度など、必要な制度は導入することを肯定している。しかし、資本主義の思想に関しては、自由、民主、人権などいずれについてもそれらの導入を、かなり強く拒んでいる。それは、現時点（1988年）の中国において人民民主主義独裁の制度が最適であるという判断に基づくものであろうが、その判断が正しいとしても、自由、平等、および人権に関する認識については、われわれは見解を異にしている。すなわち、資本主義においても無制限な自由はない一方、社会主義においてもある枠内での自由は存在しうるものであり、経済の発展、政権の安定とともにその枠は拡大していくものと予想される。「三権分立」は、中国において法治の確立をめざすならば、不可欠の条件である。人権は、人類共通の願いに基づくものであり、現在それを制限することと、人権それ自体の価値を否定することとは区別されるべきである等が、われわれの見解であった（第Ⅴ節）。

　現在、中国では趙紫陽中国共産党総書記をはじめとする指導部のもとで、着々と経済近代化政策が進められている。第11期3中全会において農村に重点を置いた施策は、かなりの成功をおさめ、農村に経済的余剰が生じ始めた。また、

第12期3中全会（1984年10月）における「計画的商品経済」の容認を経て、1987年11月、党の第13回全国代表大会で打ち出された「社会主義初級段階」という段階認識によって、多様な所有形態が認められる一方、都市のみならず農村においても商品経済の浸透が広まった。富める者とそうでない者の格差の拡大、貨幣供給量の増大によるインフレーションの進行など多くの問題点があるとはいえ、中国全土へ鄧路線による近代化政策の影響が及びつつある。それが、経済的離陸に直接的に連なるか否かは今後の動向を見なければならない。しかし、農業に近代的科学技術を適用する誘因が制度面で生まれたこと、分業という概念が第7次5ヵ年計画などに見られること[49] など、歩みは遅くても、再度の経験的近代化の局面へ向けて着実な一歩を踏み出したと言えよう。その方向を示したのが、鄧小平の思想であった。この意味でその思想は、少なくとも過去10年間、中国経済近代化過程に対し多大な貢献をしたと評価できよう。

　ところで、科学技術や教育の重視により、高い知識を有する人材が育ってきている。また多様な所有形態を認めたことにより、私営企業の経営者には高い所得を得るものも見られる。未だこれらは少数であり、しかも知識と富の所有者はそれぞれ別人であるが、近代化政策の進展につれて、知識とともにある程度の富を有する中産階級が形成されてくるにちがいない。それは鄧小平路線の成功を示す1つの徴候ではあるが、そのときにはこの人々によって、さらなる自由化、民主化への要求が出されるものと予想される。本章に述べたように、鄧小平の自由、民主、人権に対する考えは、人民民主主義独裁を前提としたうえでのそれであり、より豊かな社会主義社会へ至る過渡期においてはその独裁は肯定されるとしても、より豊かな社会においては、その社会にふさわしい政治制度、およびそれを支える思想が存在するはずである。「4つの基本原則」のうち、「社会主義の道」は国是として堅持され続けるとしても、近代化の進展とともに、人々の思想の変革は一段と進み、それへの適切な対応が必要となろう。そうしなければ、近代化への道は停滞してしまうのである。

---

49) 拙稿「『分業』の視点から見た中国第7次5ヵ年計画」『三田商学研究』30巻1号、1987年、97-114頁［本書第5章収録］参照。

第6章　中国経済近代化と鄧小平の思想

　ただし一方で、広大な中国にとって大きな問題が残る。それは、都市と農村、沿海地域と内陸地域などに生ずる発展の不均等性の問題である。沿海地域の大都市で民主化の拡大が必要となったとしても、内陸の農村の発展のためには強力な独裁が必要かも知れない。政治改革の困難さがここにあり、民主と独裁のバランスをどのように取っていくかは、今後、何十年にもわたって中国が直面しなくてはいけない難問である。この難問の解決にこそ「実事求是」による柔軟な対応が必要とされるであろう。

第7章

中国の体制改革と日中経済関係

I　はじめに

　1978年末以来今日（1988年時点）までの約10年間、とりわけここ数年来の中国における経済体制改革の進展にはめざましいものがある。指令的計画経済から市場機構を重視した経済体制への移行、農業集団化の中核をなしていた人民公社の解体、労働報酬における平均主義の打破、多様な所有形態の容認、企業自主権の拡大、外国資本の導入およびそれへの諸優遇措置の実施など、予想以上の速さで改革が進みつつある。

　中国は社会主義国であるゆえ、改革を進めるためには、それら諸改革がマルクス主義の基本原理に合致したものであることを論証しなくてはならない。ある改革を行えば、従来の理念とは合致しない新事態が生じうる。それを抑えるのか、それとも新事態を是認しながら社会主義建設を進めるのか、改革路線の中にも保守対革新の対立は常に存在する。その場合、新事態を是認するためには、社会主義理論それ自体の発展としての新理念を打ち出さなくてはならない。それに成功しなければ、現状に満足し安住している人々によって改革は抑えられてしまうかも知れないのである。

　その新理念が容認されるか否かは、現在その国が社会主義建設および経済発展の両面についてどのような歴史段階にあるかによって定まってくる。特定の時期における経済建設の規模は、その国の財力や生産手段の大きさと相応しなくてはならない。同様に経済管理に関しても、その国の生産や流通の規模にふさわしい体制があるはずである。もはや経済の実態が旧来の管理体制では生産

力の発展を阻害してしまうような段階に達しているならば、新理念に裏づけられた改革政策を実施する必要がある。しかしその新理念が支持を得るか否かは、それが現段階の状況に適合しているか否かの人々の判断による。現況は過去の歴史の産物であり、また未来への礎である限り、現在を歴史段階のある場所に位置づけなくてはならない。ここに、歴史段階認識の重要性があり、改革のための新理念はこの認識によって支持もされ逆に非難もされる可能性もまたある。

1978年12月、中国共産党第11期3中全会で現行の改革路線が定められて以来、幾多の改革措置が実施され、かつ国および党大会のつど重要な決定がなされてきた。本章ではそれらの諸決定のうち、路線、社会主義の理念、歴史段階の認識の3点にそれぞれ特に重要な意義を持つと考えられる3つの決定を取り上げ、その意義を論ずる。

すなわち、第Ⅱ節では中国共産党第11期3中全会（1978年12月）の新路線および新路線を支える改革理念を、第Ⅲ節では党の第12期3中全会（1984年10月）で打ち出された社会主義の新理念を、第Ⅳ節では中国共産党第13回全国代表大会（1987年10月）における歴史段階に関する認識を取り上げ、それぞれが中国の経済体制改革においてどのような意義を持つのかを明らかにする。そして第Ⅴ節で、「社会主義初級段階」という歴史認識が改革にどのような影響を及ぼし、それによって日本を含む中国の対外経済関係がどのように展開していくかを論ずる。このように本章の力点は第Ⅱ～Ⅳ節の中国体制改革に関する諸決定の意義づけに置かれ、日中経済関係は、体制改革が対外経済関係に及ぼす影響の一環としてのみ取り扱われる。

Ⅱ　指令経済体制からの脱却

(1) 改革以前の中国経済

中国は、建国（1949年10月）以後、一貫して社会主義体制下の経済建設を遂行しており、これは現在でも変わりがない。しかし、生産関係の変革を重視するのか、生産力を優先するのかについて、路線上の対立があった。国民経済復興期（1949-1952年）および第1次5ヵ年計画期（1953-1957年）において、中国

第7章 中国の体制改革と日中経済関係

表7-1 国民収入および輸出入の年平均成長率　(%)

時期	国民収入	農業	工業	商業	輸出	輸入
1953-1957 (第1次5ヵ年計画期)	8.9	3.7	19.6	8.0	14.2	6.1
1958-1962 (第2次5ヵ年計画期)	-3.1	-5.8	1.8	-4.3	-1.4	-4.9
1963-1965 (調　整　期)	14.7	11.5	21.4	2.9	14.3	19.8
1966-1970 (第3次5ヵ年計画期)	8.3	3.0	12.3	9.3	0.3	2.9
1971-1975 (第4次5ヵ年計画期)	5.5	2.6	9.0	2.1	26.3	26.3
1976-1980 (第5次5ヵ年計画期)	6.1	0.7	9.2	7.6	20.3	21.2
1981-1985 (第6次5ヵ年計画期)	9.8	8.3	10.1	13.3	7.2	11.9

出所：国家統計局編『中国統計年鑑 (1987)』中国統計出版社、52頁。中国対外経済貿易年鑑編集委員会『中国対外経済貿易年鑑 (1987)』1126頁。

は、農業、手工業、私的資本主義工商業に対する社会主義的改造を基本的に完了した[1]。第1次5ヵ年計画期間中、国民収入[2]、とりわけ工業部門は、順調に成長した（表7-1参照。以下についても同表参照）。しかし、1957年には「反右派闘争」が拡大され、多数の知識人や幹部が右派分子とされてしまった。

1958年5月、党の第8回全国代表大会第2回会議で社会主義の総路線が採択され、「大躍進」運動や農村の人民公社化運動が進められた。しかしこの路線は客観的経済法則を軽視したものであり、自然災害や1960年7月のソ連の技術

---

1) 例えば、1946年において、工業総生産額の48.7%が私営企業、23.0%が個体企業で占められていたものが、1957年までには、前者が0.1%、後者は0.8%と激減した。これに対し、同期間、全民所有制企業は、26.2%から53.8%へ、集体所有制企業は、0.5%から19.0%へ、公私合営企業は1.6%から26.3%へと増大している（国家統計局編『中国統計年鑑 (1984)』中国統計出版社、1984年、194頁）。
またこの時期を含む中国経済体制改革の概観については、《当代中国》叢書編集委員会編『当代中国経済』中国社会科学出版社、1987年、第7章参照。
2) 国民収入には、農業、工業、建築業、運輸業、商業の生産高が含まれる。サービス業、教育科学文化衛生部門、国家行政管理部門、国防部門などの非物質生産部門は計算に含まれない。

者総引き揚げを含む対中援助の打ち切りなども相まって、国民収入は大幅に下落した。

1961年1月、党は国民経済に対して、「調整、強固、充実、提高」の方針を決め実施した。62年初頭、拡大中央工作会議で劉少奇は書面によって「大躍進」の経験を総括・批判し、続いて4月、右派分子とされた人々の名誉が回復された。こうして、生産力を優先した「調整期」において経済実績は回復した[3]。そして、1964年末から65年初めに開かれた第3期全国人民代表大会第1回会議において、周恩来総理が、国民経済調整の任務は基本的に達成され、中国経済は新たな発展の時期に入ろうとしており、中国を現代的農業、工業、国防、科学技術をそなえた社会主義の強国に築き上げるため努力しなければならないと宣言するまでに至った。

しかし一方、すでに1962年9月、党第8期10中全会において毛沢東党主席は、社会主義の全歴史段階にブルジョワジーが存在し、党内に修正主義が発生するだろうという見解を打ち出していた。1965年11月、姚文元の「新編歴史劇『海瑞罷官』を評す」によって文化大革命の序幕が始まり、1966年5月の中央政治局拡大会議以降「文化大革命」が本格的に展開されたため、周恩来の提起した「4つの現代化」の政策目標はそのまま置き去りにされてしまった。

1966年から75年は、第3次および第4次5ヵ年計画の時期にあたる。しかし、この時期の「計画」はただ綱要のみで完全な計画はなく、名目のみのものであった。政治やイデオロギー優先、それに国際関係の緊張するなかにあって、対外経済取引は縮小した。また国内においても、内陸部の工業化が重視されるなど、自給自足体制が固められた。ただしこの時期の後半に入ると、1971年7月のニクソン米大統領訪中発表のような外交政策の転換を見ることになり、対外経済関係は回復した。しかし、国内的には、全人民所有企業には自主権がなく、指令経済体制が維持されていた。中央政府から地方政府機構に対して権限を委譲するという分権化はなされたが、企業にまで決定権を与えることはなか

---

3)「大躍進期」と「調整期」の経済情勢については、柳随年・呉群敢『中国社会主義経済略史（1949-1984年）』北京周報社、1986年、第3部を、また文革期については同書第4部を参照。

った。「独立自主、自立更生、刻苦奮闘、勤倹建国」のスローガンのもと、毛主席の革命路線にのっとって経済建設を進めることが求められた。経済合理性を重視する考え方は資本主義を歩むものとして否定されていたのである。

「4つの現代化」の目標が再び提唱されたのは、1975年1月、第4期全国人民代表大会第1回会議においてであった[4]。1971年9月の林彪死亡のあとは、「4人組」からの攻撃にさらされつつも、周恩来国務院総理が毛沢東党主席の認可を得つつ政策運営の実権を掌握しており、外交政策の転換を行う一方で国内的には、「4つの現代化」の政策目標を再び提唱するに至ったのである。なお鄧小平は73年3月に復活、「4つの現代化」が再提唱された第4期全国人民代表大会第1回会議において副総理に任命され、重病の周恩来を支えた。

1976年1月、周恩来逝去、4月鄧小平再失脚、9月毛沢東逝去、10月「4人組」逮捕、77年7月鄧小平の再復活、同年8月党第11回全国代表大会における「文革」がすでに終結したという宣言、など新事態が相ついで生じた。この大会および第5期全国人民代表大会第1回会議（1978年2月-3月）の決議は、「4つの現代化」を目標としつつも、政策手段は旧来の精神主義に由来するものも多く、過渡的性格を持っていたと言えよう。

(2) 経済改革路線の決定——中国共産党第11期3中全会

経済建設が党の主要目標となり、また、建設を進めるにあたって価値法則を重視し労働に応じた分配を実施するといった現在の路線が定められたのは、1978年12月、党第11期中央委員会第3回総会においてであった。すなわち同総会において、「全党の活動の重点と全国人民の注意力を社会主義的現代化の建設に移す」という中央政治局の方針が承認された[5]。階級闘争の時期は去り、経済の時節が到来したのである。

---

[4] 「政府活動報告」（1975年1月17日採択）『北京周報』13巻4号、1975年参照。
[5] 「中国共産党第11期中央委員会第3回総会の公報（1978年12月22日採択）」（中国研究所編『新中国年鑑』1979年版、大修館書店、215-220頁）参照。

社会主義的現代化（農業、工業、国防、科学技術の「4つの現代化」）を実現させるためには、生産力の発展に照応しない管理方式、活動方式、思想方式を変えることが必要となる。その改革を支える根本理念となったのは、鄧小平により毛沢東思想の真髄として取り上げられた「実事求是」、すなわち、実践こそ真理を検証する唯一の基準であるという原則であった[6]。その原則に照らしたとき、当時の中国はもはや生産力の発展に照応しない硬直した管理体制下にあり、技術水準もまた世界の水準から大きく遅れていた。そこで同総会において次のような改革の方針が定められた。

　(イ)　当面は農業の発展を速めることに重点を置く。そのために、農民の物資的利益に配慮し、農産物価格の引き上げ、農業向け工業製品価格の引き下げを行う。また、農民の自留地、家庭副業、定期市を、社会主義経済を補完するものとして認める。

　(ロ)　農業に限らず、労働に応じた分配を行い、平均主義を打破する。

　(ハ)　経済法則および価値法則を重視する。

　(ニ)　国家の統一計画を前提としたうえで、地方と企業に経営管理自主権を持たせる。その際、党、行政機関、企業の権限と責任を明確にする。

　(ホ)　対外開放に関しては、自立更生をふまえて世界各国との平等・互恵の経済協力を積極的に発展させ、世界の先進技術と先進設備を努めて取り入れる。

　これら諸方針は、1961年から打ち出された調整期の政策と、農業重視、労働に応じた分配、価値法則の重視という点で似かよっている。しかし、今回の方針は分権化を政府機関内にとどめず、企業に自主権を与えようとする点で、市場経済に一歩近づいている。企業自主権を拡大し、企業に損益の責任を負わ

---

[6]　鄧小平は党の第10期3中全会ですでに、「党の指導思想はどうあるべきか……。延安の中央党学校で毛沢東同志がみずから揮毫した大きな4文字、『実事求是』であることなどがそれである……。毛沢東同志は徹底した唯物論者だ」と述べている（「毛沢東思想を全面的かつ的確に理解しよう（1977年7月21日）」『鄧小平文選（1975-1982年）』外文出版社、1984年、63-70頁参照）。なお、第11期3中全会の直前の中央工作会議では、この「実事求是」という理念を体系的に展開した。この講話が、事実上、第11期3中全会の基調報告となった（「思想を解放し、実事求是の態度をとり、一致団結して前向きの姿勢をとろう（1978年12月13日）」『前掲書』203-223頁参照）。

第7章　中国の体制改革と日中経済関係

せるようになるならば、価格体系が合理的なものでなくてはならない。価格体系さらには価格決定方式それ自体の改革への志向を、この方針は内包していると言えよう。

　また対外開放については、世界の先進技術と設備を「努めて」取り入れる、としている。従来行われてきたプラント輸入に加えて、ここではまだ明文化されていないものの直接投資導入の可能性を含んだ原則である。

　以上のように、第11期3中全会の決定は、従来の閉鎖的な指令経済を一変するものであった。ただし改革を指導する原則は、社会主義の定義を改変したのではなくして、「実事求是」という毛沢東思想の一側面に依ったという点で、社会主義建設を進めるにあたっての中国的な特色が見られると言えよう。「実事求是」という大原則によって改革のフリー・ハンドを得[7]、そのうえで、思想や政治など上部構造の革命にかたよっていた路線を、経済という下部構造重視の路線に引き戻したことに、本大会の意義があると考えられる。

Ⅲ　商品経済の容認

(1) 新路線下における改革の進展

　第11期3中全会の新路線下で、政治、経済両面の体制改革が進められた。1978年以降84年に至る時期の主な改革は次のとおりである。

　文化大革命の評価については、1981年6月中国共産党第11期6中全会における「建国以来の党の若干の歴史的問題についての決議」[8]で徹底的に否定された。文革は「大躍進」運動と同様、客観的な経済法則を無視したものであり、「指導者がまちがって引き起こし、……党と国家と各民族人民に大きな災難をもた

---

7) 毛沢東は「実践論」の中で、弁証法的唯物論の認識論は、実践を第1の地位に引き上げ、人間の認識は実践から少しでも離れることはできないと考えており、実践の重要性をみとめず認識を実践から切り離すすべてのあやまった理論をしりぞけると言っている。この観点を前面に打ち出せば、たとえ改革には反対である者も実事求是という理念に正面から反対しにくいことは充分考えられる（「実践論（1937年7月）」『毛澤東選集（第1巻）』外文出版社、1968年、419-441頁）。
8) 中国研究所編『新中国年鑑』(1982年版) 大修館書店、1982年、210-229頁を参照。

らした内乱である」と断定されている。

　国家体制に関しては、82年12月、第5期全人代第5回会議で新憲法が採択され、国家の性格を文革中の「プロレタリアート独裁」から1954年憲法の定義に戻し「人民民主主義独裁の社会主義国家」とされた[9]。この定義には、人民内部での民主を重んじるという含意があり、階級闘争よりも団結を重視した定義であると言えよう。また人民公社に替わって郷政府の設置が定められた。

　次に経済面では、当面の最優先課題であった農業発展の促進に関して、第11期3中全会で「草案」として提出されていた「農業の発展を速める若干の問題についての決定」が79年9月、第11期4中全会で正式採択され、山間僻地での各戸生産請負制が是認された。翌80年9月には、各省・市・自治区党委員会第1書記座談会が開かれ、ここにおいて農業生産責任制を公認した中央75号文件が作成され、83年末までに生産隊の97％以上が生産責任制を実施するに至った。改革により農業総生産額は79年から83年の年平均成長率7.9％と、過去30年間（1953-1983年）の4.0％に比して大幅に上昇した[10]。

　また83年10月、新憲法に基づき党中央および国務院は「政社分離を実行し郷政府を樹立することに関する通知」[11]を出した。84年、全国農村人民公社の解体と郷政府樹立が進められ、翌85年6月までには完了した。ここに農村の行政組織および生産方式は一変したのであった。

　企業自主権に関しては、1979年7月、国務院が「国営工業企業経営管理自主権の拡大に関する若干の規定」等を公布、翌80年7月までに自主権拡大実験中の工業企業は全国で16％に達したが、本格的な企業自主権の付与は、1984年5月、国務院が「国営工業企業の自主権を一層拡大することについての暫定規定」を公布した以降のことであった。それまで工場長責任制といっても党の指導下のそれであったが、同月、単独の工場長責任制に改革する実験が開始された。

　また財政面では、従来、国営企業の利潤は全額を国に上納していたが、1983

---

9)『北京周報』20巻4号、1982年、51頁参照。
10)『中国統計年鑑（1984年）』中国統計出版社、16頁。
11)「中共中央、国務院关于実行政社分开建立郷政府的通知」国務院弁公庁法制局編『中華人民共和国法規汇編（1983年1月-12月）』新華書店、1986年、82-84頁。

年6月より利潤上納制を納税制に改めて部分的に実施に入り[12]、さらに翌84年10月より全面的に実施した。これにより利潤を上げれば上げるほど、企業の手取り分は大きくなることになった。これは平均主義を打破し経済を活性化させるという点で画期的な改革であったと言えよう。

対外開放の面では、1979年7月、党中央および国務院が、広東・福建両省で対外経済関係に関し弾力的な措置をとることを決定、その具体的政策として、翌80年8月、深圳、珠海、汕頭、廈門で経済特区の実験を行うという国務院の提案を第5期全人代常務委員会が批准し、外資導入に踏み切った。また、1984年4月には、上海、大連、天津、広州など14都市を沿海開放都市として指定し、外資導入可能な地区を増やしたのであった[13]。

(2) 商品経済の容認――中国共産党第12期3中全会

このように、第11期3中全会の路線に沿って改革は進展した。しかし、農村の改革に較べて都市の改革が遅れており、企業自主権の本格的付与も1984年になってからであった。都市の経済改革を一層進展させるためにはどうしたらよいだろうか。また購買力が上昇してきた農村に、工業品を生産する都市企業（主要なものは大・中型の全人民所有制企業）が十分な供給を行えるであろうか。企業の生産能力や勤務している人々の生産意欲、さらに、農村と都市を結ぶ流通体制に問題はないだろうか。このような課題を抱えた時点で、第12期3中全会は、社会主義の新理念に裏づけられた経済改革の全般的構想を打ち出した。1984年10月の「経済改革に関する中共中央の決定」[14]がそれである。

---

[12]「財政部关于国営企業制改税試行弁法」および関連通知等、国務院弁公庁法制局編『前掲書』1986年、132-147頁参照。

[13] 経済特区および開放都市の概観については、王文祥編著『中国特区和十四開放城市』中国展望出版社、1986年を参照。なお、「経済特区」は、当初は「出口特区（輸出特区）」（保税地域である輸出加工区）という名称であった。しかし、1980年5月から国務院は「経済特区」を正式名とした。

[14]『経済体制の改革に関する中共中央の決定』外文出版社、1984年。以下、本項の引用文は同書による。

本決定は、第11期3中全会の路線に基づき、社会主義の根本的な任務は、「社会的生産力を発展させることであり、社会の富をますます増やして、人民の日ましに増大する物質的、文化的需要をたえず満たすことである」とする。そのための改革の柱として、企業自主権の拡大、計画体制の改革、合理的な価格体系の確立、対外・対内の経済技術交流の拡大が挙げられている。
　都市の工業企業の租税・利潤が財政収入の80％を超えるという状況にあって、企業の活力を強めることが、経済体制改革の中心に置かれている。国の計画と管理にしたがうという前提のもとで、企業を「相対的に独立した経済実体となり、自主経営と損益自己負担の社会主義的商品生産者および経営者となり、自己改造と自己発展の能力を持ち、一定の権利と義務を持つ法人になるようにする」ことにより、企業活力を高め、経済の活性化を図ろうとしている。行政機構と企業の職責を分離する一方で、企業の従業員の賃金および報奨金を企業の経済効率の上昇や本人の労働の成果と結びつけて支払うように改革する。これが企業改革の基本的方針であるが、それを実現するためには、計画体制、価格体系、国家機構の経済管理機能、労働および賃金制度など経済体制全般の改革が必要となるのである。
　ではどのような方向へ体制改革するのか。「価値法則を意識的に運用する計画体制を打ち立て、社会主義の商品経済を発展させよう」という方針が、本決定で示されている。商品経済の発展は、社会経済発展において不可欠の段階であり、中国経済近代化のための必要条件である。商品経済を十分に発達させてこそ、経済は活性化し、企業は社会の要求に迅速に対応できるとして、商品経済を肯定している。1978年の「公報」では、価値法則を重視し、農業副産物など商品生産を認めていたが、商品経済の肯定までは表明されていなかった。商品経済を明確に肯定し、さらに次に述べるように社会主義と商品経済との関連を定義づけることによって、直接的指令制から間接的経済管理体制への改革の道を開いたことに本「決定」の最大の特徴があると言えよう。すなわち本「決定」では、商品経済を計画経済と対立させる従来の通念を否定し、社会主義計画経済を「共有制をふまえた計画的な商品経済である」と定義している。社会主義経済と資本主義経済との区別は、商品経済の有無、価値法則いかんにある

のでなく所有制の異なる点にあると言い、社会主義計画経済下でも、価値法則に意識的に依拠しそれを運用すべきだとしている。具体的には、指令的計画は重要な経済活動および重要生産物の配分にとどめ、大部分の生産活動と生産物については、経済槓桿による指導的計画か、あるいは完全に市場メカニズムの調節によるべきであるとしている。

　価値は市場の需要関係を敏感に反映したものであるべきとされており、市場が肯定的に捉えられている点は注目に価する。すなわち、従来の指令経済から、市場経済を主体とし財政金融政策によって間接的に経済を管理していく体制への転換がここに踏み出されたのである。企業は、「市場において直接、広範な消費者による評定と検証を受け、優れたものは残り劣る者は淘汰されていく」というように、市場の需要側要因を重視している。ここからは、消費者主権の考え方さえ読み取れる。このように、「商品経済」を肯定したことは、価格改革を含む計画体制改革にとって、大きな意義を有するのである。

　次に対外開放の面では、対外貿易体制の改革、技術交流の促進、経済特区の発展と沿海都市の一層の開放が挙げられている。そして、「外資を利用し、外商を招きよせ、わが国で合資経営企業、合作経営企業、単独投資企業を設立させることも、……必要かつ有益な補完である」と、外資導入を肯定している。この方針は、第11期3中全会ではまだ明文化されていなかったが、その後、実施されており、本決定ではこのように明記されている。

　一方、対外開放する以上、国内においても経済の発達している地区と未発達の地区、沿海と内陸部と辺境地区、都市と農村、各業種、各企業の間で、封鎖を打破し門戸を開放すべきとしている。ここに、対外・対内両面で、国際・国内分業の利益をめざす姿勢が見られると言えよう。これら、第12期3中全会における「決定」の諸方針は、1986年4月、第6期全人代第4回会議で承認された「第7次5ヵ年計画」に具体的に盛り込まれて、現在（1988年）の中国経済体制改革および運営に直接的な影響を与えているのである。

Ⅳ 市場経済への傾斜

(1)「商品経済」容認のもとでの改革の展開

第12期3中全会の「決定」のあと、翌85年1月の農産物統一買い付け・割当買い付け制度の段階的廃止の国務院通達をはじめとして、3月には瀋陽市で企業破産制の実験開始、6月には党中央および国務院による国家機関の賃金制度改革案の通達など諸改革措置が相ついで出された。86年に入ると国務院は、1月に「銀行管理暫定条例」を、また3月には、「水平的経済連合を推進する若干の問題に関する規定」を公布するなど、金融改革、企業改革の方針を具体的に打ち出した。8月には、瀋陽で中華人民共和国成立以来初の企業破産警戒通告が伝達され、12月には、全国レベルで「企業破産法（試行）」が成立した。また、8月には同じく瀋陽に初の証券取引所が開設され、9月には上海に証券市場が発足した。10月には、「深圳経済特区国営企業株式化試行暫定規定」が、11月には瀋陽市で、「集団所有制企業株式制度試行規定」が公布された。物資も漸次豊かになり、11月、消費財749品目の価格統制が解除された。

対外開放の面では、1985年1月、国務院は、長江三角洲、珠江三角洲、閩南三角洲の3地域を新たに沿海経済開放区に指定、従来、点ないし点線であった開放地区が面の拡がりを持つに至った。翌86年4月には、「外資企業法」が採択された。また外国からの直接投資受け入れを一層促進するために、同年10月、国務院は、「外国投資奨励に関する規定」[15]を公布した。

1985年9月、中国共産党全国代表会議で「国民経済・社会発展第7次5ヵ年計画の策定に関する中共中央の提案」がなされて方針が示され、翌86年4月、第6期全国人民代表大会第4回会議で、具体的内容を含んだ同計画が定められた[16]。

---

15) この規定により、製品輸出企業および先進技術企業に対し、水、電気、輸送等の公益サービス供与、資金面、税制面等で一層の優遇が図られ、各省の投資奨励規定や国の投資・輸出入手続きの簡素化の規定とともに、外国直接投資の受け入れ促進に好影響をおよぼした（『中国経済関係法令集〔Ⅶ〕』日本国際貿易促進協会、1987年、113頁以下を参照）

16) 拙稿「『分業』の視点から見た中国第7次5ヵ年計画」『三田商学研究』30巻1号、1987年4月、参照。。

第7章　中国の体制改革と日中経済関係

　改革がこのように進展する半面、改革と開放のゆきすぎを懸念する見解が陳雲政治局常務委員から出された。85年9月、中国共産党全国代表会議における講話で陳雲は、「計画経済を主とし、市場調節を従とする言い方は、いまなお時代おくれとはなっていない」として、市場機構への大幅な依存をいましめた[17]。また1987年1月には、改革の先頭に立っていた胡耀邦総書記が辞任するという事態が生じ、改革の進展についての懸念が一部で持たれた。しかし、1987年11月、中国共産党第13回全国代表大会が趙紫陽報告を採択したことによって、改革の理念は、また一歩の前進を見た。それは、中国社会が置かれている歴史的段階は現在、「社会主義の初級段階にある」という認識である。

(2)「社会主義の初級段階」の沿革とその概念

　中国の社会主義制度がまだ初級段階にあるという論断を中国共産党中央が初めて打ち出したのは、1981年発表の「建国以来の党の若干の歴史的問題についての決議」[18]の中とされている[19]。この文書は、建国後32年間の歴史に対する評価を行い、文化大革命を全面的に否定し、1978年12月開催の第11期3中全会を党の歴史上、偉大な転換点であると位置づけている。同中央委員会総会は、「階級闘争をカナメとする」というスローガンを社会主義社会には合わないものとして使うことをやめ、活動の重点を社会主義的現代化の建設に移す決定を行った。これを中心とした同総会における諸決定を本決議では、「党がマルクス主義の思想路線、政治路線、組織路線をふたたび確立したことを示している」と評価している。このように1981年の「決議」は、第11期3中全会の路線および「実事求是」という改革にあたっての一般理念の意義を、党の歴

---

17) 陳雲「中国共産党全国代表会議における講話」『中国共産党全国代表会議文献集（1985年9月18日-9月23日）』外文出版社、1985年。
18)「建国以来の党の若干の歴史的問題についての決議」中国研究所編『新中国年鑑（1982年版）』中国研究所、1982年、210-229頁。なお以下の本項の引用文は同書による。
19) 戴延年「社会主義の初級段階について」『北京週報』25巻24号、1987年6月16日、4-5頁参照。この論説の発表日から考えて、87年6月には社会主義の初級段階という概念が構成されつつあったと見られる。

史段階において位置づけたという点で重要な文書であったと評価できよう。

　中国の歴史段階については次のように述べられている。「われわれの社会主義制度はいまなお初級の段階にあるとはいえ、わが国がすでに社会主義制度を打ち立て、社会主義社会に入っていることには、何の疑いもない。……もちろん、われわれの社会主義制度が比較的不完全なものから比較的完全なものになるには、どうしても長い過程を経なければならない。だからこそ、われわれは社会主義の基本制度を堅持する前提のもとで、生産力発展の必要と人民の利益に合わない具体的制度を改革することに努め、社会主義を破壊するすべての活動と断固たたかうことが要求されるのである」。またこうも述べている。「社会主義的生産関係の発展には、固定したモデルがあるわけではない。われわれの任務は、わが国の生産力の発展の要求に基づき、各段階でそれに適した、また前進を続けるのに役立つ生産関係の具体的形態をつくりだしていくことである」。

　このように、「社会主義の初級段階」という見解は、すでに1981年に出されており、制度が未だ不完全であるがゆえに改革が必要であるとして、改革の根拠にもなっている。しかし「初級段階」の明確な概念もまた改革の内容も明らかにされていない。それらは、1984年の第12期3中全会で、社会主義の理念が定められて初めて導かれるものであった。第11期3中全会の路線と一般改革理念を正当化したものが81年の「歴史決議」であるとすれば、その路線のもとで打ち出された社会主義の理念を中国社会主義発展の歴史段階において正しく位置づけ、かつ改革の展望を示したのが、1987年の中国共産党第13回全国代表大会における趙紫陽報告である。次にその報告における「社会主義初級段階」について検討しよう。

　社会主義の初級段階とはどのような歴史段階であろうか。

　中国が生産力の立ち遅れ、商品経済の未発達という条件のもとで社会主義を建設するとき、どうしても通らねばならぬ特定の段階である、と言う[20]。

20）趙紫陽「中国の特色を持つ社会主義の道に沿って前進しよう（1987年11月25日）」『北京週報』25巻45号に掲載。なお、以下本項の引用文は同報告による。

第7章　中国の体制改革と日中経済関係

　中国は1950年代に生産手段私有制の社会主義的改造を基本的に達成した。そのときから将来、社会主義現代化を達成するまでの少なくとも100年を要するが、この期間はすべて社会主義の初級段階である。その段階は、社会主義の経済的土台がまだ築かれていない過渡期とも異なるし、社会主義現代化が達成された段階とも異なる。ここにおける主要な矛盾は、「人民の日ましに増大する物質的・文化的需要と立ち遅れた社会的生産とのあいだの矛盾」である。

　したがって、その矛盾を解決するためには、商品経済を大いに発展させ、労働生産性を高め、工業、農業、国防、科学技術の現代化を実現しなければならない。そのために、生産関係と上部構造の中の生産力の発展に照応しない部分を改革しなければならない。このように、初級段階は、必然的に改革の段階でもある。

　この命題には2つの意味が含まれているという。

　第1に、中国社会はすでに社会主義社会であること。したがって社会主義から離れてはならず、「4つの基本原則」（社会主義への道、人民民主主義独裁、中国共産党の指導、マルクス・レーニン主義と毛沢東思想）を堅持しなくてはならない。

　第2に、中国の社会主義社会は、まだ初級段階にあり、この段階を飛び越えてはならない。中国の生産力水準は、「発達した資本主義国よりもはるかに低い。そのため、他の多くの国が資本主義の条件のもとで達成した工業化と生産の商品化、社会化、現代化をわれわれが達成するには、どうしても非常に長い初級段階を経なければならない」。したがって、生産力の大規模な発展を図るために、この段階を通じて改革と開放を堅持しなければならないのである。

　この「4つの基本原則」は「立国の根本」であり、「改革・開放」は、第11期3中全会以来の「党の路線の新たな発展」であり、「たがいに浸透し依存し合って、中国の特色を持つ社会主義の建設という実践に統一されている」という考え方が本報告において示されている。

　以上のように、社会主義の「初級段階」ということから、生産力の発展のために商品経済を大いに発展させねばならないという方針が導かれている。1981年の「歴史決議」では「社会主義の商品生産と商品交換とを大いに発展させね

ばならない」としていた。1984年の「決定」において「商品経済」が公式に容認された。そして今回は、商品経済も大いに発展させようとするのである。体制改革の方向として商品経済を一層発展させようとしていること、商品経済の発展には長い時間を要することを認めていること、また、「4つの基本原則」を堅持しつつ「改革・開放」の必要性を統一的に把握したこと——「社会主義初級段階」という認識の意義はこのような点にあると考えられる。

(3) 改革の構想と注目すべき点

中国共産党第13回全国代表大会の趙紫陽による「報告」では、この路線に基づいて、経済発展戦略ならびに体制改革についての詳しい構想が提示されている。

経済体制の中心になるものは企業であり、所有と経営の分離という原則に基づいて、企業を名実ともに自主権と損益自己責任の主体とすることが改革の第1に挙げられている。企業を損益自己責任の主体とする以上、市場が整備されなくてはならない。市場には消費財や生産財の市場のみならず、資金、労務、技術、情報、不動産などの市場も含まれるべきであるという。

市場の役割が増大するならば、国の経済管理体制も、直接的指令経済の領域を縮小し、間接管理を主とするマクロ経済調節の体系を整備しなくてはならない。財政・租税体制の一層の整備とともに金融制度の充実がそれゆえ不可欠なものとなる。

このような市場体系および経済管理制度のもとで自主権を持った企業が経営活動を行えば、当然成績のよいものと悪いものに分化していく。本大会では公有制を主体としつつも個体経済や私営経済もその発展を奨励すべきであるとして、引き続きさまざまな所有制経済を容認している。私営経済、中外合資経営企業、合作経営企業、100％の外国所有企業も「公有制経済の必要かつ有益な補完物」と積極的に肯定している。当面は、生産力の発展に寄与する所有形態は積極的に容認するという方針がうかがえる。

一方、国内企業の連合も積極的に勧めている。従来の行政の枠を越えて自主

権を持った企業同士が連合することによって、情報の交換、流通の促進、分業体制の再編成などを通じて利益を得ようとするのである。最後に分配方式については、賃金のほか、利子、配当、経営者への賞与なども法令の範囲内で許されるとしている。

　社会主義経済は計画的な商品経済であると定義し、中国は社会主義の初級段階にあるという歴史認識に立ったとき、生産力の発展という目標達成のために打ち出された改革の構想は以上のようなものである。中国は大きな政治変動のない限り当面は構想にしたがって改革を進めていくであろう。したがって、本構想の注目すべき点にここでふれたあと、第Ⅴ節では、本構想が実現していくことにより、中国の対外経済関係にどのような影響が生じるかを検討したい。

　本構想中、特に注目すべき点の第1として、商品市場のみならず生産要素市場、とりわけ労務市場や不動産市場を容認していることが挙げられる。労働力は商品ではないと第12期3中全会の「決定」にも明記されており、この原則は現在（1988年）も変わっていないが、労務サービスの市場を事実として認めることになった。生産要素市場が確立していなければ、いくら企業に自主権が与えられても合理的な費用計算はできない。企業の自己損益責任制を確立するためには、商品・生産要素の両市場で価値を反映した合理的な価格が成立していることが不可欠であるゆえ、これは適切な改革である。第11期3中全会以前には生産財市場をも否定する見解が支配的であったことを思えば大変な進歩である。しかし、労働力市場の容認とマルクス経済学における「搾取」の概念とを統一する理論を出すことは、理論界の今後の課題であろう。当面は、「社会主義の初級段階」という歴史認識がこの未統一を容認する根拠となると考えられるけれども……。

　第2に、私営経済を公式に認めた点である。雇用労働を基礎とする私営経済は資本主義的性格を持つ経済であるが、それにもかかわらずこれを認めた。中国の規定では8人以上の企業は個体経済ではなく賃労働の雇用関係が存在する私営経済の企業と見なされるが、成績のよい個体経済は私営経済の企業へと成長するものが多い。これを抑えず発展させることによって経済の活性化を図り生産力を上昇させようと中国当局者は考えたうえでの決定と思われる。私営経

済を認める根拠として、社会主義公有制のもとでは全人民所有経済が主体でありそれに私営経済も強く影響されていること、国民経済に占めるウエイトが小さく今後発展したとしてもその地位は変わらない、などの理由が挙げられている。しかし根本は、現在、社会主義の初級段階にあることが容認の根拠となっている。この私営経済の発展はこの段階論によって容認されたものの、私営経済における資本蓄積を肯定することと「搾取」との理論的統一がいずれ必要となろう。

　第3に、シュムペーターが資本主義経済発展において企業家職能を重視したことと同様、中国における社会主義発展においても企業家の役割を重視している。また、株式制度を「社会主義企業における資産組織方式の1つ」として容認している。このように、資本主義経済発展において成功したと見られる制度を積極的に導入しようとしている点も注目される。これらについても社会主義理論における位置づけが必要となろう。

　第4に、競争市場を肯定し、分業と市場の関係を明確に捉えている点が挙げられる。すなわち、「閉鎖された市場では、国内の合理的分業の発展や国際貿易促進に不利である」としている。この見解は第12期3中全会でも見られたが、より明言されている点に特徴がある。

　なお初級段階における戦略目的としては、国民総生産額を第1段階で1980年の2倍に、第2段階ではさらに2倍にする。現在（1988年）は第2段階にあり、20世紀末までにその目標を達成する。第3段階は21世紀中葉までに1人あたり国民総生産額を中進国の水準にまで引き上げるものとされている。

　第2段階の現在にあっては、経済活動の効率の引き上げが特に重要な課題である。そのために、科学技術と教育事業の発展、資源の最適配置、体外的な経済技術交流の発展がその主要な戦略として挙げられている。

　1978年以来の改革路線は、1984年に「計画的商品経済」という理念の掲示により商品価格が市場の需給によって定まることを容認した。そしてさらに、1987年、この歴史段階認識に基づき、私営経済まで含めた多様な所有制の容認、労務を含む生産要素市場の容認に至ったのである。改革の実施にはさまざまな障害があるだろうが、思想的には、以上のように1つの到達点に達し、市場経

済を基本とした体制への改革が進められることが、明確となったのである。

V 社会主義の初級段階における日中経済関係

(1) 改革の方向と対外経済関係

社会主義初級段階の第2段階は、西暦2000年ごろまでとされているが、この段階における中国の対外関係はどのように展開していくだろうか。本節では、歴史認識が改革におよぼす影響を前節に続いて見つつ、改革が日中関係を含む対外経済関係にどのような関わり合いを持つか検討したい。

第1は前節で見たように、「商品経済」の積極的肯定により、市場の役割が一層高まったことが挙げられる。中国当局者によれば現在(1988年)、経済全体に占める国家計画経済の割合は50%であるが、2、3年後には30%程度にまで低下する見込みとのことである[21]。社会主義という政治路線は不動であっても、経済の運行機構においては、もはや資本主義国の市場経済と大差なくなるわけである。改革の効果が上がり生産力が上昇し所得が上昇するとともに選択の多様化への欲求が高まる。その結果、需要の動向を無視できなくなり、今後一層市場機構に頼らざるをえなくなると考えられる。市場機構が整備されるにつれて、資源配分の適正化による生産要素効率の増大がもたらされると期待される。

市場経済移行の持つ対外経済関係の影響は、貿易面で比較生産費原理に適合した資源配分がなされることである。このことにより中国は交換の利益のみならず特化の利益も貿易を通じて得ることになろう。

また投資面では、労働市場が整備されることにより、労働の限界生産力を反映した資金が支払われるならば、対中直接投資が促進されよう。労働豊富な中国へ労働集約的な産業分野の直接投資を行おうとしている外国企業は、潜在的には多いはずである。しかし、現在は、外資企業ないし合営企業が支払う賃金はその企業の労働者が受け取る賃金の2倍以上である[22]。税制、社会保険制度

---

21) 『北京週報』25巻49号、1987年、9頁参照。

が整備され、一方で競争的労働市場が成立し中国国内の賃金が労働生産性を反映したものになれば、二重価格とも見える賃金体系は是正されるであろう。そうなれば、経済効率と採算を重視する外国直接投資は、一層増大すると予想される。それによって雇用の促進、技術力や経営能力の増大がもたらされ、経済発展によい効果を及ぼすであろう。

　第2に、初級段階は、1950年代中ごろから約100年間という長い期間かかるとしている点について検討しよう。沿海の経済特区や対外開放都市に比べて、内陸部ではまだまだ商品経済は未発達である。交通通信施設をはじめとする社会的間接資本の充実、農村の所得水準の上昇、商品流通体制の改革等々には、いずれも長い期間を必要とする。中国各省、各地区の発展格差を直視し、そのうえで、無理な目標を掲げず実現可能性を持つ目標に向かって長い時間をかけて漸進するという方針に基づいた合理的な期間設定であると評価できる。当面2000年までは、第7、8、9次5ヵ年計画期に相当するが、第7次5ヵ年計画で初歩的に打ち出された東部沿海、中部、西部のように地域的特性に応じた経済戦略の遂行、企業の発展を行政的枠組で抑えないための経済区の構想、輸出産業育成、外資の導入などの諸方針に基づく諸施策を徐々に確実に実行し、8次以降の計画に受けついでいくことが必要であろう。また雇用面では第3次産業に吸収するだけでなく、第2次産業においては労働集約型産業の育成を図ることが必要である。直接投資の受け入れも先端技術産業に優先順位を置くだけでなく、労働集約型産業への投資も大いに歓迎すべきであろう。それは、輸出産業の育成という方針に当面大きな効果があると期待されるのである。

　第3点として、中国が商品経済を肯定したうえで産業革命という概念を用いている意味は大きい。先進資本主義諸国の近代化の経験から教訓を得ることが可能になったからである。すなわち、資本主義の発達過程と同様、社会主義現

---

22) 中国側の説明では、その差額は食糧・食油等の価格の逆ざや相当分や、労働者の家賃、暖房、子女教育、帰省休暇、交通等についての諸手当や労働保険等の分であり、それを差し引いて支給するとのことである（初保泰『中国への投資——百問百答』外文出版社、1987年、116-117頁参照）。しかしこれら諸手当は、企業が支給する賃金から、明細がわかる形で差し引かれるべきであろう。

第7章　中国の体制改革と日中経済関係

代化の過程においても、商品経済の発達を中心に置くのであれば、中国の発展も局地的分業から地域間分業へ、そして統一的な国民経済の形成へという歴史的経験に沿った過程を経ると予想される。局地的分業の発達のためには、農業部門が大きな役割を占める近代化以前の経済においては、まず農村に生産力の余剰が生じなくてはならない。この意味で、第11期3中全会において、まず農業の発展を早めるという方針を定め、それに基づく施策を打ち出したことは実に適切な方策であった。第13回全国代表大会（1987年）の趙紫陽報告では、この9年間の成果の1つとして、8,000万人にのぼる農民が農外産業に従事したと述べている。中国では、農村から都市への移住は制限されているから、このことは、農業生産力の上昇により農村に経済的余剰が生じ、局地的分業が発達してきた証左と解される。同報告ではまた地域の「相互の開放と平等な交換を通じて、合理的な地域的分業と地域経済を形成できるようにしなければならない」としている。このことは、局地的分業がすでに発達しているならば、工業化が地域間分業と結びついた形で促進されるわけであり、本方針は正しいものであると評価できる。

　日本は幕末の開港以降、西欧諸国に遅れて近代化の過程を歩んだ国である。その過程における経験が、中国の現代化政策に参考になることは十分予想される[23]。ただし、中国は社会主義という国是からして、資本主義国の資本の蓄積過程において生じたような労働者の生活状態の悪化を避けつつ、産業革命をなしとげようとしていると見られる。その意味からも、近代化実現には長い期間を要するとしていることは、現実的な考え方であると言えよう。工学から歴史学までを含む広範な日中学術交流の意義は、今後一層大きいものになると言えよう。

　最後に、「4つの基本原則」と「改革・開放」の堅持を統一的に把握するという方針が、対外関係に及ぼす影響について考えよう。

---

23) 山本登慶應義塾大学教授を中心に、日本の経済近代化の経験が発展途上国の近代化に役立つのではないかという共同研究が1960年代中葉に数年にわたって続けられた。その成果の1つに、矢内原勝編『近代化の条件』ダイヤモンド社、1970年があるが、いまや中国研究も同様な視角から取り組むことが可能になったと考えられる。

対内的には、社会主義の堅持と改革開放政策が矛盾しないということを明らかにしたことにより、硬直化した思想を克服し改革・開放を進めていく理論的根拠を与えた。一方、対外関係については、少なくとも理論上は、ソ連との対立がなくなったと言えよう。1960年6月、社会主義諸国共産党・労働者党代表者ブカレスト会議の席上、フルシチョフをはじめとするソ連共産党代表団が、中国共産党の理論および内外政策を批判した。そのときに端を発し、1963年以降特にはげしくなった「中ソ論争」で、社会主義の路線についての応酬がなされた。しかし、いまや中国、ソ連ともに改革路線をめざしており、路線上の大きな対立点は解消したと考えられる。ただし中国は、1974年4月、国連特別総会で鄧小平代表によって提起された「3つの世界論」[24]で展開された反覇権主義の立場を堅持している。「2つの超大国は現代における最大の国際的搾取者、抑圧者である。……他国をあなどる点では、社会主義の旗をかかげた超大国が特に悪らつである」という同総会での発言はいまなお変更されていない。とはいえ、最近（1988年時点）ではソ連を非難する声明は消え、中ソ関係は修復されつつある。

　対外貿易の面でも、表7-2および表7-3に見られるように輸出入とも両国でシェアを増しつつあり、対外経済関係面でも回復のきざしが現れたと言えよう。

　一方で資本主義諸国との対外経済関係は、開放政策により進展しつつある。同表によれば、日本との関係は、輸入面で大きく変動し、輸出面で最近減少しているものの80年代前半を通じて両面で緊密な関係にある。アメリカ合衆国とは輸入面で83年以降割合を減じているが、輸出市場としては徐々に重要度を増している。西ドイツとの関係は緊密さを加えており、とりわけプラントをはじめとする輸入面で重要な取引先となってきている。

　アジアとの関係もまた増大している。とりわけ香港との貿易は、華僑資本による対中直接投資が中国の輸出産業に向けられていること等を反映して、ますます増大している。また、1965年以来途絶えていたインドネシアとの直接貿

---

[24]「国連特別総会における鄧小平中国代表団長の発言（1974年4月10日）」中国研究所編『新中国年鑑（1975年版）』大修館書店、186-190頁。

第7章 中国の体制改革と日中経済関係

表7-2 中国輸出市場の地域別・主要国別分布　　　　　　　　　　(%)

地域・主要国	1980	1981	1982	1983	1984	1985	1986
工　業　国	44.7	44.0	42.9	42.2	41.9	41.7	39.0
アメリカ合衆国	5.4	7.0	8.1	7.8	9.3	8.5	8.4
日　　　本	22.2	22.1	22.0	20.4	20.8	22.3	15.1
西　ド　イ　ツ	3.9	3.9	3.5	3.9	3.1	2.7	3.2
イ　ギ　リ　ス	3.1	1.9	1.4	2.7	1.3	1.3	4.6
発　展　途　上　国	49.5	52.8	53.9	53.8	53.5	51.8	54.2
ア　フ　リ　カ	2.7	3.2	3.5	2.4	2.2	1.5	1.8
ア　ジ　ア	36.0	34.6	33.0	34.6	37.7	39.2	41.2
香　　　港	24.0	24.5	23.7	26.2	26.5	26.2	31.2
ヨ　ー　ロ　ッ　パ	4.2	2.7	2.5	2.4	2.0	2.8	3.3
中　　　東	4.4	9.9	12.5	12.4	9.8	6.5	6.7
中　　南　　米	2.2	2.5	2.4	2.0	1.8	1.8	1.2
ソ　連　等	5.8	3.3	3.2	3.9	4.5	6.5	6.7
ソ　　　連	1.3	0.6	0.7	1.4	2.4	3.8	3.9

注：算出方法は，$\dfrac{\text{地域別または各国別貿易額}}{\text{世界貿易額}} \times 100$

　　：発展途上国に掲げてあるヨーロッパは，ギリシャ，ハンガリー，ポーランド，ポルトガル，ルーマニア，トルコ，ユーゴ等である。

資料：IMF, *Direction of Trade Statistics Yearbook*, 1987より算出。

易が85年7月に再開されるなど，対外通商関係の多角化が進んでいる。

　以上を考え合わせれば，中国は今後も第三世界の一員として自国を位置づけたうえで，東側とも西側とも良好な国際関係を保とうとする，いわば「全方位外交」を展開するものと考えられる。この趨勢のなかで日中経済関係は従来のような圧倒的シェアを保つことは徐々にむずかしくなるかも知れない。しかし，対中直接投資の進展，中国経済の発展とともに，絶対額ではますます増大するものと予想されよう[25]。

---

25) 香港資本が対中直接投資を行い，中国で部品または製品を製造し，再び香港に戻したうえで第三国へ輸出するという形の取引が最近急増している。対中直接投資額と中国・香港間の貿易額がこうしてともに増大するのである。例えば，John C. Hsu, "Hong Kong in China's Foreign Trade: a Changing Role," A. J. Youngson ed., *China and Hong Kong-The Economic Nexus*, Oxford University Press. 1983, pp. 156-183を参照。

表7-3　中国輸入市場の地域別・主要国別分布　　　　　　　　　　(%)

地域・主要国 \ 年	1980	1981	1982	1983	1984	1985	1986
工　業　国	73.6	74.4	68.2	68.1	69.0	70.1	66.3
アメリカ合衆国	19.6	21.6	22.7	12.9	14.8	12.2	10.8
日　　　　本	26.5	28.6	20.6	25.7	31.0	35.7	28.6
西　ド　イ　ツ	6.8	6.2	5.1	5.7	4.9	5.8	8.3
イ　ギ　リ　ス	2.8	1.1	1.4	2.6	2.0	1.8	2.3
発　展　途　上　国	20.7	19.7	22.9	24.6	24.7	25.3	27.1
ア　フ　リ　カ	1.5	1.1	1.4	1.5	1.2	0.7	0.6
ア　ジ　ア	8.7	10.9	13.4	12.7	16.0	16.7	18.8
香　　　港	2.9	5.7	6.9	8.0	10.9	11.2	12.8
ヨ　ー　ロ　ッ　パ	5.1	3.4	3.5	3.0	3.1	3.2	3.7
中　　　東	1.8	1.0	1.4	1.4	1.1	0.5	0.3
中　　南　　米	3.7	3.3	3.2	6.1	3.4	4.3	3.6
ソ　連　等	5.7	3.4	6.3	5.9	5.4	4.5	5.8
ソ　　　連	1.4	0.7	1.3	2.1	2.6	2.4	3.4

注：工業国、発展途上国、ソ連等を加えて100％に満たない年は、この合計以外に「輸入先不明」の割合が大きい。例えば、1981年2.8％、82年2.0％、83年2.0％となっている。
出所：表7-2と同じ。

(2) 日中経済関係の展望

　友好貿易（1960年以降）、LT貿易（1963年以降）およびそれを引き継いだ単年度ごとの覚書貿易（1968年以降）の方式で60年代、拡大基調ながらも細々と続けられてきた日中貿易は70年代に入ると飛躍的に増大した。輸出入合計額が、1960年にはわずか2,350万ドル弱であったのが、63年には1億3,700万ドルを超え、69年には6億2,500万ドル、そして72年には11億ドルとなった。ちなみに、80年以降さらに拡大し81年に103億8,700万ドルと100億ドルの大台に乗り、86年には155億800万ドルに達している（表7-4参照）。

　70年代以降のこのような急増の要因として、中国の対外政策の変化を挙げねばならない。1971年7月、ニクソン米大統領が翌年中に訪中するとの発表があり、米中関係は一挙に好転、また同年、国連第26回総会で、中華人民共和国が中国代表権を得た。このような情勢下で1972年9月、田中角栄首相が訪中、「日中共同声明」により両国の国交が回復した。

表 7-4　日中貿易の推移　　　　　　　　　（単位：1,000 ドル）

年	対中輸出	対中輸入	合計	年	対中輸出	対中輸入	合計
1950	19,633	39,328	58,961	1969	390,803	234,540	625,343
1951	5,828	21,606	27,434	1970	568,878	253,818	822,696
1952	599	14,903	15,502	1971	578,188	323,172	901,360
1953	4,539	29,700	34,239	1972	608,921	491,116	1,100,036
1954	19,097	40,770	59,867	1973	1,039,494	974,010	2,013,504
1955	28,547	80,778	109,325	1974	1,984,475	1,304,768	3,289,243
1956	67,339	83,647	150,986	1975	2,258,577	1,531,076	3,789,653
1957	60,485	80,483	140,968	1976	1,662,568	1,370,915	3,033,483
1958	50,600	54,427	105,027	1977	1,938,643	1,546,902	3,485,545
1959	3,648	18,917	22,565	1978	3,048,748	2,030,292	5,079,040
1960	2,726	20,729	23,455	1979	3,698,670	2,954,781	6,653,451
1961	16,639	30,895	47,534	1980	5,078,335	4,323,374	9,401,709
1962	38,460	46,020	84,480	1981	5,095,452	5,291,809	10,387,261
1963	62,417	74,599	137,016	1982	3,510,825	5,352,417	8,863,242
1964	152,739	157,750	310,489	1983	4,912,334	5,087,357	9,999,691
1965	245,036	224,705	469,741	1984	7,216,712	5,957,607	13,174,319
1966	315,150	306,237	621,387	1985	12,477,446	6,482,686	18,960,132
1967	288,294	269,439	557,733	1986	9,856,178	5,652,351	15,508,529
1968	325,439	224,185	549,624				

出所：中国研究所編『新中国年鑑（1987年版）』大修館書店、243 頁。

　これにより、覚書貿易は1973年度を最終年度とすることとなった。72年12月、輸銀資金使用第1号プラントが輸出された。74年1月には、日中貿易協定が締結され、両国は税制および諸手続き面で最恵国待遇を与え合うこととなった。78年2月、貿易の安定的拡大をめざして「日中長期貿易取り決め」が調印された。これは、日本からは、プラント、技術および建設用資材等を輸出、中国からは、原油、石炭を輸出することを内容とした8ヵ年（1978-1985年）の協定であった。同年8月「日中平和友好条約」が調印され、これを機に「長期貿易取り決め」の枠は、さらに5年間、1990年まで延長されることとなった。このようにして、日中貿易は、73年以来、とりわけ78年以降は、一段と拡大してきている。

　その拡大要因の第1に、前述の中国の対外政策の変化に対応した日中国際関係の緊密化が挙げられよう。過去の両国貿易の歴史をふり返ったとき、政治的

要因がいかに両国貿易関係を阻害したかは一目瞭然である。日中国交回復(1972年)、「日中平和友好条約」調印 (1978年) というように、両国の政治的・外交的関係が正常化されたことにより、経済的要因を抑制していた政治的要因が取り除かれた効果は大きかった。

第2は、経済近代化を推進しようとする中国にとって、工業国日本は補完関係にあることである。現状では、中国は、労働および自然資源豊富国、一方日本は、資本および技術豊富国と規定できよう。そのことは、中国から日本への輸出品では、原油、食料品、繊維製品などの構成比が高いのに対し、日本から中国への輸出品は、機械機器、鉄鋼など重工業品が圧倒的に多いことにも現れている。中国の経済建設の進展とともに、当分この関係は続くであろう。ただし、近代化の進展とともに1人あたりエネルギー消費量が増大するため、中国からの原油輸出は減ると見られ、その分、中国は繊維製品のような労働集約財の輸出拡大に力を入れる必要が生じよう。

第3は、対中円借款供与のように、経済協力の進展が挙げられる。1979年12月、大平正芳首相は訪中の際、円借款の事前通報を行った。これは西側先進国中最初の対中円借款供与であり、これをきっかけとして諸外国も資金協力を開始した。国際機関も、81年に世界銀行が、87年にアジア開発銀行が資金協力を開始したが、審査方法、手続き関係等についてこれら機関から問い合わせが相つぐなど、日本が世界に先駆けて借款供与に踏み切った意義は大きかった[26]。第1次円借款 (1980-1983年度) 3,000億円を供与したのに続いて現在 (1988年) は第2期に入っており、1984年度から89年度の間に、総額4,700億円の供与が予定されている。1987年9月にはこれとは別に1,000億円の特別円借款を供与、また88年には第3次借款供与への具体的検討に入るなど、事業計画の進行を上回る速さで供与がなされている。他方、プラント輸出への輸銀使用は、日中国交回復直後の72年12月に認められたことは前述のとおりである。このような円借款、輸出延べ払い資金の供与は、重工業製品を主体とする対中輸出を一層

---

[26] 丹呉圭一「対中円借款の回顧と展望」『中国経済』(1987年10月号) 日本貿易振興会、1987年、30-43頁参照。

表7-5　国・地域別対中直接投資実行額　　　　（各年末）
(単位：1万米ドル、%)

	84年		85年		86年	
	金額	シェア	金額	シェア	金額	シェア
香港・マカオ	74,753	52.7	95,568	48.9	132,871	59.2
アメリカ合衆国	25,625	18.1	35,719	18.3	32,617	14.5
日本	22,458	15.8	31,507	16.1	26,335	11.7
オーストラリア	40	0.03	1,436	0.7	7,877	3.5
フランス	2,016	1.4	3,254	1.7	4,363	1.9
英国	9,797	6.9	7,135	3.6	3,526	1.6
イタリア	1,800	1.3	1,938	1.0	2,940	1.3
西独	756	0.5	2,414	1.2	2,691	1.2
オーストリア	0	0	0	0	2,175	1.0
シンガポール	120	0.08	1,013	0.5	1,362	0.6
合計	141,885	100	195,615	100	224,373	100

出所：『ジェトロ白書・投資編（1988年）』414頁。

促進したのであった。

　一方、日本からの対中直接投資については、中国側の経済特区の建設や外国直接投資の優遇政策の実施にもかかわらず、諸外国に較べて大きな拡大は見られなかった（表7-5）。しかし対外経済法規の整備、体外開放政策の定着、円高基調などにより、昨年（1987年）には多額の対中直接投資が行われた。補完的な生産構造にある日中両国ゆえ、中国経済近代化の進展とともに、工業面における分業体制が徐々に確立していくものと考えられる。それとともに、対中直接投資は今後大幅に増大していくであろう。単なる貿易関係でなく、経済協力および直接投資の面でも一層の交流の深まりが見込まれるのである。

VI　むすび

　指令経済から市場経済への転換——社会主義国中国にとってこの決断を支えたのは「実事求是」という改革理念であり、「計画的商品経済」という社会主義の理念であった。そして、さらに、「社会主義の初級段階」という歴史段階認識であった。これらの路線、理念、歴史認識を基本として、いま中国は、大きな転換期を乗り切ろうとしている。その際、社会主義的現代化の実現のため

に、資本および技術豊富国である日本と労働および潜在的に自然資源豊富国である中国は、たがいに協力しあえる側面が大きいと考えられる。相互の政治理念を尊重しつつ、日中両国がたがいに協力し、ともに平和裡に発展していくことは、アジアの、そして世界情勢の安定に寄与するところ大であると言えよう。そしてその情勢こそが、中国の遥かなる近代化への歩みを可能とするのである。

第8章

中国の対外開放政策と東南アジア貿易

I　はじめに

　東南アジア諸国にとって、中国の存在とその影響力は歴史的・文化的に大きなものであった。しかし、中華人民共和国の成立以降、両者の通商関係は、それほど深いものでなかった。それは両者の国民所得水準が低かったことに加えて、経済体制が相違していたからである。社会主義経済体制を採る中国は、基本的には国内の需給均衡を図る計画経済を旨としており、外貨獲得源として輸出を必要としたが、輸出それ自体を通じて経済発展を実現しようという意図は、長く見られなかった。したがって対外貿易の規模も大きなものでなかった。

　ところが、1978年12月、中国共産党第11期中央委員会第3回総会において、対外開放・経済体制改革の新路線が確立されてから、対外貿易は急速に拡大してきた。その傾向は、東南アジア諸国との貿易取引にも、同じく見られる。

　本章では、中国の対外開放政策による他国との経済関係の深まりを明らかにするとともに、特に、開放政策の延長線上にある重要な構想である沿海地区発展戦略について考察する。そしてこの戦略の持つ意味を明らかにしたうえで、対東南アジア貿易を含む中国の対外経済取引とその経済発展を結びつける方策について触れたいと思う。

II　中国の対外開放の進展

　中国の対外貿易額は、対外開放政策の進展に対応して増加している。いま表8-1によってその推移を見ると、1972年と1978年を節目として伸びている。

表8-1　中国の対外貿易の推移

(単位：億ドル)

	輸出額	輸入額	合計		輸出額	輸入額	合計
1950	5.5	5.8	11.3	1970	22.6	23.3	45.9
1951	7.6	12.0	19.6	1971	26.4	22.0	48.4
1952	8.2	11.2	19.4	1972	34.4	28.6	63.0
1953	10.2	13.5	23.7	1973	58.2	51.6	109.8
1954	11.4	12.9	24.3	1974	69.5	76.2	145.7
1955	14.1	17.4	31.5	1975	72.6	74.9	147.5
1956	16.5	15.6	32.1	1976	68.6	65.8	134.4
1957	16.0	15.0	31.0	1977	75.9	72.1	148.0
1958	19.8	18.9	38.7	1978	97.5	108.9	206.4
1959	22.6	21.2	43.8	1979	136.6	156.7	293.3
1960	18.6	19.5	38.1	1980	181.2	200.2	381.4
1961	14.9	14.5	29.4	1981	220.1	220.2	440.2
1962	14.9	11.7	26.6	1982	223.2	192.9	416.1
1963	16.5	12.6	29.1	1983	222.3	213.9	436.2
1964	19.1	15.5	34.6	1984	261.4	274.1	535.5
1965	22.3	20.2	42.5	1985	273.5	422.5	696.0
1966	23.7	22.4	46.1	1986	309.4	429.1	738.5
1967	21.4	20.2	41.6	1987	394.4	432.1	826.5
1968	21.0	19.4	40.4	1988	475.4	552.5	1,027.9
1969	22.0	18.3	40.3	1989	524.9	591.4	1,116.3

出所：中国研究所編『中国年鑑（1990年度版）』大修館書店、271頁より引用。

前者は、外交路線の、後者は、それに加えて経済政策路線の変化をそのまま反映している。

　すなわち、72年2月には、ニクソン米大統領の訪中が実現、共同声明において、両国間の科学技術・文化・体育などの交流、貿易の発展がうたわれた。この歴史的和解をもたらした訪中は、前年7月発表され、当時、中国の対外政策の転換を、世界に強く印象づけた。同じ71年9月には、文化大革命を積極的に推進した林彪副主席が失脚し、10月には、国際連合の代表権を得るなど、71年の後半以降、中国の外交政策は、西側諸国との関係改善へと大きく転換した。72年9月には日中国交回復が実現したのをはじめ、イギリスやフランスとも72年中に外交関係を樹立した。その後、74年には、日中貿易協定、日中航空協定、同海運協定が締結されるなど、具体的な制度作りが進展したのである[1]。対日

第8章　中国の対外開放政策と東南アジア貿易

貿易をはじめ西側諸国との貿易は、それとともに拡大していった。

　第2の節目である1978年は、経済近代化の実現に全党を挙げて取り組むことが決議された年である。中国共産党第11期3中全会は、経済体制改革と並んで対外開放の方針を打ち出した。すなわち、「自力更生をふまえて世界各国との平等・互恵の経済協力を積極的に発展させ、世界の先進技術と先進設備を努めて取り入れる」としている。それ以前にも、プラント輸入は活発になされており、翌79年2月には、外貨不足から、プラント類契約の発効を保留せざるをえないほどであったが、同総会の決議は単にプラント輸入にとどまらず、外国資本に対して門戸を開いた点に、画期的な意義があった。

　この決議の後、今日（1991年時点）に至るまで対外開放の方針は、基本的に、一貫して続いている。開放の程度やテンポについては、指導部の一部に異論があったものの、開放持続の方針については一致しており、対外開放地区の拡大や、外国資本受け入れに関する制度の整備が進められたのであった。

　すなわち、対外開放地区は、点から線、さらに面へと拡大し、近年（1991年）は内陸部に及んでいる。1979年7月、中国共産党中央と国務院は、広東、福建両省に対外経済活動自主権の付与を承認、深圳、珠海、汕頭、廈門の4つの輸出特区を設置することにした。1980年5月には、国務院が特区の正式名を「経済特区」と定め、同年8月、第5期全人代常務会によって、4つの経済特区の設立が批准された。これら経済特区は、外国資本と関連した輸出向け企業の設立によって外貨を獲得するだけでなく、経済体制改革を試行する場であると言えよう。例えば、1980年10月制定の「広東省経済特区条例」に始まって、土地使用権の有償使用および譲渡制度を定めた「深圳特区土地管理条例」（1988年1月）に至るまで、体制改革に関する法律が、全国に先駆けて実施されている。

　次に、1984年4月、中国共産党中央および国務院は14沿海都市の開放を決定した。14都市とは、大連、秦皇島、天津、煙台、青島、連雲港、南通、上海、寧波、温州、福州、広州、湛江、北海であり、これら諸都市は、都市再開発計画や外資導入計画を策定のうえ国務院に提出し、その承認を仰ぐこととなった。

1)　寶暉編著『中華人民共和国対外関係概述』上海外語出版社、1989年、第3章5節および6節参照。

これら都市にはまた、経済特別区のように、外資に対して優遇条件を与える経済技術開発区の設置も認められた。

さらに1985年2月、国務院は、長江三角洲、珠江三角洲、閩南三角洲[2]の3地域を沿海経済開放区に指定した。1988年からは、福建省沿海地区のほぼ全域を開放、また同年3月から4月にかけて開催された第7期全人代第1回会議において海南省の設置を決定、同時に同省全域を経済開放地区に指定した。かくして、経済開放地区は、中国沿海地区の広範囲にわたる拡がりを見せたのであった。

このような背景のもとに、「沿海地区発展戦略」が提起されたのである。

III　沿海地区経済発展戦略の構想

1988年1月、趙紫陽総書記（当時）は、「沿海地区経済発展戦略」を提唱した。この戦略では、労働集約型産業に当面の重点が置かれている。すなわち、沿海地区に存在する豊富で安価な労働力を利用して、労働集約財を生産する。不足している原材料は輸入に頼り、製品の主な市場は、海外に求める。この両端を外に置く（「両頭在外」）方式は、とりもなおさず加工貿易であり、輸出を通じての経済発展、雇用増大を意図している。その際、生産の主な担い手となるものは、農村部の企業（「郷鎮企業」）である。そして、これら企業の科学技術や経営管理水準を高めるために、外国企業と郷鎮企業との合弁、合作、または全額出資企業の設立を奨励する。このように、開放政策を一層推進することによって、2億人近い人口を抱える沿海開放地区の経済的離陸をまず実現し、その成果を、中部および西部に及ぼすというのが、この戦略の骨子である。

この構想は、その後、同年2月の党政治局会議を経て、3月開催の第13期中央委員会第2回総会における趙総書記報告[3]として採択された。この報告にお

---

2) 「閩」とは、福建省の異名である。閩南三角洲とは、具体的には、福建南部の厦門、漳州、泉州三角地帯を指す。

3) 「13期2中総での趙総書記の活動報告（1988年3月15日）」中国研究所編『中国年鑑（1989年版）』大修館書店、所収。

いて趙紫陽は、科学技術の振興、郷鎮企業の育成、直接投資の促進、対外貿易体制の改革に言及するとともに、この戦略が、全国的戦略であることを強調している。すなわち、「このほど政治局が提起した沿海地区の経済発展加速戦略は、単なる地域的戦略ではなく、全国的戦略である。この戦略の実施によって、沿海の発展を促進し、内陸部を引っ張ることができ、しかも対外貿易、科学技術、財政、金融、価格などの面の体制改革と企業内部の改革を強力に推し進めることになる」とこの戦略の意義を述べるとともに、「内陸部が提供できる資源は依然利用すべき」としている。これは、この戦略を外向型経済発展一辺倒とする国内の批判に答えたものと言えよう。

趙紫陽が積極的にこの戦略を推進しようとしているのに対し、李鵬首相はむしろ慎重であった。88年3月、第7期全国人民代表大会第1回会議の「政府活動報告」[4]において今後5年の建設と改革の方針として、第1に、「農業生産の発展、基幹産業と基盤施設の建設、需要抑制と供給増加の両面の努力による経済の安定的発展」を挙げ、沿海地区発展戦略の実施を速めることは第4項目になってようやく触れている。しかも、「沿海地区の経済発展戦略の実行については、緊迫度が必要であり、決して時機を逃してはならないが、また長期的な刻苦開拓の精神も必要であり、着実に基礎固めをすべきである」とし、むしろ、「全国の経済発展を統一的に企画すること」に力点を置いている。つまり、趙紫陽が、一時的な経済の不均衡による歪みをある程度容認しつつ、外向型企業による労働集約財輸出という成長拠点の確立をめざしていたのに対し、李鵬は、国民経済の各部門・各地区をバランスをとって徐々に伸ばしていく方針を採っている。いわば、開発経済学で言う「不均整成長（unbalanced growth）論」と「均整成長（balanced growth）論」の対立が2人の間にあると言えよう。

ところで、翌89年3月、第7期全人代第2回会議における李鵬首相の「政府活動報告」[5]になると、総需要の圧縮をはじめとした「整備・整頓」に重点が

---

4) 李鵬「政府活動報告（1988年3月25日）」『北京週報』26巻17号、1988年所収。なお、李鵬は本報告を行った時点では首相代行であり、同全人代で首相に選出された。
5) 「李鵬首相の政府活動報告（要旨）（1989年3月20日）」中国研究所編『中国年鑑（1990年版）』所収。

置かれ、第7項目に至ってわずかに次のように述べられているにすぎない。「沿海地区経済発展戦略を堅持し、引き続き輸出指向型経済を発展させねばならない。こうすれば、国内の原材料不足の矛盾を緩和し、国内の労働力資源が豊富であるという強味を十分に生かし、整備・整頓の目的達成を促進するのに有利である」。1988年の全国一般小売物価が対前年比18.5％という大幅な物価上昇のもとでは、総需要抑制に政策の力点が置かれるのはやむをえない。そしてこの情勢のもとで、趙紫陽は、89年5月の失脚以前に、すでに経済運営方針への発言権が弱まっていたことがうかがわれる。まして、氏の失脚後は、この発展戦略は「経済の整備・整頓と改革深化に関する中共中央の決定」(1989年11月開催の党第13期中央委員会第5回総会[6]）をはじめ、重要文書において言及されなくなったが、最近（1991年時点）、再び中国の文献に散見される。この戦略には、趙紫陽の政治的運命を越えて、現代中国の経済発展戦略にふさわしい合理的根拠があるのだろうか。この構想の系譜をたどり、その持つ意味を探ろう。

Ⅳ　沿海地区経済発展戦略の形成過程

　本戦略成立の系譜を近時から遡れば、第1に、王建の「国際大循環経済発展戦略」、第2に、「社会主義の初級段階」論を採択した党第13回全国代表大会、第3に、第6期全人代第4回会議における「中国国民経済社会発展第7次5ヵ年計画（1986-1990年）」となると考えられる。

　国家計画委員会計画経済研究所の副研究員である王建が、党第13回全国代表大会報告の討論において得た構想をまとめ提出したところ、趙紫陽に高く評価され、それが沿海地区経済発展戦略の基本構想になったと言われる[7]。

　王建は、「農村労働力の移動を国際大循環の中に組み入れること、つまり、労働集約型製品の輸出を通じて、一方で農村余剰労働力の出路の問題を解決し、同時に国際市場で外貨を獲得すること」を提唱する[8]。

---

6) 中国研究所編『前掲書』所収。
7) 山内一男「"国際大循環"戦略とはなにか」『中国研究月報』482号、1988年4月。

第8章　中国の対外開放政策と東南アジア貿易

彼は、3つの発展段階を考えている。

第1段階は、紡績、食品・飲料、家庭電気製品、雑貨など労働集約型製品の輸出に力を集中し、政策の重点をまず条件の比較的よい沿海地区に置く。そして輸出によって得た外貨は、技術と原料の輸入に用い、一部は重工業の整備に用いることによって、輸出競争力を増強する。またこの段階では国内の交通運輸を強化し、輸出産業を中・西部に拡大する条件を整える。

第2段階では、労働集約型製品が外貨獲得力を強め、奥地の製品も国際市場に進出を図る。獲得した外貨の大部分は、基礎工業、インフラストラクチャーの整備に用い、資本集約型産業を発展させる。

第3段階では、獲得した外貨は、付加価値の高い技術集約型産業に向けられ、この産業の製品が国際市場へ進出しはじめる。この段階は20世紀末に始まる。

王建の構想は、発展段階の次段階への移行の期間に関して楽観的すぎるとはいえ、「発展にも飛び越えることのできない段階があることを認識すべきであり、産業構造発展の一般的法則に照らして農村労働力の工業化の問題を解決しなければならない」という考えは正しい。たしかに、農村に存在する過剰労働を郷鎮企業（農村部に設立されている企業）に吸収するためには、労働集約技術を採用することが合理的である。

また、「外向型発展戦略を採るならば、国内の商品経済関係をさらに深化させ、国際貿易における要素配置のメカニズムと一致させることが要求される。さもなければ、製品は国際市場へ順調に出て行くことはできない」との見方は、経済法則に合致しており、対外開放と経済体制改革が、表裏一体であることをよく捉えている。

次に、王建構想の枠組が採用された中国共産党第13回全国代表大会（1987年11月）では、開放政策についてどのような考え方が採られていただろうか[9]。

8）王建「選択正確的長期発展戦略——関于"国際大循環"経済発展戦略的構想」『経済日報』1988年1月5日掲載（邦訳「正しい長期発展戦略を選択せよ」『中国研究月報』482号、1988年4月、所収）。

9）趙紫陽「中国共産党第13回全国代表大会における報告（1987年10月25日）」『中国共産党第13回全国代表大会文献集（1987年）』外文出版社、1988年。

ここでは、「輸出入戦略と外資利用戦略を正しく選択し、先進国、発展途上国を問わず世界各国との経済技術協力と輸出入貿易をさらに拡大して、わが国科学技術の急速な進歩と経済効率の向上のためによりよい条件を生み出さなければならない」としている。そして、地域間の分業については、「経済特別区、開放都市および開放地区の開発・建設計画を正しく策定し、外向型経済を重点的に発展させ、内陸部と横の経済連合をどしどし発展させて、これら都市と地区に対外開放の基地および窓口としての役割をあますことなく発揮させねばならない」としている。また、今大会で最も重要な点は、「社会主義の初級段階」という歴史段階認識が採択されたことである。この段階は、中国が、生産力の立ち遅れ、商品経済の未発達という条件のもとで社会主義を建設するとき、どうしても通らなくてはならない段階であり、少なくとも21世紀半ばまで続くという。本段階では、商品経済を大いに発展させねばならず、所有形態も、私有を含めさまざまな形態が認められる。私営企業を育成しようとするこの方針は、私有、集団所有を問わず、農村部における「郷鎮企業」の発展を強く肯定するものである。労働集約的技術の採用という王建の提言は、郷鎮企業を発展させようとする趙紫陽の発展戦略に、よく合致するものであったのである。

このように、第13回全国代表大会においても、王建論文においても、その根底にあるものは、国際分業および国内の地域間分業を、経済効率の改善ひいては経済発展にとって重要であると見なす考え方であるが、これは「第7次5ヵ年計画」において、すでにはっきりと示されていた。

1986年3月採択の「第7次5ヵ年計画」には、経済管理機構と地域の両面において、分業を促進する施策が盛り込まれている[10]。この計画は、1984年10月、党第12期中央委員会第3回総会で採択された「経済体制の改革に関する中共中央の決定」の延長線上にあるものと言えよう。同決定は、社会主義を「共有制を踏まえた計画的な商品経済である」と定義し、さらに、「商品経済の十分な発展は、社会発展経済の飛び越えることのできぬ段階であり、わが国経済の現代化を実現する必要条件である」と、商品経済を積極的に肯定した画期的なも

---

[10] 拙稿「"分業"の視点から見た中国第7次5ヵ年計画」『三田商学研究』30巻1号、1987年4月［本書第5章収録］、参照。

第8章　中国の対外開放政策と東南アジア貿易

のであった。「商品経済」とは、市場経済であると考えてよく、これによって、企業を独立の経済主体とし、市場価格を資源配分の基本的指標とする道が開けた。すなわち、原理的には、市場経済を基本とし、企業はそれに応じて生産計画を立てる。そして国の経済管理は、財政金融政策による間接的統制へ委ねることになったのである。こうして資源配分の意思決定が分権的に、かつ、適正な価格のもとでは合理的になされることになる。

　一方、国際間および地域間分業に関しては、「われわれは、国内と国外の双方の資源を十分に利用し、国内と国外の2つの市場を十分に開拓し、国内建設の推進と対外経済関係の発展という両面の技量を身につけなければならない」としている。特に、国内各地の相互の間は「国内において、経済の比較的発達している地区と未発達の地区、沿海と内陸部と辺境地区、都市と農村、さらには各業種、各企業のあいだで、いずれも封鎖を打破し、門戸を開放すべきである」という方針を打ち出している。

　この地域間分業を、はじめて具体的に提示したものが、「第7次5ヵ年計画」における東部沿海、中部、西部の3地帯の分類だった。そのうえで同計画では、それぞれの地帯の役割の目標を提示している。この地帯分けを前提として、王建は「国際大循環論」を提唱したのであった。ただし、第7次5ヵ年計画においては東部沿海地区は「知識・技術集約型産業や高級消費材工業、金融・保険・情報・商業など第3次産業を発展させる」という構想だったが、王建の主張は、技術集約型産業の発展は将来の目標として置き、まず「労働集約型製品の輸出に力を集中する」点に特色がある。そして、この構想が、先に述べたように、趙紫陽の「沿海地区発展戦略」の中に取り入れられ、労働豊富という現実から出発して郷鎮企業を育成し、国際分業の利益を実現するという、実践的な構想として結実したのであった。

　この発展戦略構想、および遡れば「対外開放」政策の背後には「国際分業」の利益の実現という狙いがある。しかし、そのためには、国内においても分業が実現される態勢にあることが必要であり、価格決定機構の改革をはじめとする経済体制改革が要請される所以がある。では一方、国際環境がこの戦略の実施を可能とするだろうか。このことについて、まず検討しよう。

V 中国と東南アジアの経済関係

 中国の沿海地区経済発展戦略は、対外的には、アジア・太平洋地域の国際分業構造の一環に組み込まれることをめざしたものと見られる。
 アジア太平洋地域の国民総生産（GNP）の世界のGNPに占めるシェアは、1975年の16.8%から88年には23.5%まで上昇している。また貿易についても、アジア地域（アジアNIES、ASEAN諸国）の輸出額の世界輸出額に占めるシェアは、75年の4.9%から88年には12.1%にまで伸びている。輸入額についても75年の5.3%から88年の10.8%へと増大している[11]。これらの趨勢を考えるならば、中国がこの地域の国際分業構造の一環として一層重要な役割を担おうとする政策は、的を射たものと言えよう。
 では、アジアNIESやASEAN諸国と中国との結びつきはどの程度であろうか。

(1) 東南アジア諸国から見た対中国貿易

 表8-2-aは、アジア各国の輸入総額の中で、中国からの輸入が何％の割合を占めるかを示したものである。本表と表8-2-bによって、それぞれの国にとって中国との貿易の重要度を表すものと見なす。なお、新路線の採択は、1978年末であるので、78年までの数値は旧路線下の数値であると考える。
 東南アジア諸国のうち、中心をなすASEAN 6ヵ国（インドネシア、フィリピン、タイ、マレーシア、シンガポール、ブルネイ）の動向を見よう。第1に言えることは、各国にとって中国は、それほど重要な輸入相手国ではないことである。1986年において、シンガポールでは5.6%とやや高いが、他の諸国では2-3%にすぎない。第2に、新路線採用以降、タイ、フィリピンとの貿易関係が密になった時期があったものの、マレーシア、ブルネイなどは、減少ないし横ばいである。第3に、84年以降は、シンガポール、インドネシアにおいて割

---

 [11] 『通商白書（平成2年）』第3章第2節参照。

第8章 中国の対外開放政策と東南アジア貿易

表8-2 アジア諸国の対中国輸出入割合

a　アジア諸国の対中国輸入割合　(％)

国名＼年	1977	1978	1979	1980	1981	1982	1983	1984	1985	1986
インドネシア	2.5	1.7	1.8	1.8	1.9	1.4	1.2	1.6	2.5	3.1
フィリピン	1.9	2.3	1.9	2.7	2.5	2.7	1.0	3.6	5.4	2.3
タ　イ	1.5	1.6	3.4	4.4	3.2	2.7	2.6	3.0	2.4	…
マレーシア	3.1	3.7	2.8	2.3	2.4	2.2	2.0	2.0	2.0	2.6
シンガポール	2.6	2.6	2.3	2.6	2.8	3.1	2.9	4.7	8.6	5.6
ブルネイ	2.5	3.0	2.8	1.8	2.2	1.8	1.9	2.0	2.0	0.3
香港	16.6	16.7	17.6	19.7	21.3	23.0	24.4	25.0	25.5	29.6
日本	2.2	2.5	2.7	3.1	3.7	4.1	4.0	4.4	5.0	4.5
インド	0.02	0.01	0.2	0.6	0.5	0.7	0.4	0.2	0.5	0.5
バングラデシュ	1.6	3.0	3.5	3.8	4.3	4.5	2.5	4.0	3.3	3.0
パキスタン	2.2	2.5	3.0	3.1	3.2	2.7	2.8	2.5	2.5	3.0
スリランカ	4.9	3.0	4.6	2.5	2.1	2.4	2.3	2.0	3.9	4.8
ネパール	−	−	−	…	5.2	9.2	11.0	4.7	6.5	7.3
ビルマ	6.4	5.1	3.6	3.7	3.2	3.8	4.8	5.4	5.9	6.2

b　アジア諸国の対中国輸出割合　(％)

国名＼年	1977	1978	1979	1980	1981	1982	1983	1984	1985	1986
インドネシア	−	−	−	−	0.04	0.06	0.12	0.04	0.5	0.9
フィリピン	2.9	1.4	1.1	0.8	1.4	2.1	0.5	1.1	1.8	2.1
タ　イ	2.9	1.8	1.5	1.9	2.7	4.4	1.1	2.5	3.8	…
マレーシア	2.0	1.5	1.6	1.7	0.7	0.9	1.1	1.0	1.0	1.2
シンガポール	0.7	0.6	1.2	1.6	0.9	1.2	1.0	1.0	1.5	2.5
ブルネイ	−	−	−	−	−	−	−	−	−	−
香港	0.5	0.5	2.5	6.4	9.0	9.3	11.5	17.8	26.0	21.3
日本	2.4	3.1	3.6	3.9	3.3	2.5	3.3	4.3	7.1	4.7
インド	0.02	0.3	0.4	0.3	0.7	0.7	0.1	0.2	0.3	0.3
バングラデシュ	3.2	4.8	3.0	3.9	2.4	3.3	2.6	1.1	1.3	2.8
パキスタン	1.5	2.1	1.2	8.5	9.4	6.0	4.7	1.6	2.1	0.4
スリランカ	7.6	7.0	5.6	4.8	4.4	0.8	1.5	1.4	1.3	1.5
ネパール	−	−	−	−	4.1	4.4	3.0	4.1	1.5	2.2
ビルマ	−	−	2.2	1.2	1.2	2.8	2.6	2.5	8.1	10.3

注：−；数量がゼロか微少であることを示す。
　　…；データが，入手できないことを示す。

資料：UN, *Statistical Yearbook for Asia and the Pacific*, 1984および1988より算出。

合が高まっていることが注目される。

　一方、これらの諸国にとって、輸出市場として中国はどのような位置にあるだろうか。表8-2-bは、アジア各国の輸出総額の中で、対中国輸出が占める割合を示している。これによって、ASEAN諸国の動向の特徴を見ると、輸入における場合と同じことが言える。それに加えて、輸出市場としての中国の重要度は、輸入におけるよりもさらに低い。

　こうして見ると、ASEAN諸国にとって中国は、将来はともかくも現状（1991年時点）では、それほど重要な貿易相手国ではないと言える。それならばASEAN諸国にとっての主要貿易相手国は、どこであろうか。

　表8-3-aは、各国について、総輸入額（表8-3-bは総輸出額）に占める、主要相手国ないし地域からの輸入額（表8-3-bは主要相手国ないし地域への輸出額）の割合を、百分比で表したものである。本表から、ASEAN諸国の貿易に関して、次のような諸特徴が読みとれる。

　(イ)　大半のASEAN諸国にとって、輸入面での最大の貿易相手国は日本である。すなわち、インドネシア、タイ、シンガポール、マレーシアにおいて第1位である。日本からは、機械・輸送用機械・鉄鋼その他の金属品など資本財、それに品質の高い消費材が輸入されている。この数値は、工業化の進展、日系企業の部品調達、1人あたり国民所得の増大などの要因を反映している。

　(ロ)　輸出市場として重要な国は、アメリカ合衆国と日本である。アメリカ合衆国は、従来から政治的・経済的につながりの強いフィリピンはもちろんのこと、アジアNIES諸国の1つでもあるシンガポール、（単独の相手国としては）タイにとっても第1位である。

　香港や韓国などのNIES諸国にとってもアメリカ合衆国は最大の輸出市場である。ASEAN諸国にとっても、その工業化の進展とともに、繊維や電気製品にとどまらず、半導体などの技術集約型産業を含めた広い範囲の工業品について、アメリカ合衆国は重要な輸出先であり続けることであろう。

　ただし、マレーシアや産油国のインドネシアおよびブルネイにとっては、日本は最大の輸出先である。フィリピン、タイにとっても単独の国としては第2位である。このように日本もまた、アメリカ合衆国とならぶ重要な輸出先である。

第8章　中国の対外開放政策と東南アジア貿易

表8-3　アジア諸国の地域別輸出入割合
a　各国の国別（地域別）輸入割合（1986年）　　　　　　　　　　　　　　（％）

国名＼輸入先	ASEAN	中国	香港	韓国	オーストラリア	日本	アメリカ合衆国	西欧諸国
インドネシア	10.5	3.1	0.9	1.5	3.9	29.2	13.8	20.5
フィリピン	10.0	2.3	5.0	3.3	3.1	17.0	24.8	12.8
タ　イ	18.6	2.4	1.2	2.0	1.7	26.5	11.3	18.0
マレーシア	21.5	2.6	2.1	2.3	4.2	20.5	18.8	17.2
シンガポール	17.5	5.6	2.4	2.3	1.7	19.9	15.0	14.3
ブルネイ	36.2	0.3	0.9	…	0.7	5.8	19.9	31.2
中　国	3.4		12.8	−	3.2	28.6	10.8	21.6
香　港	6.9	29.6		4.0	1.5	20.4	8.4	14.2
韓　国	6.5	−	1.3		3.4	34.4	26.7	12.4

b　各国の国別（地域別）輸出割合（1986年）　　　　　　　　　　　　　　（％）

国名＼輸出先	ASEAN	中国	香港	韓国	オーストラリア	日本	アメリカ合衆国	西欧諸国
インドネシア	10.2	0.9	2.3	2.4	1.1	44.9	19.6	9.7
フィリピン	7.2	2.1	4.6	2.3	1.4	17.8	35.7	20.2
タ　イ	14.5	3.8	4.0	1.8	1.7	13.4	19.7	21.2
マレーシア	22.1	1.2	2.2	5.2	2.1	22.5	16.6	15.9
シンガポール	20.9	2.5	6.5	1.4	3.1	8.6	23.4	12.4
ブルネイ	21.6	−	0.05	−	0.6	54.9	2.7	5.0
中　国	6.0		31.2	−	0.7	15.1	8.4	14.3
香　港	6.5	21.3		2.3	1.9	4.7	31.3	17.3
韓　国	3.8	−	4.9		1.5	15.6	40.0	15.0

注：ただしタイは1985年の数値である。
資料：表8-2に同じ。

(ハ)　ASEAN諸国の域内貿易の取引額がかなり高い。域内輸入割合の高い国は、ブルネイ、マレーシア、タイ、シンガポールであり、輸出割合の高い国はマレーシア、ブルネイ、シンガポールである。

(ニ)　アジアNIESの重要性については、フィリピンにとって輸出入両面で香港が、また、輸出面ではマレーシアとシンガポールにとって一定の重要性を持っている。

(ホ)　対中貿易については、輸入面でシンガポールが5.6％である以外は輸出入ともにウエイトは低く、1986年時点では中国は重要な貿易相手国でない。

(2) 中国の国別・地域別貿易構造

一方、中国にとって対ASEAN諸国のウエイトも、表8-3に見られるように、輸入面で3.4%、輸出面で6.0%と低い。ここで、1977年以降の輸出入の動向によって、改革・開放政策を実施したことによる、中国から見た各国・地域の重要度の変化を概観しよう。どの地域の重要度が増しているのだろうか。

表8-4は、1978年を基準とした中国の各国・地域別輸入（輸出）額の指数である。本表と前表および表8-5から次のことがわかる。

表8-4　中国の地域別輸出入指数

a　中国の地域別輸入指数　　　　　　　　　　　　　　　　　　　（1978年＝100）

輸入先＼年	1977	1978	1979	1980	1981	1982	1983	1984	1985	1986
ＡＳＥＡＮ	143	100	147	227	197	310	229	284	392	514
香　　　港	65	100	285	760	1,648	1,752	2,280	3,773	6,349	7,429
韓　　　国	－	－	－	－	－	－	－	－	－	－
オーストラリア	71	100	138	149	78	128	86	125	157	196
日　　　本	69	100	127	166	199	126	177	259	489	401
アメリカ合衆国	26	100	258	531	649	597	382	532	721	654
西欧諸国	57	100	154	145	143	110	166	169	306	388
ソ　　　連	－	100	121	128	74	117	213	324	491	711
輸入総額	58	100	144	179	198	173	195	238	390	399

b　中国の地域別輸出指数　　　　　　　　　　　　　　　　　　　（1978年＝100）

輸出先＼年	1977	1978	1979	1980	1981	1982	1983	1984	1985	1986
ＡＳＥＡＮ	116	100	143	211	245	226	201	345	494	331
香　　　港	62	100	131	172	208	205	229	260	282	386
韓　　　国	－	－	－	－	－	－	－	－	－	－
オーストラリア	105	100	132	190	147	190	153	185	155	177
日　　　本	82	100	161	235	276	280	263	300	354	276
アメリカ合衆国	75	100	220	363	555	651	632	854	862	972
西欧諸国	79	100	144	198	204	172	195	176	189	320
ソ　　　連	－	100	105	99	53	62	139	254	451	535
輸出総額	70	100	140	186	220	224	227	255	280	322

資料：表8-2に同じ。

第8章　中国の対外開放政策と東南アジア貿易

(イ)　輸出入とも、総額で順調に伸びている国・地域が多い。多少の波を描いているが、1979年、および1984年を境として伸びが大きい。

(ロ)　輸入面で日本が占める割合は1986年において第1位であるが、過去10年の伸び率は輸入総額の伸びとほぼ一致している。一方、注目されるのは、香港からの輸入が著しく伸びている点である[12]。また、アメリカ合衆国からの輸入の伸びもかなり大きい。

(ハ)　輸出市場としての香港の割合はきわめて大きいが、86年の急伸を別として、伸び率は輸出総額の伸びと同程度である。第2位の日本への輸出も順調ではあるが近年（1986年時点）、平均の伸び率を下回ることもあったのに対し、アメリカ合衆国への増加率が著しく、今後中国にとってきわめて有望な市場と

表8-5　中国の対ASEAN諸国輸出入額

a　中国の対ASEAN諸国輸入額　　　　　　　　　　　　　　（単位：100万ドル）

国名＼年	1977	1978	1979	1980	1981	1982	1983	1984	1985	1986
インドネシア	−	−	−	14	63	151	150	214	330	324
フィリピン	102	57	47	70	117	137	45	82	97	136
タ　　イ	112	74	83	140	154	347	135	188	263	287
マレーシア	132	111	189	240	120	156	215	193	198	180
シンガポール	65	46	105	190	113	103	114	141	241	553
ブルネイ	−	−	−	−	−	−	−	−	−	−

b　中国の対ASEAN諸国輸出額　　　　　　　　　　　　　　（単位：100万ドル）

国名＼年	1977	1978	1979	1980	1981	1982	1983	1984	1985	1986
インドネシア	140	−	−	21	54	46	49	70	124	143
フィリピン	76	86	135	258	255	236	143	233	314	157
タ　　イ	61	71	212	312	228	168	195	251	116	159
マレーシア	128	163	171	184	191	181	186	196	186	203
シンガポール	250	248	297	421	658	648	567	1,209	2,063	1,217
ブルネイ	6	−	−	4	5	4	3	3	3	3

出所：UN, *Statistical Yearbook for Asia and the Pacific*, 1984および1988.

---

[12]　大きく伸びたことは事実であるが、1978年には中国は香港からの輸入額は、香港への輸出額の3.1％に過ぎなかった。1986年においては大分接近しており、輸出額の57.0％に達している。

言える。

(ニ) ASEAN諸国とのつながりは現在は小さいが、シンガポールとの関係が深くなり、また、インドネシアとの貿易関係も回復しつつある。

(ホ) ソ連との貿易も1983年以降、急速に伸びている。

このようにして見ると、中国は経済近代化政策の実施につれて急速にその貿易量を増加させるとともに、その輸出入市場も多様化しつつあることがわかる。とりわけ顕著な特徴として、

第1に、日本との貿易が最も多いこと。

第2に、輸出市場としてのアメリカ合衆国は、中国にとって重要度を増していること。

第3に、中国の改革・開放政策の進展とともに、香港との関係が急速に深まりつつあること。

以上の3点が挙げられる。

ここで注目すべきは、直接投資と輸出との関連である。香港貿易発展局が香港企業2,000社を対象に行った調査によると、これら企業が中国で製造した製品の82%が香港を通じて再輸出され、残りの18%が中国から直接輸出されているという[13)]。このように直接投資と貿易の関係は深いものがある[14)]。香港と中国との貿易量の増大には、この直接投資の拡大によるものが多い。したがって、輸出入の拡大とならんで中国対外開放政策の特色をなす外資受け入れの動向について次に考えよう。

(3) 対中投資の動向

表8-6に見られるように、国・地域別の対中投資はストック(1979-1988年の累計)においても、フロー(1988年)においても、契約金額に関して、香港・

13)『ジェトロ白書・貿易編(1989)』日本貿易振興会、141頁。

14) アジアNIES、ASEAN諸国、中国(特に沿海諸省)を含む「西太平洋の開発途上諸国」における、直接投資と貿易の関係の現状分析については、渡辺利夫監修、ジェトロ開発問題研究会編著『アジア産業革命の時代』日本貿易振興会、1989年が明快である。

第8章　中国の対外開放政策と東南アジア貿易

表8-6　国・地域別対中投資推移（契約金額）

（単位：万ドル）

項目 国（地域）名	投資総額 1988年	投資総額 1988年末累計	借款 1988年	借款 1988年末累計	直接投資 1988年	直接投資 1988年末累計
合　　　　　計	1,600,438	7,632,109	981,366	4,582,017	529,706	2,849,957
日　　　　　本	340,548	1,750,313	303,488	1,483,479	27,579	241,620
香港・マカオ	484,251	2,046,499	68,139	153,682	358,318	1,763,504
フィリピン	1,553	9,678			730	8,844
タ　　　　　イ	4,168	10,131		155	3,767	9,575
マレーシア	522	1,566			522	1,566
シンガポール	23,690	90,005	10,000	35,001	13,663	53,637
インドネシア	205	722			205	572
クウェート	182	27,551	172	22,442		5,000
西　ド　イ　ツ	38,506	191,247	31,585	148,598	4,714	38,483
フ　ラ　ン　ス	93,764	389,197	90,477	351,091	2,303	35,393
イ　タ　リ　ア	26,585	97,021	24,299	69,891	1,064	20,990
オ　ラ　ン　ダ	23,643	25,402	8,317	9,571	15,314	15,810
ベ　ル　ギ　ー	3,611	19,339	3,555	13,810	56	5,362
イ　ギ　リ　ス	112,950	272,470	107,312	220,977	4,159	48,739
デンマーク	5,202	18,986	5,148	13,960	44	4,441
スウェーデン	6,983	23,675	6,904	19,281	24	4,244
ノルウェー	1,851	8,601	1,851	5,345		3,256
ス　　イ　　ス	17,022	42,249	13,151	27,870	2,695	10,945
オーストリア	12,401	23,370	12,064	13,932	155	9,245
ス　ペ　イ　ン	2,162	23,781	2,014	3,249	148	20,358
アルゼンチン	2,134	13,037	2,107	13,010	27	27
カ　ナ　ダ	66,362	104,101	62,409	80,184	3,953	22,746
アメリカ合衆国	53,533	434,814	15,100	88,384	37,040	341,695
オーストラリア	1,870	32,825	129	12,660	1,740	19,943
世　界　銀　行	168,410	712,875	168,410	712,875		
国際農業開発基金		9,581		9,581		
アジア開発銀行	3,330	13,330	3,330	13,330		
そ　の　他	105,000	1,239,743	41,405	1,059,659	51,486	163,962

注1：「投資総額」には、借款、直接投資のほか、コマーシャルクレジットが含まれている。なお空欄は零または額が小さいことを示している。
2：1988年末累計……1979-1988年の累計。
出所：『中国経済便覧（1990年版）』日中経済協会。

マカオが第1位、第2位が日本である。ここで、ストックとフローの2つを並べている理由は、前者が中国との過去の関係の深さを表すのに対して、後者は現在から将来へ向けての関係を示していると考えられるためである。香港および日本は、中国と、過去においても、また現在から将来にかけても、投資を通じて深い関係にある。この両者にかなり遅れて、第3位は世界銀行である。以下累計については、第4位アメリカ合衆国、5位フランス、6位イギリス、また88年単年では、第4位イギリス、5位フランス、6位カナダ、7位アメリカ合衆国となっている。しかし、内訳を見ると、やや異なった様相を呈する。

借款供与については、日本が圧倒的に第1位であり、第2位が世界銀行である。以下、累計では、3位フランス、4位イギリス、5位香港・マカオ、6位西ドイツ、7位アメリカ合衆国、8位カナダである。一方、1988年には、第3位イギリス、4位フランス、5位香港・マカオ、6位カナダ、7位西ドイツ、8位イタリア、9位アメリカ合衆国の順であり、アメリカ合衆国の契約金額は、日本のそれの約20分の1にすぎない。このように対中借款に関しては、日本は最も重要な地位を占めており、これに対して、アメリカ合衆国はごく小さな寄与しかしていない。「6・4天安門事件」（1989年6月）以降、借款の実施停止を日本はアメリカ合衆国とともに行ったが、困るのは中国と日本であり、アメリカ合衆国はほとんど痛痒を感じなかったことが、この数字からわかる。香港・マカオは累計で日本の約10分の1であり、第5位に位置するにとどまるが、88年1年間で、79-87年の累積額に近い額を供与した。また88年におけるイギリスの伸びも著しい。これらは、香港基本法草案の発表（88年4月）など1997年の香港返還へ向けての準備が進むなかで、良好な英中関係を維持しようとするイギリスの意向を反映したものと考えられる。フランスは、累積額で第3位にあり、1964年に他の西側先進国に先駆けて国交を樹立して以来続いてきた両国の関係の良好さを反映している。

一方直接投資に関しては、借款と様相をまったく異にする。香港・マカオが飛び抜けており、第2位はアメリカ合衆国、第3位が日本である。しかし日本の累計額は、香港・マカオのそれの7分の1にすぎない。以下、累計では、第4位シンガポール、5位イギリス、6位西ドイツ、7位フランス、8位カナダで

第8章　中国の対外開放政策と東南アジア貿易

ある。また88年単年度では、第4位オランダ、5位シンガポール、だいぶ額が小さくなって、6位西ドイツ、7位イギリス、8位カナダ、9位タイとなっている。

　ここで注目される点は、香港・マカオ以外にシンガポール、それに最近はタイからの対中投資が増加していることである。華僑・華人が、対中直接投資の主な担い手であることがうかがわれ、中国と、アジアNIESやASEAN諸国との結びつきは、相互間の貿易額が示す以上に、直接投資を通じて生産面で深い。このように、華僑・華人投資が中国に向けられていることは、沿海地区の発展に関して、希望の持てる側面である。すなわち、すでに実績を上げている中国系企業家から管理技術や生産技術を学ぶことにより、中国の技術水準が向上する。他方、アジアNIESおよびASEAN諸国の経済がさらに発展し、貿易黒字が増大すれば、投資資金が潤沢になり、対中投資が一層拡大すると見込まれる。こうして、東南アジアの発展と中国の発展が、相互補完的に実現していく。

　一方、東南アジアの発展と中国の発展が競合する側面もある。両者の主要な輸出市場はアメリカ合衆国や日本であり、そこにおいて両者の製品が競合している。いま、賃金の高騰や特恵関税適用停止などによって、例えば繊維、雑貨のような労働集約財の輸出競争力がアジアNIESやASEAN諸国において弱まった場合には、第三国からの直接投資がこれら諸国から中国へシフトする可能性が高い。これによって輸出競争力の相対的地位の変動が促進されよう。このように輸出市場とならんで第三国からの直接投資についても両者は競合関係にある。

　いまその例として、日本からの投資動向を考察しよう。表8-7は、日本の地域別海外直接投資実績（届け出ベース）を、1951-1988年度の累計と88年単年度について示したものである。これによると、北米への投資が圧倒的に大きく、最近もウエイトを急速に高めている。欧州への投資も同様の傾向にある。オーストラリア等を含む大洋州への投資は5％台である。つまり、日本の海外直接投資は、累計で約6割、88年度には約7割が先進国向けである。

　これに対し、アジア地域の構成比は、累計の17.3％に比べて、88年度は11.8％へと大幅に落ちている。だが、86年度から投資総額は急増しているため、ほとんどの国で絶対額は増加している。そのなかで中国と韓国は減少している

表8-7 日本の地域別海外直接投資実績（届け出ベース）

（単位：100万ドル、％）

	1986年度	1987年度	1988年度			1951-1988年度 累計	
	金額	金額	金額	構成比	前年度比増減率	金額	構成比
北　　　米	10,441	15,357	22,328	47.5	45.4	75,091	40.3
中　南　米	4,737	4,816	6,428	13.7	33.5	31,617	17.0
欧　　　州	3,469	6,576	9,116	19.4	38.6	30,164	16.2
中　近　東	44	62	259	0.6	317.7	3,338	1.8
アフリカ	309	272	653	1.4	140.1	4,604	2.5
大　洋　州	992	1,143	2,669	5.7	88.9	9,315	5.0
アジア	2,327	4,868	5,569	11.8	14.4	32,227	17.3
インドネシア	250	545	586	1.2	7.5	9,804	5.3
香　　　港	502	1,072	1,662	3.5	55.0	6,167	3.3
シンガポール	302	494	747	1.6	51.2	3,812	2.0
韓　　　国	436	647	483	1.0	△25.3	3,248	1.7
マレーシア	158	163	387	0.8	137.4	1,834	1.0
フィリピン	21	72	134	0.3	86.1	1,120	0.6
台　　　湾	291	367	372	0.8	1.4	1,791	1.0
タ　　　イ	124	250	859	1.8	243.6	1,992	1.1
中　　　国	226	1,226	296	0.6	△75.9	2,036	1.1
ブルネイ	1	0	0	0.0	－	109	0.1
イ　ン　ド	11	21	24	0.1	14.3	148	0.1
その他	5	11	17	0.0	54.5	166	0.1
合　　　計	22,320	33,364	47,022	100.0	40.9	186,356	100.0

注：国・地域については、1951-1988年度の累計額が1億ドル以上のものを掲載。
出所：大蔵省資料『1990年ジェトロ白書・投資編』より引用。

点が注目される。日本は対中投資になお慎重であることが示されている。

　アジアNIESのうち、韓国、台湾への投資は横ばい傾向にあるが、香港への投資は活発だった。通信・港湾などのインフラストラクチャーが整備されていることに加えて、出資比率、現地人雇用の割合、国産化率の規制がなく、事業所得税が低いなど企業活動の自由が保障されていることがその原因と考えられる。このことは、1997年の返還後の香港に対する中国の政策のあり方を示唆するものである。産業構造を技術的に高度なものへと政策的に誘導するとともに、基本的には企業活動の自由を保障しておかない限り、外国資本は香港からシンガポールその他へ移動してしまうだろう。現在、日本やアメリカ合衆国な

どと香港の企業とが提携して、広東、福建省など華南の諸省への投資を行っており、香港は中国にとって、情報、金融で重要な役割を果たしている。復帰以降も香港が現在の自由経済政策を継続しうるか否かが、香港の繁栄のみならず、中国の沿海地区への直接投資の動向に大きな影響を及ぼすことになろう。

次に ASEAN 諸国についてであるが、日本からの直接投資は、いずれも絶対額で増加している。なかでもタイは、88年度において、ASEAN 諸国随一であり、アジア NIES をも抜いている。累計については高くなく、近年に至って急速に重要性を増したことがわかる。タイは熟練工の不足に直面しているが、インフラの整備を進めつつあり、かつ、政情が安定していることなど魅力的な投資先となっている。タイと中国との関係は、タイから中国への投資が始まってはいるものの、外国からの直接投資受け入れについては競合関係にある。したがって、中国が沿海地区発展戦略を進めるためには、タイを上回る魅力を持つ必要がある。出資比率や現地人雇用義務など外資政策に関してはタイは必ずしも緩やかではないのにもかかわらず、投資額は増えている。これによって判断すると、中国にとって必要なことは、外資への優遇措置を図ることに加えて、港湾、通信、交通などインフラストラクチャーの整備や人材の育成、さらに政治リスクの軽減に努めることであると思われる。

日本の製造業の対アジア直接投資は、現地賃金の高騰につれて、アジアNIES から ASEAN に移り、将来は、中国へ移ると言われている。しかし、早い時期にそれが実現するか否かは、中国の国内状況に依存する。中国が外資受け入れを促進し、沿海地区経済発展戦略を成功させるために、現在どのような問題があるのか。それについて次に検討しよう。

Ⅵ 沿海地区経済発展戦略実現における問題点

検討しなければならない課題は多いが、いま、直接投資の受け入れ態勢、国内市場との連繋、政治・思想面の3点について述べよう。

直接投資の受け入れについては、開放政策の進展とともに、法的整備が進められてきたが、最近のものでは、「外国投資家の投資奨励に関する国務院の規定」

(1986年10月公布）が注目される[15]。これは、外資系企業のうち、外貨獲得額が外貨使用量を上回る「製品輸出企業」および、先進技術の提供により輸出促進または輸入代替に役立つ品質の向上や新製品の開発を実現する「先進技術企業」を特別に優遇し外資導入の促進を図るものである。また、88年7月には、国務院が「台湾同胞の投資奨励に関する規定」を公布し、9月には台湾に直接通商を呼びかけるなど、すべての国・地域の投資家に一層有利な投資環境を提供しようとしている。さらに90年4月には、「中華人民共和国中外合資法」が改正された。これには、特別の状況下を除いて、合営企業を収用しないこと（第2条)、取締役会の会長に外資側が就任しうる道を開いたこと（第6条1項）、業種によっては合営期間を定めないこともできるとした（第12条）[16]。このように対中投資の法制面の整備は進められているが、問題は、残りの2点にある。

　まず、外国貿易の発展が国内市場のそれと、直接的に結びつきにくいことである。運輸、通信施設などインフラストラクチャーの立ち遅れによって、港に着いた物資が荷揚げされ、さらに各地に運ばれるのには、多くの日時を要してしまう。また、通信に関しては、例えば上海などの沿海都市から電話する場合、東京にはすぐにつながるが、国内にはたとえ主要都市であっても数十分、ないし数時間待たされることが多い。このことが象徴しているように、対外開放に較べて、いわば対内開放がはるかに立ち遅れているのである。

　このことは、制度面において一層顕著である。改革政策実施以前、行政機関の指令系統が縦割りになっており、異なった部や地方に属する末端組織は、上部機関の承認を得なくては、相互に取引することができなかった。改革政策の実施後、「横向連合」という呼び名で、行政の枠を越えた取引や、企業提携が推奨されている。しかしながら、実態は、例えば鉄道の貨車が省を越えて移動するときさまざまな名目で課徴金が課せられるなど、国内の流通を阻害している要因は多い。このような物的および制度的要因が存在するために、沿海地区が外向型発展を始めたとしても、それが内陸部の経済成長に結びつくまでには、長い歳月が必要となろう。

---

15) 中国綜合研究所編『現行中華人民共和国六法（1）』ぎょうせい、1988年、3571-3574頁。
16) 『北京週報』28巻19号、1990年。

第8章　中国の対外開放政策と東南アジア貿易

　制度における自給自足的傾向を支えているものとして、思想的要因が挙げられる。毛沢東は文化大革命の初期において抗日戦下の延安と同様に自給自足の大切さを強調した[17]。ここで展開された排他的な思想が、4人組追放後十余年を経、かつ実事求是によって思想の解放が図られてきたいま（1991年時点）も、なお残っている。ただし、都市住民は、インフレに対する不満はあっても、比較的豊富な情報と高い教育水準によって、開放政策を高く評価している。さらに、1989年4-6月の天安門広場のデモに見られるように、市民としての権利意識が生まれつつある。しかし他方、とりわけ未開放地区の農村においては、商品経済が未発達であることに加えて、民衆間に上からの指示には逆らえないという意識が強いため、地方幹部は認可の権限を手放したがらない。経済改革とともに、政治機構改革が不可欠である所以であるが、改革後も旧幹部が新しい地位につく可能性は大いにあり、地方における自給自足的傾向を打破するためには、現代化政策による市場化の進展を待たねばならない。

　それに加えて党中央においても当面は、均整成長論者が主導権を握っている。

---

[17] その典型的なものとして、「林彪同志にあてた手紙（1966年5月6日）」『中国プロレタリア文化大革命資料集成第3巻』東方書店、1971年、98-99頁参照。毛沢東は、兵、労働者、農民、学生などそれぞれが、政治、軍事、工業、農業、学業を同時に兼ねるとともに、文化革命の闘争に参加するよう指示した。文化大革命の初期は、中ソ対立やベトナム戦争の激化によって中国の国際環境が緊張していたため、工場を内陸に移すなど、生産の効率を犠牲にしても、国防上の配慮を優先する必要があったことは確かである。しかし、この毛沢東の革命思想と状況認識が、専門家の軽視、各経済単位の自給自足的傾向を強めたことも事実である。それは、農業を主体とし、しかも交通機関の発達が遅れている中国に内在していたものであり、毛沢東の社会主義革命理論が一層その傾向を強めたのである。
　ただし毛沢東自身は、自給自足を最高の生産形態と考えていたわけではない。抗日戦争下における辺区の経済について、「軍隊や機関や学校が発展させたこうした自給経済は、現在のこうした特殊な条件のもとでの特殊な産物であり、それは他の歴史的条件のもとでは不合理で理解することのできないものであるが、現在では、まったく合理的であり、また完全に必要である」と述べている（毛沢東「抗日時期の経済問題と財政問題」[1942年12月]『毛澤東選集（第6巻）』三一書房、1965年、153-160頁参照）。かつては、いわば必要に迫られて生産の自給を呼びかけたのである。それにもかかわらず、生産単位、行政機関にはじまり、一国にまで自給自足をよしとする思想と制度が形成されてしまったのであった。

厳しい金融引き締め政策はすでに撤回され、また沿海地区発展戦略も復活する兆しがあるが、政府を統括する李鵬首相のこの戦略に対する考えは、先に見たとおりきわめて消極的である。さらに、楊尚昆国家主席に代表される、軍部の発言力も高まっている。軍部は、インフレや予算削減などに対する反感に加えて、本来、指揮系統の明確化が必要な性質から、多元的な意思決定を基本とする市場機構に関する理解が浅い。また、社会主義の転機という国際情勢も、政権維持のために逆に政治的・思想的引き締めを必要としている。このような情勢下で、政治的主導権を握る人物が「分業の利益」を実現するための条件を理解するか否かが、沿海地区経済発展戦略をさらに推進し、経済発展を軌道に乗せうるかを決める1つの鍵となろう。

VII　むすび

　以上のように、対外開放政策は、中国の貿易取引を活発にし、また、外国投資の導入を実現させた。今後の発展のためには貿易面では、アジア諸国がそうであったように、アメリカ合衆国、日本など先進工業国への輸出を一層伸ばすことに最も力を注ぐべきである。また、投資面では、アジア諸国と中国は、日本のような第三国からの投資に関しては競合関係にあり、中国は投資環境の整備を進めることが大切である。一方、日本はインフラストラクチャー建設に関する円借款は早期に再開し積極的に供与すべきである。他面、香港、韓国のようなNIES地域やシンガポール、タイなどのASEAN諸国から中国への直接投資も増えており、さまざまな形で外資との提携が進むにつれて部品、原料輸入や製品輸出が増大している。中国へのアジア諸国からの直接投資の担い手は、その多くが華僑・華人と見られ、ここに広東省、福建省などをはじめとする中国沿海地域と、東アジアおよび東南アジア諸国との、直接投資と貿易を含めた国際分業が進展している。このような国際的好環境と中国の経済発展とを結びつけようとして提起されたものが沿海地区経済発展戦略であった。

　沿海地区経済発展戦略を支える思想は、国際分業の利益を達成し、それを国内の経済発展と結びつけることにあると考えられる。したがってここにおいて

第8章　中国の対外開放政策と東南アジア貿易

国内の流通の促進が決定的な意味を持ってくるが、制度的、物的な障害がそこには存在する。これは、長期的に解決していかなくてはならない点であるが、とりあえずは、沿海地区諸省とその他の諸省とは、異なる経済地域と見なし、地域間の分業を実現する方向をめざすべきであろう[18]。各省は内部の流通機構をその責任において整備するとともに、沿海地区との交易は、あたかも国際間の貿易と同じように、比較生産費の低い製品の生産に特化することによって、各地域の立地および経済状態に見合った生産を行う[19]。その際、技術的改善のための外資利用の立案および認可権は各省に大幅に移管するのがよい。

このように、各省に大幅な経済自主権を与えることは可能であろうか。それは政治情勢が地方分権化を許すか否かにかかっている。中国は、「現代化政策」の実施以来、各国との友好を外交の基本としてきた。ASEAN諸国についても、タイ、フィリピン、マレーシアに続いて、1990年8月にはインドネシアと国交を回復し、さらに10月にはシンガポールとの国交を樹立した。米ソ間の緊張も急速に緩んでいる。このような国際情勢のもとでは、中国で地方分権化を進め、相対的に独立的傾向を強めても、各地方が外国から侵略される恐れは少ないと言えよう。

問題は国内情勢にある。「6・4天安門事件」(1989年6月)以降の中国は、改革・開放路線の継続を明言しているが、一方で安定・団結をとなえ社会主義思想教育に力を入れており、むしろ中央集権の色彩が強まっている。思想統制の強化につれて、企業の責任者や官僚たちは臆病となり、改革は停滞している。1984年10月以来、「社会主義商品経済」の容認とともに、中国は、基本的には市場

---

[18] Bertil Ohlin, *Interregional and International Trade*, Harvard University Press, 1933.(木村保重訳『貿易理論——域際および国際貿易』〈改訳版〉晃洋書房、1980年)からこの発想を得た。

[19] 生産要素の移動性が高ければ、1つの通貨でよいが、低い地域同士は別の通貨を持ち、通貨地域相互間には変動為替レートが採用されることが理論的には望ましい (Robert A. Mundell, "A Theory of Optimum Currency Areas", *American Economic Review*, Vol. 51, No. 4 (Sept. 1961), pp. 657-664.)。ただし、一国内で複数地域に通貨発行を認めることは国家の統一を保つうえで望ましくない。したがって、交換性を有する外貨兌換券を開放度が進んだ地域に国内通貨として流通させる一方、人民元と兌換券の交換レートを1対1に固定せず、変動レートとすることを認めるのも1つの方法であろう。

機構に依存する経済体制の建設に踏み切ったのであって、政府指導者たちはこのことを改めて認識する必要があろう。すなわち、企業自主権を一層強化するとともに、報道の自由や法のもとの平等など基本的人権を保障し、企業や個人に過度に干渉しないことが先決である。そのうえで、先に述べたように、各省に、大幅な計画立案および財政の自主権を与え、その地方の経済発展水準に見合った政策を遂行していくことが必要であろう。もっとも、地方政府の財政が豊かになり権限が増すなかで広大な中国の政治的統一を図ることは、容易ではないことも事実である。だが、漢民族が人口の大部分を占め、しかも中国文化に対する強い愛着を持っていることは、地方分権を進めても、「中国」は解体しないという1つの根拠となるであろう。将来は緩やかな連邦制を採ることさえ、検討に値しよう。たとえ中央集権形態が崩れたとしても、中華人民共和国であることに変わりはないのである。

　沿海地区に対する華僑の投資は、政治的・思想的な引き締めを緩和すれば今後ますます増大し、東南アジア諸国との貿易取引は一層増大するであろう。これまでは慎重な姿勢を見せていた日本をはじめとする先進国からの直接投資も、受け入れ体制の整備とともに増加し、労働集約型産業については、NIES 地域さらには ASEAN 諸国からこの地域に投資先を転換させていく可能性が高い。しかし沿海地区だけが飛び地的に発展することが、沿海地区経済発展戦略の本意ではない。不均整成長の利点を生かすために、省を基本単位としつつしかもより広い経済区（例えば現行の上海経済区）に中国全土を分け[20]、沿海地区の発展とその他を結びつけ、先進地区の成長が中国全体の成長をリードする試みが、きたる第8次5ヵ年計画等に組み込まれることが望まれるのである（1991年時点）。

---

20) 全国レベルではないが、沿海地区を分ける方式についてはいくつかの提案がなされている。その1つとして、国務院経済技術社会発展研究センター常務理事である李崇威は、沿海地区を①広東、広西、海南島、②福建沿海、③上海を中心とする長江三角洲、④渤海湾地区の4つに分割することを提案している（香港紙『大公報』1990年2月4日）。なお同氏は、「中国の対外経済貿易発展戦略」という優れた論文を発表している（『北京週報』27巻31号、1989年所収）。また、沿海地区発展戦略の早い時期の研究としては、呉大琨主編『我国沿海経済発展戦略』時事出版社、1988年が包括的である。

第9章

中国の市場経済化と対外開放

I はじめに

　1992年10月、中国共産党は第14回全国代表大会において、市場経済は社会主義と両立するとし、中国の経済体制改革の目標は「社会主義の市場経済体制を確立し、生産力のさらなる解放と発展を促進することにある」と決議した[1]。ここに、1978年12月中国共産党第11期中央委員会第3回総会（第11期3中全会）において経済体制改革の方針が打ち出されて以来14年にして、ついに市場経済が公認されるに至ったのである。

　1978年の同中央委員会総会では、対外開放を進めるという方針もまた打ち出された。それ以降、経済特区の設置に続いて沿海開放都市、さらに最近（1993年時点）では「全方位開放」という名のもとに辺境地区に至るまで開放都市が指定されるなど、対外開放政策は着実に進展している。東アジア諸国との経済交流も、直接投資の受け入れ増大を軸として活発化し、国境を越えた地域経済圏の形成など新しい動向が見られる。

　だが、対外開放をしても経済体制改革が進展しない限り、国際分業の利益を十分に得ることはできない。すなわち、一部地域のみを対外開放し、外資を導入し輸出産業を育成したとしても、国内の大部分の地域で指令的な計画経済が実施されているならば、輸出の拡大には限界がある。国内において財や生産要

---

[1] 江沢民「中国共産党第14回全国代表大会における報告」（1992年10月12日）『北京週報』30巻43号別冊付録、参照。

素の移動性が保たれ、かつ限界効用や限界費用を正しく反映する価格が成立するような体制に改革しない限り、国際分業の利益を最大限に実現し、国民所得の拡大につなげることはできない。ここに中国が価格改革を含む諸改革を進め、市場経済化を実現しようとする意義の1つがある。

しかしながら、市場経済は簡単に実現するものではない。そこで本章では中国の経済体制改革がどのような諸理念によって市場経済の容認に至ったのか、まずそのプロセスを振り返る。そのうえで、その理念の1つである「社会主義の初級段階」論が郷鎮企業の成立を含む市場経済の確立とどのように関わるかについて検討したい。市場経済化の成否は、中国の対外開放政策の進展とあいまって、東アジア国際分業の将来に大きな影響を及ぼすものだからである。

II　市場経済化へ至る改革の理念

近年、社会主義諸国において市場経済化が進められているが、市場経済化とはどのようなものだろうか。それは一言で言えば、指令経済を撤廃して、市場において成立した価格によって資源配分を行う制度を作り、かつそれを機能させることである。市場価格を指標として、企業は利潤最大化をめざして財の生産量や生産要素の雇用量を決定する。他方、消費者は効用最大化を求めて財の購入量を決める一方、生産要素市場において労働力や資金の提供者となる。

この制度を機能させるためには、さまざまな改革が必要である。市場経済を確立するためには、経済運行メカニズムの転換とともに、市場に提供する商品供給を確保するための物質的基盤が確立されねばならない。したがって、改革の諸政策はこの両面を含むものでなければならない。

経済運行メカニズムの転換に関して、利潤が効率を反映するためには財の価格のみならず生産要素の価格も、歪みのない市場で成立したものでなければならない。したがって、消費財市場だけでなく生産財の市場も、さらには、資本市場、労働市場、不動産市場、技術市場など生産要素市場を整備する必要がある。また、農村での副業の禁止や居住制限措置などの、さまざまな制約の解除が必要である。

第9章　中国の市場経済化と対外開放

　しかし、マルクス的社会主義を国是とする場合、労働市場の容認1つにしても、社会主義のもとで労働力は商品でないという、理論上の制約がある。したがって、この制約を乗り越えるためには、新しい解釈や理念を見つけねばならず、ときには路線をめぐる政治闘争を経ねばならない。本書で、共産党大会や全国人民代表大会の決議の文言に着目することが多いのは、この理由による。すなわち、それらの文言は、改革がどこまで許されるのかを知る手掛かりとなるからである。

　マクロの改革と並んで、企業改革もまた不可欠である。価格を指標として企業が行動を決定しようとするとき、党の要請とか国家目的といった上部からの指令がまず先にあり、それを満たさねば行動できないとするならば、経済的合理性を貫徹することは困難である。改革は、企業が党や政府機関から独立して意思決定ができる方向になされねばならない。

　消費者については、正しく豊富な情報を与えるためのシステムの整備が望まれる。しかし、国民所得水準が低い国の市場経済化にとってまず必要な課題は、消費者の実質購買力をどのようにして増大させ、市場を活性化させるかということであろう。

　上記の一般論を考慮したうえで、中国について、市場経済体制確立への前提となる理念の変遷、ならびにそれから導かれる経済改革の方針について考察しよう。

　1978年12月の中国共産党第11期中央委員会第3回総会（第11期3中全会）は、鄧小平が主導権を確立し、経済体制改革と対外開放政策の新路線を定めた画期的な会議であった。全党の活動の重点を「社会主義現代化」の建設に向けること、生産力に相応しない管理方式・活動方式・思考方式の変革、経済法則・価値法則を重視した経済運営の実施、そして改革は、「実事求是」（実践こそ真理を検証する唯一の基準である）の原則に基づいて行うという方針が定められた[2]。この「実事求是」というプラグマチックな考え方は、それ以降、改革の指導理

---

2)「中国共産党第11期中央委員会第3回総会の公報」(1978年12月22日)（中国研究所編『新中国年鑑』1979年版、215-220頁）。

念となったのである。

　上記の原則のもとで経済体制改革に関して、「権限を下放し、地方と工農業企業に国家の統一計画を前提により多くの経営管理の自主権を持たせること」という分権化の方針が打ち出された。地方に対する中央からの権限の委譲はそれまでもあったが、企業に自主権を与える点が従来の改革と違ったまったく新しい方針であった。また、国家の統一計画を前提に、農民の物質的利益に配慮した諸措置が実施され、近在の自由市場向けの商品生産が認められた。

　次いで1984年10月、党第12期3中全会においては、中国の計画経済は「共有制をふまえた計画的商品経済である」と定義され、社会主義のもとでの商品経済が公認された。すなわち「計画経済の実行と価値法則の運用・商品経済の発展とは排斥しあうものではなく、統一されるものである」とされた[3]。そして、計画はマクロの政策手段によって誘導されるものであって、指令的計画は縮小していくべきだという方向が打ち出されたのである。実際にこの時期、財政面では、利潤上納制を廃し税制への転換（「利改税」）が図られ、また金融面では、中国人民銀行の役割を中央銀行に限定し、ほかに銀行を設立するなど、間接的な経済管理体制へ移行するための制度改革が進められた[4]。一方、企業は「一定の権利と義務を持つ法人」と定められた。

　この商品経済の公認によって、経済は市場を主体として運営していくことが明確にされた。しかし、すべての市場を認めたわけではない。資本主義と社会主義の区別は、「所有制の異なる点にあり、また商品関係の範囲の異なる点にある」としている。したがって本総会ではなお、「労働力は商品ではなく、土地、鉱山、銀行、鉄道など、国有の企業や資源はすべて商品ではない」としている。マルクス理論からすると、労働は社会主義社会において商品たりえない。また

---

3) 『経済体制の改革に関する中共中央の決定』1984年10月、外文出版社。
4) 「利改税」は1983年6月、国営企業の利潤上納制と併用して部分的に実施された後、1984年10月より全面的に実施された。一方、金融改革は、84年1月中国人民銀行の商業銀行部門が「工商銀行」として独立した。86年1月「銀行管理条例」が公布・施行され、中国人民銀行は中央銀行として位置づけられた。また86年8月には、民間金融機関の設立が認可された。

「公有制」を主な形態とする以上、鉱山、銀行、鉄道などは基本的には、国有であるべきとされた。

ところが、経済の発展のためには、上の定義では不十分になった。利潤が経済合理性を反映したものであるためには、要素市場に存在する歪みを除去しなくてはならない。また、市場経済を活発にするには、効率が良く成長している企業を伸ばさねばならない。企業成長のためには、大勢の労働者を雇用する必要がある。しかし、私営企業を認める場合、マルクスの搾取理論が障害となる。中国は、改革・開放を「2つの基本点」とするとともに、「4つの基本原則」（社会主義の道、人民民主主義独裁、中国共産党の指導、マルクス・レーニン主義と毛沢東思想）の堅持を「1つの中心」としている。そうである以上、この基本原則を守りつつ、それと矛盾しない理念を考えねばならない。そこで登場したのが、「社会主義の初級段階」という歴史段階の規定である。

III 「社会主義の初級段階」論と市場経済化

「社会主義の初級段階」論は中国の市場経済化に非常に大きな役割を果たすと思われる。

1987年10月、中国共産党第13回全国代表大会は、「社会主義の初級段階」という概念を打ち出した。中国はすでに社会主義社会であり社会主義を堅持しなくてはならない。しかし、中国の社会主義社会はまだ初級段階にあり、この実際状況から出発すべきであってこの段階を跳び越えてはならない、としたのである[5]。

では同大会は、中国の実際状況をどのように認識しているのか。「その生産力の水準は、発達した資本主義諸国よりもはるかに低い。人口が多く、1人あたり国民総生産額はいまなお世界各国の下位に甘んじている。10億あまりの人口のうち8億が農村に住み、基本的には手作業によって暮らしを立てている。

5）趙紫陽「中国共産党第13回大会における報告」（1987年10月25日）『中国共産党第13回全国代表大会文献集』外文出版社、1988年。以下の引用文は同報告による。

一部の現代化した工業が、現代の水準から数十年、さらには百年も立ち後れた大量の工業と併存している。生産関係の面では、社会主義公有制の発展に欠かせない生産社会化の水準がまだ非常に低く、商品経済と国内市場が非常に未発達で、社会主義経済制度はまだ未熟である」。

上部構造の面では、「封建制と資本主義の腐敗した思想、小商品生産の習慣の力がいまなお社会に幅広い影響力を持ち、それが党と国家公務員の隊列をつねにむしばんでいる」。そして、「画一的な所有制構造と硬直した経済体制、また、この経済体制と結びつくあまりにも権力の集中しすぎた政治体制、この2つが生産力と社会主義商品経済の発展をはなはだしく制約してきた」のである。

このような状況のもとで社会主義国となった中国にとっての「社会主義の初級段階」とは何か。それは、「生産力の立ち後れ、商品経済の未発達という条件のもとで社会主義を建設するとき、どうしても通らねばならぬ特定の段階」を指す。要するに、「貧困と立ち後れから次第に抜け出す段階であり、農業人口が多数を占める手作業を基礎とした農業国から、農外産業人口が多数を占める現代化した工業国へ逐次移り変わる段階であり、自然経済と半自然経済が大きな比重を占める状態から、商品経済が高度に発展した状態へ移り変わる段階」である。そして1950年代にそれまで私有されていた生産手段の社会化を基本的に達成したときから、将来、社会主義現代化を基本的に達成するまで、少なくとも100年の歳月を必要とするが、この期間はすべて「社会主義の初級段階」であるとしている。

このように、非常に長いタイム・スパンで中国の社会主義および経済を捉えている点に、この論の特徴がある。それは、「ほかの多くの国が資本主義の条件のもとで達成した工業化と生産の商品化、社会化、近代化をわれわれが達成するには、どうしても非常に長い初級段階を経なければならない」との認識に基づいている。

この論の第1の意義は、市場経済化のためには物質的基礎が必要であることを認識している点である。すなわち、「実事求是」に基づいて中国の後進性をはっきりと認めたうえ、商品経済の発達が経済発展に果たす役割を肯定的に捉えて、長い時間をかけて中国を発展させようと考えている。ここでは明らかに、

第9章　中国の市場経済化と対外開放

産業革命を含む近代化過程が中国の政策立案者によって意識されている。経済発展には自然な発展プロセスがあり、それを無視した政策は成功しないことをこの論の立案者は認識しているのである。

第2は、「社会主義の初級段階」にあり、社会の生産水準が低いことから、所有制に関して多様な所有制を容認したことに特徴がある。すなわち、全人民所有制と集団所有制という公有制経済のみを肯定するのではなく、外国所有企業、中外合資経営企業、合作経営企業を認め、さらにそれらと並んで、私営経済も「公有制経済の必要かつ有益な補完物」として積極的に容認した。マルクス経済学における搾取の概念についての論議を棚上げし、私営企業の規模の拡大を可能にした点に、中国の経済発展に対するこの理念の寄与が見られる。

第3は、各種市場を容認した点である。「生産財市場、金融市場、技術市場、労務市場の発展や、債券、株券の発行などは、社会化した大規模生産と商品経済の発展に伴い必然的に生まれてきたもので、資本主義に特有のものでない」とする。生産力の発展に応じた市場経済体制の確立という視点に立つことによって、従来の固定観念を除去したのだった。

以上からもうかがえるように、この考え方は、市場の担い手である都市の私営企業および農村の郷鎮企業の発展、ひいては市場経済化の促進に大きな役割を果たすものと期待される。実際、法的には1988年6月「中華人民共和国私営企業暫定条例」[6]が採択され、同7月から実施された。これは「社会主義の計画的商品経済を繁栄させるため」（第1条）制定されたもので、「私営経済は社会主義公有経済の補完物である」として公認された。そして私営企業とは「企業資産が個人所有に属し、被雇用人が8人以上の営利的な経済組織を言う」（第2条）と、私有制、多人数の雇用、営利活動を認めている。これによって、中国においても民間企業が発達する法的保障ができたのだった。

1989年6月の「天安門事件」以後、経済的にも政治的にも引き締めが続いていたが、1992年春から改革に加速がかかり、同年10月の党第14回全国代表大会においても第13回大会の決定と同じく、中国社会主義の発展段階は「社会

---

6) 中国綜合研究所編『現行中華人民共和国六法』1485-1491頁。

主義の初級段階」にあり、この段階は少なくとも21世紀半ばまで続くとしている[7]。また、社会主義の根本任務は「生産力の解放を勝ち取り、搾取を根絶し、最終的にはともに豊かになる状態を実現することにある」としながらも、現段階においては、生産力の発展を最優先させそれを諸活動の基準としている。このことが許されるのは、現在は社会主義の初級段階にあるという認識に立つからである。このように、市場経済化を進めるにあたって、マルクス理論上の問題を考慮に入れずに改革を実現できる歴史段階の認識が、第14回大会においても支持された。その上で、社会主義市場経済体制の建立という方針が定められたのだった。

市場経済化進展の重要な指標の1つは価格決定メカニズムの改革の度合である。1978年、商品小売総額のうち、国の価格決定によるものは97％を占め、市場調節価格によるものはわずか3％であった。それに対し、1991年には、国の価格決定によるものは20.9％、国の指導価格（国が価格変動幅を規定）10.3％、市場調節価格は68.8％にのぼった。

生産財市場は、1978年には存在しなかったが、91年には国の定価によるものが36％、国の指導価格によるものが18.3％であるのに対し、市場調節価格によるものは45.7％を占めるに至った。

農業・副業生産物は1978年、生産物買い付け総額のなかで、国の定価によるものが92.6％、指導価格によるものが1.8％を占め、市場調節価格によるものは5.6％にすぎなかった。しかし、1991年には国の定価によるものは22.2％に下がり、指導価格によるものは20％、市場調節価格によるものは57.8％にのぼっている[8]。

さらに、国務院は1992年6月、「全人民所有制企業の経営メカニズム転換条例」を公布したが、これには国が定める価格の比重を減らし、市場価格を主要な地位に置くことが規定されている。ただし、「社会主義市場経済」という以上、自由放任による価格形成ではなく、「計画による指導とマクロ規制のある市場価格制度」であることに特徴がある。

---

[7] 江沢民「前掲報告」（1992年10月）。
[8] 凌彬「市場価格が主要な地位に」『北京週報』30巻48号、1992年、16-17頁。

第 9 章　中国の市場経済化と対外開放

　上記のように市場経済化が進められ、価格決定方式が自由化されてきた。しかし、価格が自由化されれば、市場が自然に成長するわけではない。市場の形成にはそれ自身の成長過程があり、価格の自由化と市場の形成は相互に相伴って進められねばならない。民間における資本形成が必要であり、その意味で本章では、農村部の郷鎮企業に主に着目することとする。それは発展途上にある中国の経済にとって、現在、広大な農村部において農業から工業および第3次産業へと転換するにあたって、また農村市場を育成するにあたって、郷鎮企業の果たす役割が大きいと期待されているからである。

Ⅳ　郷鎮企業の成立と市場経済化の経験

　現在（1993年）、中国の経済発展の担い手として、郷鎮企業が注目されている。郷鎮企業とは、農村部においてかつて人民公社が経営していた「社隊企業」を前身とするもの、および農民が新たに起こした企業の両者を指す。前者は集団所有制、後者は私有制という違いがあるが、いずれも意思決定が中央政府とは直接関係なしに主体的に行われ、また資本蓄積も企業収益を主要な源泉としてなされるところに特徴がある。企業は市場の担い手であり、また中国は農村部が広大であるため、市場経済化を進めるためにもまた経済発展を進めるうえでも、郷鎮企業の持つ意義は大きい[9]。

　郷鎮企業の成立には、直接的な法制的要因と制度の改革から派生した経済的要因が考えられる。

　法制的要因の第1は、人民公社の改編である。1982年10月の憲法改正に基づき、中国共産党中央および国務院は1983年10月、「政社分離を実行し郷政府

---

[9] 郷鎮企業の数は、1983年134.64万であったのが、84年に606.52万、85年1,222.45万と増え、1991年には1,908.88万に達している。また労働者数は、1983年には3,234.64万人だったが、85年には2倍（6,979.03万人）、91年には3倍（9,609.11万人）に増大した（『中国統計年鑑』1992年版、中国統計出版社、389頁）。
　なお、郷鎮企業が農村の産業構造転換に果たす役割に関しては、実証研究が発表され始めた。その代表的なものとして、石田浩『中国農村経済の基礎構造』晃洋書房、1993年がある。

を樹立することに関する通知」を発した。ここに政治組織としての人民公社が解体され、県・郷・鎮の行政組織が復活した。それに伴い人民公社や生産隊の所有していた「社隊企業」は「郷鎮企業」と呼ばれるようになった（1984年3月までにはこの名称が確定）。また農民は公社員として集団の決定にのみ従って行動していたが、生産責任制の普及とあいまって、自己の意思で労働を配分できるようになった。

　第2は、1984年2月からいくつかの業種において個人企業を営むことを認めたことである[10]。すでに1981年7月、国務院は都市部における、手工業、零細商業、飲食業、サービス業、修理業、車馬人力による運輸業、家屋修理業などについて、最大7人までの使用人を雇って営むことを許可していた[11]（これを「個体経済」と呼ぶ）。これは都市の「待業青壮年」（失業者）が自力で生計を立てうるようにすることが目的だった。その措置を農村部に及ぼすことにより、農民たちがみずからの発意によって企業を設立することが可能になった。この措置の目的は、農村の余剰労働力を多面的に有効利用するとともに、農村部の商品生産を促進し、かつ物資の交流を活発化することにあった。

　第3は、経済体制改革の大きな節目として、「経済体制改革に関する中国共産党中央委員会の決定」（1984年10月、党第12期中央委員会第3回総会）がなされ、企業についてそれが「一定の権利と義務を持つ法人」と規定されたことである。ここに1978年12月に打ち出されていた「経営管理の自主権を持たせる」という方針が、確固としたものになった。これによって、農村、都市を問わず、企業を発展させるという方針が定まった。

　経済的要因としては、第1に、農民の購買力が増大したことが挙げられる。第11期中央委員会第3回総会は、「農業の現代化の実現によってのみ、国民経済全体の急速な発展を保証することができる」という認識に基づいて、「農民の物質的利益に十分配慮する」という方針が打ち出された。その方針のもとに

---

10)「国務院関于農村個体工商業的若干規定」（1984年2月27日）中国社会科学院法学研究所編『中国経済管理法規文献滙編』上冊、393-394頁。

11)「国務院関于城鎮非農業個体経済若干政策性規定」（1981年7月7日）中国社会科学院法学研究所編『前掲書』377-379頁。

第9章　中国の市場経済化と対外開放

人民公社員の自留地や家庭副業、それにそれらを販売する定期市を社会主義経済を補完するために必要であると認めた。また食料、綿花、搾油作物、製糖作物、畜産品、水産物、林産物など、農業および副業生産物の買い付け価格を引き上げる一方、農業機械、化学肥料、農薬など、工業製品の価格を引き下げることにより、工農業生産物交換の価格差を縮小させようとした。これらは、「農業の発展を速める若干の問題についての中共中央の決定」(1979年9月)[12]で具体化され、以後農民の所得が増大した[13]。農民の購買力の上昇はとりもなおさず、郷鎮企業の発展に有利に作用したことは言うまでもない。

　第2に、農業における土地生産性の増大により、非農業生産従事者を養うに足る経済的余剰が生まれたことである。これには農業生産責任制の実施が大きな要因として挙げられよう。1980年9月、各省・市・自治区党委員会第1書記座談会において「農業生産責任制の強化」が承認されたのを受けて、83年2月までには農家戸数の約90％が「各戸請負制」(農家単位の生産請負制)に移行し、これによって農民の生産意欲は著しく高まったのであった。

　第3に、商品流通の活発化が挙げられる。貨物運送量は1978年24万8,946トンから1979年53万7,508トンへと急増し、1991年には98万5,793トンに達している。このなかで特に道路における貨物輸送量が急増している。これらは国内の物資運送が容認され郷鎮企業も輸送の活発化に寄与した結果であるが、逆に、流通の促進は郷鎮企業の発展を刺激した。

---

12) 中国研究所編『新中国年鑑』1980年版、大修館書店、313-321頁。
13) 例えば農民の1人あたり純収入は、1978年133.57元から改革がなされた後の1980年には191.33元へ、さらに各農家ごとの生産請負制(各戸生産請負制)がなされた後の1985年には397.60元へと増大し、1991年には708.55元に達している。収入の源泉としては、家庭副業の許可、人民公社の解体、生産責任制の実施などを反映して、集団経営からの収入が減り、家庭経営からの収入が急増した。「家庭経営純収入」のなかでの「農業収入」は1978年15.15元から、1980年21.93元、1985年には191.46元へと改革の成果を反映して急増している。その他、牧業収入が、78年に12.01元から80年25.71元、85年44.36元へと副業収入の増大を示している。さらに近年は「生産性労務収入」が増加した。すなわち、78年2.02元にすぎなかったのに、80年の6.24元から85年には26.55元へと急増し、91年には64.94元となっている(「農民家庭平均毎人総収入和純収入」『中国統計年鑑』1992年版、中国統計出版社、307頁参照)。

ここで注目すべき点は、前節で述べたように「社会主義初級段階論」には産業革命に至る発展のプロセスが意識されていることである。農村における市場の発展が先進資本主義国の経済発展の初期に見られたが、その担い手は農民でありそのなかから企業家が生まれてきた。中国の郷鎮企業が市場経済化に対して果たす役割についても同じことが言えるかもしれない。

　資本主義諸国の市場経済化の経験に基づいて中国の市場経済化および経済発展を考えるとするならば、1つは、アダム・スミスの『国富論』における分業の視点、もう1つは、大塚久雄の「局地的市場圏」の視点が参考となろう。社会主義国中国においても、市場経済化は人為的な政策によって実現できるものではなく、個々の市場取引が国民経済へ統合されていく自然発生的プロセスを無視することは出来ないからである。

　私はこの点に関して、以前次のように書いた。「資本主義の発達過程と同様、社会主義現代化の過程においても、商品経済の発達を中心に置くのであれば、中国の発展も局地的分業から地域間分業へ、そして統一的な国民経済への形成へという歴史的経験に沿った過程を経ると予想される。局地的分業の発達のためには、農業部門が大きな割合を占める近代化以前の経済においては、まず農村に生産力の余剰が生じなくてはならない。この意味で、党の第11期3中全会においてまず農業の発展を速めるという方針を定め、それに基づく施策を打ち出したことは実に適切な方策であった。第13回全国代表大会の趙紫陽報告では、この9年間の成果の1つとして、8,000万人にのぼる農民が農外産業に従事したと述べている。中国では農村から都市への移住は制限されているから、このことは、農業生産力の上昇により農村に経済的余剰が生じ、局地的分業が発達してきた証左とされる」[14]。

　この見解は妥当であるといまも考えているが、最近（1992年）、郷鎮企業と局地的市場圏との関係を論じた関口尚志氏の業績が発表された。氏の業績を紹介し、資本主義国の歴史的経済から導かれた大塚史学の言う「内部成長型『近

---

14) 拙稿「中国の体制改革と日中経済関係」矢内原勝・深海博明・大山道広編『世界経済のニュー・フロンティア』文眞堂、1888年、187頁［本書第7章収録］。

代化』モデル」を基本的に肯定したうえで、中国の政治・経済体制のあり方については次節で考えよう。

　14世紀後半のイギリスには、毛織物の製造を中心とするさまざまな種類の農村工業が広がっていた。当時の農村では、職人や小商人が小商品生産者化した農民たちと混在しており、ほぼ数ヵ村程度を単位として、彼らの間で均衡の取れた社会的分業が形作られていた。そして、その中心村落には週市（weekly market）が立ち、ここで彼ら相互間の商品交換が行われた。この「数ヵ村程度の地域を単位として、自給自足へと著しく傾斜した独立の商品経済圏」を「局地的市場圏」と呼ぶ[15]。関口氏は大塚史学の立場から、「このような局地内での農民や手工業者が相互に販路を提供しあう商品交換の場合には、封建的支配者層や特権商人層が外側から介入して生産余剰を持ち去る余地は少なかったから、価値法則の貫徹を通じて、さしあたりは小商品生産者層一般の富裕化（「民富の形成」）を呼び起こし、こうして成長する独立自営農民層や農村職人層の中から、やがて―『局地的市場圏』の水平的統合による『地域的市場圏』、『統一的国内市場』の形成をともないつつ―産業資本の担い手である近代的企業家が生誕する」と述べている[16]。

　一方で、農村工業および局地的市場圏の展開と政治体制との関連については、次のように指摘している。「農村工業と局地的市場圏の展開はそのまま直ちに近代化（市民的・産業的変革）に結びついていたのではない。それは、さしあたりはまず、封建制の再編成（絶対王制の成立）に帰結している。局地的市場圏は計画的ではなく自然成長的な分業の発展であったから、1、2の生産部門が均衡を失して肥大化し、圏外に市場を求める傾向を抑えることはできなかった。この不均等発展は、一面では―より大規模な地域的、国民的市場圏の形成を牽引する起動力であったが、他面ではつぎのような現象をひきおこすものであった。局地的市場圏がまだ『封建制の大海の中に散らばった島々』にすぎな

---

[15] 大塚久雄「後進資本主義とその類型」『大塚久雄著作集』第11巻、岩波書店、1986年、233-261頁参照。
[16] 関口尚志「郷鎮企業の歴史的意義」関口尚志・朱紹文・植草益編『中国の経済体制改革』東京大学出版会、1992年、311-312頁。

かった状況の下では、一歩その圏外に出れば、そこには封建的な農村共同体とマナー制度があり、ギルド制特権都市と前期的商人層が活躍する旧い遠隔地商業の世界が存在した。そこで、肥大化した生産部門―が、製品の販路を圏外に求めようとするや否や、かれらはこの旧い諸事情と接触し、それを活用して成功を期するようになる。こうして農村工業の指導的な経営者は、その営みの土台を変化させ、さらには自身も前期的商人（さらには寄生地主）へと変身する。―絶対王制はこのような状況を背景に成立するのであり、それは農村工業と小生産者市場経済の一定度の発達を前提としながら、それを旧来の封建的な原理の中に抑えこむという歴史的性格をもつものであった」[17]。

ここで述べられている歴史的経験は、社会主義のもとで経済近代化を進める現在の中国にとってきわめて重要な示唆を与えてくれると考えられる。1つは、経済面についてであり、もう1つは、政治体制との関わりにおいてである。

V 「社会主義の初級段階」における企業と国家

社会主義という国是がある以上、中国はさまざまな所有形態を認めながらも、全人民所有制および集団所有制企業が経済において主流を占めることをもって、社会主義経済の証としてきた。事実、「工業総生産額構成」において、1991年現在、全人民所有制工業52.94％、集団所有制工業35.70％を占めており、個体工業は5.70％、外資などその他の経済類型工業は5.66％にとどまっている[18]。改革以前の1978年には全人民所有制工業が77.36％、集団所有制工業が22.37％であり、私営企業、外資企業等は存在しえなかったことを思えば大変革である。ただし、比率は着実に増大しているとはいえ、個体・私営企業はいまだ、イギリスにおいて農村共同体の中に成立した農村工業が、地域間分業を展開しようとする際に直面したものと類似した状況に置かれていると言えよう。

すなわち、原材料の調達においても、また販路についても、局地的市場を越

---

17) 関口尚志「前掲論文」312-313頁。
18) 「工業総産値構成」『中国統計年鑑』1992年、408頁。

えて生産を拡大させようとするとき、直ちに隘路が生じる。この時、郷鎮企業はそれを打破しようとして、逆に、全人民所有制工業や外国企業の下請として編成されかねないのである。特に、郷鎮企業のなかで、急速に成長しある程度の生産能力を備えているものが着目され、旧来の国営（全人民所有制）企業に生産や販路面で従属させられる可能性がある。また、外国企業との技術提携や販路提供などを含めて、外国資本の支配下に入りやすい。

これらは、企業の成長をもたらし、また、国民経済的には、規模の経済性を通じて生産性を上昇させるという肯定的な側面を持つ。しかし反面、国営企業や外国企業が、市場において圧倒的な力を持ち独占力を行使する場合には、独立した企業間の競争を通じて効率の改善をもたらすことを抑制しかねない。買弁資本と官僚資本による半植民地経済化は、戦前の中国が経験した道であった。その道を再び歩まないためには、国家主権の確立と、中国国内の民間企業および個人による資本形成が不可欠である。第2次世界大戦後の中華人民共和国の成立と国際情勢の変化によって国家主権の確立に関しては現在心配がないが、後者については、「官倒」を取り締まるという消極的措置だけではなく、中小企業育成策を講じるとともに、独占禁止法の制定とその適切な運用によって、市場ルールを確立していく必要があると考える。

第2は、政治体制との関わりの問題である。かつてイギリスは絶対王制下の市民革命を通じて徐々に民主主義的諸権利を勝ち取っていった。中国の政体について、鄧小平は、なお、人民民主主義独裁を守るために、三権分立や議会制度を否定し、全国人民代表大会による「民主集中制」こそが、中国にふさわしいものとしている。国王と政治局常務委員との違いはあれ権力が中央に集中しており、しかも中国において「差額選挙」（候補者数が当選者数を上回る選挙）が近年実施され始めたとはいえ、下から上へのチェック機能が民主主義国における普通選挙制度に較べてきわめて弱い。この状況下では、中国もまた絶対王制に似た権力構造にあると言っても過言ではない。中国は現在（1993年時点）、叢生する郷鎮企業に対する納税・安全衛生管理・市場ルールの設定や、社会変動期に必要な治安対策、さらには対外的には、平和外交の展開や国防、国際機関への参加を通じて、経済近代化のための環境を整備するなど、強力な国家政

策の展開が求められている。このような状況下では、民主集中制も過度期においてはやむをえないのかも知れない。

　資本蓄積を急速に進めようとする時期の政治形態は多くの国において独裁になりやすく、その政権のもとで開発政策が進められる。このいわゆる「開発独裁」の例に、中国もまた入るのかも知れない。そうであればこそ、絶対王制の開明的君主に相当する、優れた指導者層が中国においても求められるのである。指導者には、国の方向を見定める見識とともに、権力行使についての自制もまた求められる。それと並んで、自己の歴史的使命が終わったときに、時代の要請により適合する新しい指導者に道を譲ることが望ましい。しかし、この最後の点に関しては「民主集中制」のもとでは難しく、社会主義体制下において経済が行き詰まりかねない1つの大きな制度的欠陥が、この権力交代の機構にあると言えよう。

　そのような問題があるとはいえ、1978年の第11期3中全会から87年の「社会主義初級段階」論の提示に至る中国指導部の経済体制改革の諸措置は、中国経済近代化にとって適切であったと評価できよう。そして、1989年の「6・4天安門事件」以後は、政治・思想的引き締めによって改革は停滞したものの、農村政策と対外開放の方針を変化させず、今回「社会主義の初級段階」が復活したことは、現在（1993年時点）再び中国は経済発展に関し正しい方向を歩みつつあると考えられる。

　しかし絶対王制が民主主義体制に道を譲ったことは歴史の教えるところである。郷鎮企業の発展その他によって民間に富と知識が増大するにつれて民主化の要求は高まるであろう。再び「天安門事件」を繰り返さないためには、国民へ政治的諸権利を与える時期と方法に誤りのないよう政治体制の改革がなされねばならない。

　次に、中国の対外開放政策について検討しよう。

VI　対外開放政策と分業体制の確立

　経済近代化の実現に全党を挙げて取り組むことを決議した中国共産党第11

第9章　中国の市場経済化と対外開放

期中央委員会第3回総会（1978年）は、経済体制改革と並んで対外開放の方針を打ち出した。すなわち、「自力更生をふまえて世界各国との平等・互恵の経済協力を積極的に発展させ、世界の先進技術と先進設備を努めて取り入れる」としている。それ以前にも、プラント輸入は活発になされていたが、同総会の決議は、外国資本に対して門戸を開いた点に、画期的な意義があった。

対外開放は経済体制改革と相互補完的な関係にある。国際競争に打ち勝つためには、外資を導入して経済近代化を図らねばならない。輸出が増大して交換の利益を得たとしても、対外開放による特化の利益を得るためには経済効率を反映した市場価格を成立させる体制へ改革しなくてはならない。一方、経済体制改革、とりわけ市場経済化を進めることによって、経済効率は改善され、所得は上昇し、輸出入が増加する。外国資本も中国の市場が整備されるにつれて、より多く投下される。このように両者は相互に関連している。

そして両者は、分業体制を確立し分業による利益を享受しようとする点で共通している。対外開放と経済体制改革が進展し、市場経済体制が確立・整備されることによって、分業による利益がさらに増大するのである。以上の関係を踏まえたうえで、中国対外開放政策の歩みを概観し、沿海地区経済発展戦略の意義を考えよう。

第11期3中全会の決議の後、開放の程度や速度については指導者層の一部に異論はあったものの、今日に至るまで対外開放の方針は一貫して続いている。そして、対外開放地区は、点から線、さらに面へと拡大し、近年は内陸部に及んでいる。すなわち、1979年7月、中国共産党中央は、広東、福建両省に対外経済活動自主権の付与を承認、深圳、珠海、汕頭、厦門に経済特区が設立された。これら経済特区は、外国資本と関連した輸出向け企業の設立によって外貨を獲得するだけでなく経済体制改革を試行する場であった[19]。

1984年5月には、第6期全人代で14沿海都市（大連、秦皇島、天津、煙台、青島、

---

19) 例えば、1980年10月制定の「広東省経済特区条例」に始まり、土地使用権の有償使用および譲渡制度を定めた「深圳特区土地管理条例」（1988年1月試行）に至るまで、体制改革に関する法律が全国に先駆けて実施されている。

連雲港、南通、上海、寧波、温州、福州、広州、湛江、北海）の開放が決定、これら諸都市は、都市再開発計画や外資導入計画をみずから策定し、国務院の承認を得たうえ実施できるようになった。また、経済特区なみに外資に優遇条件を与える経済技術開発区の設置も認められた。

さらに1985年2月、国務院は、長江三角洲、珠江三角洲、閩南三角洲の3地域を沿海経済開放区に指定した。1988年4月からは、福建省沿海地区のほぼ全域を開放、また同月の第7期全人代第1回会議では、海南省の設置を決定、同時に同省全域を経済開放地区に指定した。かくして、経済開放地区は、中国沿海地区の広範囲に拡がった。

一方、国内の地域間分業については、「第7次5ヵ年計画（1986年採択）において東部沿海、中部、西部の3地域に分類し、それぞれの地域の目標が示されるとともに、各地域・各業種・各企業の間での分業の大切さが説かれた」[20]。

この流れのなかで、開放政策は趙紫陽が主宰した党第13回全国代表大会（1987年11月）において一段と進んだ。本大会は、開放政策について、世界各国との経済技術協力と輸出入貿易をさらに拡大し、中国の科学技術の急速な進歩と経済効率の向上のためによりよい条件を生み出すとした[21]。そして、地域間の分業については、「経済特区、開放都市および開放地区の開発・建設計画を正しく策定し、外向型経済を重点的に発展させ、内陸部と横の経済連合を

---

[20] 拙稿「『分業』の視点から見た中国第7次5ヵ年計画」『三田商学研究』30巻1号、1987年4月、97-114頁［本書第5章収録］。

[21] 第13回大会前後、対外開放のための政策に関して、いくつかのめざましい進歩があった。直接投資の受け入れについては、「外国投資家の投資奨励に関する国務院の規定」（1986年10月公布）が注目される。これは、外資系企業のうち、外資獲得額が外貨使用量を上回る「製品輸出企業」および、先進技術の提供により輸出促進または輸入代替に役立つ品質の向上や新製品の開発を実現する「先進技術企業」を特別に優遇した外資導入の促進を図るものである。また88年7月には、国務院が「台湾同胞の投資奨励に関する規定」を公布し、9月には台湾に直接通商を呼びかけるなど、すべての国・地域の投資家に一層有利な投資環境を提供した。さらに90年4月には、「中華人民共和国中外合資法」が改正された。これには、特別の状況下を除いて合営企業を収用しないこと（第2条）、取締役会の会長に外資側が就任しうる道を開いたこと（第6条1項）、業種によっては合営期間を定めないこともできる（第12条）とした。

第9章　中国の市場経済化と対外開放

どしどし発展させて、これら都市と地区に対外開放の基地および窓口としての役割をあますことなく発揮させねばならない」としている。また、「社会主義の初級段階」においては、商品経済を大いに発展させねばならず、所有形態も、私有を含めさまざまな形態が認められるとする。この方針は、集団所有、私有を問わず、農村の「郷鎮企業」の発展を強く推進するものであった。

このような背景のもとに、「沿海地区経済発展戦略」が提起された。

1988年1月、趙紫陽が提唱した「沿海地区経済発展戦略」は、労働集約型産業に当面の重点を置いている。すなわち、沿海地区に存在する豊富で安価な労働力を利用して、労働集約財を生産する。不足している原材料は輸入に頼り、製品の主な市場は、海外に求める。この両極を外に置く（「両頭在外」）方式は、加工貿易であり、輸出を通じての経済発展、雇用増大を意図している。その際、労働集約財の生産の主な担い手となるものは、農村部の「郷鎮企業」である。そして、これら企業の技術水準や経営管理水準を高めるために、外国企業と郷鎮企業との合弁、合作、または全額出資企業の設立を奨励する。このように、開放政策を一層推進することによって、2億人近い人口を抱える沿海開放地区の経済的離陸をまず実現し、その成果を、中部および西部に及ぼすというのが、この戦略の骨子である。

この構想は、同年3月開催の第13期中央委員会第2回総会において採択された。総会報告において趙紫陽は、科学技術の振興、郷鎮企業の育成、直接投資の促進、対外貿易体制の改革に言及するとともに、この戦略が、全国的戦略であることを強調している[22]。

89年5月の趙紫陽失脚後は、この発展戦略は重要文書において言及されなくなったが、その構想は91年4月の第7期全人代第4回会議で承認された「国民経済・社会発展10ヵ年計画と第8次5ヵ年計画」において復活した。この戦略の

---

22) 趙紫陽「中国共産党第13回大会における報告」『前掲書』。なお、趙紫陽が積極的にこの戦略を推進しようとしていたのに対し、李鵬首相はむしろ慎重であった。すなわち、翌89年3月、第7期全人代第2回会議における李鵬首相の「政治活動報告」では、総需要の圧縮をはじめとした「整備・整頓」に重点が置かれ、第7項目に至って触れられているにすぎない。

意義の1つは、対外開放政策を郷鎮企業という企業レベルのものと結びつけたことにある。したがって、この戦略には、分業の重視という点で趙紫陽の政治的運命を越えた合理的根拠があると言えよう。

このように中国は、国際面でも国内的にも次第に「分業」体制を確立しようとしてきた。これは延安の革命根拠地以来自給自足を基本とし、対外的には1958年以来「自力更生」の標語のもと外資を拒む政策を長い間採っていた中国にとって、理念および実践上の大転換であった。対外開放によって分業を促進する体制作りが促進されたことは、市場経済化の進展に大きく寄与したと言えよう。

Ⅶ 東アジア諸国との国際関係と対外開放の進展

対外開放政策の最終目的は中国の経済近代化の達成にあるが、直接の目的は、外資・技術導入を図り、国際貿易を活発化することによって、分業の利益を得ることにある。その目的を達成するには、国際関係の安定が必須の条件である。

中国は、「現代化政策」の実施以来、各国との友好を外交の基本としてきたが、近年特に東アジア諸国との関係改善が著しく進んだ。ASEAN諸国については、タイ、フィリピン、マレーシアに続いて、1990年8月にはインドネシアと国交を回復し、10月シンガポールとも国交を開始した。91年9月ブルネイと国交を樹立、これによりASEAN諸国すべてと国交関係を持った。92年には銭中国外交部長がASEAN第25回閣僚会議に出席し、相互間の友好関係を深めた。APECには91年6月、台湾、香港とともに同時加盟した。さらに周辺諸国とは、92年1月「中国・ラオス国境に関する協定」の批准書を交換、3月には「中ロ国境東部区間に関する協定」の批准書交換、8月には韓国と国交を結んだ。また、11月末、李鵬首相はベトナムを公式訪問した。これは中国国務院総理の21年ぶりの公式訪問であり、西沙諸島の領有問題の存在にもかかわらず、中越関係の発展に資するところが大きいであろう。

このような国際情勢のもとで、中国は「全方位開放」の戦略を進めている。「全方位開放」とは、沿海地域の開放にとどまらず、沿江（長江流域）、沿辺（辺

境地帯）も開放する戦略である。長江（揚子江）流域の開発については、「上海浦東開発」を龍頭として、揚子江沿岸の蕪湖、九江、武漢、岳陽、重慶を一層開放し、沿海開放都市に関わる政策を実行するとしている[23]。92年8月実際に、これら諸都市の開放が決定した。

　上海市浦東地区の開発は、1990年4月に決定され、第8次5ヵ年計画の重点プログラムとして位置づけられているが、これは長江三角洲の開発を促進し、さらに全国の経済発展を促すものと期待されている。上海には、対外開放政策の1つの象徴的存在である宝山製鉄所をはじめ重工業が発達しており、軽工業中心の深圳など広東省の発展に比して、一層本格的に中国経済を牽引するものとして期待される。地域間の連関の視点に立つと今回の浦東地区の開発は、上海を龍の頭、揚子江をその体に見なして、四川省の重慶に及ぶ諸都市・各省の開発を促そうとするものである。沿江諸都市を開発の拠点として、発展の成果をこれら拠点都市から周囲の都市・地域へと波及させることにより、経済発展および市場経済化は大いに促進するであろう。揚子江は従来より主要な交通路であり、これは自然の地の利を考慮に入れた正しい開発戦略と言えよう。

　「沿辺」の開放に関しては、辺境の諸都市を開放し、周辺の対外開放構造を形成するものである。92年6月、北方では、黒竜江沿いの黒河市、朝鮮民主主義人民共和国との国境を流れる図們江流域の琿春市（吉林省）、内蒙古自治区の満州里など、西では新疆ウイグル自治区、南は広西チワン族自治区、雲南省の国境沿いの諸都市など計13の開放都市・県が指定された。国際情勢の安定が、辺境の開放を可能にしたのであり、いま（1993年時点）自然発生的な「国境貿易」がCIS（独立国家共同体）、ミャンマー、ベトナム、インドなどとの間に活発に展開されつつある。

　また、92年8月には、沿辺、沿海地区の4つの省都（ハルピン、長春、フフホト、石家荘）、内陸地区の11の省都（太原、合肥、南昌、鄭州、長沙、成都、貴陽、西安、蘭州、西寧、銀川）を一段と開放した。

---

23)「1992年中共中央第4号文件」矢吹晋『「図説」中国の経済』蒼蒼社、1992年、223-226頁。

台湾との経済交流も活発化した。台湾側が1985年7月から台湾製品の大陸への間接輸出を黙認するという方針を打ち出したことにより大陸への輸出が倍増したが、88年8月、「大陸製品の間接輸入に関する処理原則」と商品リストが公表され、それ以降、大陸から台湾への輸出も着実に増えている。主として福建省向けの直接投資も急増し、ここに「両峡経済圏」が成立しつつある。また1997年の香港返還を控えて、広東と香港との経済関係はきわめて緊密になっており、「広東・香港経済圏」が成立している。これら2つの経済圏を合わせて「華南経済圏」の成立に向かいつつあるという見解も有力になっている。このほか韓国から遼寧省、山東省への投資の増加を反映した「黄海経済圏」構想、図們江の開発を含む「東北アジア経済協力」（「環日本海経済圏」）構想など、いくつかの経済圏構想が打ち出されている。これらは、東アジアの国際情勢が安定していることの賜物である。
　それはもちろん国内情勢の変化にもよる。「6・4天安門事件」以降の中国では、思想統制の強化とともに、企業の責任者や官僚たちは慎重となり、改革は停滞していた。しかし、改革・開放政策の継続を唱え、かつ農村において各戸農家請負制を堅持し続けた末に、1992年1月鄧小平は改革・開放を加速させようとの談話を発表、3月党政治局全体会議がこれを確認して以後、急速に開放が進んだのであった。
　市場経済が容認された1992年10月の中国共産党第14回全国代表大会の決議においては、「社会主義初級段階論」の復活とともに、対外開放の促進が盛り込まれている。この意味で、この大会は1989年の「6・4天安門事件」後の経済および思想的引き締めを転換し、第13回大会（1987年）の路線を守り、改革をさらに一歩進めたものと言えよう。
　外資導入については、天安門事件以後、アメリカ合衆国はじめ西側諸国の対中経済制裁によって対外借款の契約金額は89年、90年と激減したが、91年には回復し始めている。直接投資については、89年に件数は減ったものの、金額では一貫して増えつづけ、91年には急増している。
　内訳は、直接投資は香港・マカオからのものが圧倒的に多く1983年から91年の合計のシェアは、59.2％に達する。これに対し、日本は13.5％、アメリカ

合衆国は10.4%と少ない。注目されるのは、91年には台湾が香港・マカオに次いで第2位になっていることである。東アジアの国際分業において、華人の果たす役割の大きさがここにもうかがわれる。言語、文化などの共通性を基盤として郷鎮企業との合弁も容易であり、中国の市場経済化に果たす華僑投資の役割は大きいものがある。

　一方、対外借款については、1983年から91年の合計のシェアで日本は41.0%と圧倒的に高く、香港・マカオは5.8%、アメリカ合衆国は1.9%にすぎない[24]。インフラストラクチャーの整備を通じて市場経済化の環境を整えることに日本は寄与しているが、直接的生産活動は中国人が担っている構図がここに見られる。しかし、日本も投資先をASEAN諸国から中国へ転ずる動きがあり、今後増大することが予想される[25]。

VIII　むすび

　党第14回大会で承認された市場経済化は、機構の改革のみで可能になるのではない。市場の形成のためには、経済的余剰が生まれなくてはならない。その意味で、1978年12月以降の農村経済改革は、高く評価されねばならない。農民にも副業を認めたその改革のなかから郷鎮企業が生じ、市場経済の発展のための重要な担い手となっている。中国の指導部は、「社会主義の初級段階論」という歴史段階認識を打ち出し、所有制に関わる理論的問題を回避することにより、その発展の大きな法的制約を取り除いた。この郷鎮企業を対外開放政策に組み込み、その生産する労働集約財の市場を海外に求めることが「沿海地区経済発展戦略」の対外面での構想であった。これは、経済合理性に合った考え方ではあるが、外国資本との提携は一部の優良企業に限られている。また輸出

---

24) 数値については、馬成三『発展する中国の対外開放』アジア経済研究所、1992年、86-87頁。
25) 事実、日本からの直接投資は、1991年度にはシンガポール、タイへは対前年比でマイナスだったのに対し、中国へは65.9%も増加した（日本貿易振興会『世界と日本の直接投資』1993年、521頁）。

需要は発展の起動力とはなるものの、長期的には中国は国内市場を育成していかなくてはならない。

内陸部の市場経済化および発展を考えたとき、「社会主義の初級段階」が、21世紀半ばまで続くものとした見解は、経済発展、とりわけ農村の近代化に時間がかかるという歴史的事実をよく認識したものである。交通・通信網などインフラストラクチャーの整備は市場経済の発展のために重要であり、日本もその改善のために寄与することが大切である。しかし国内における分業の進展を制約している原因は、物的面にとどまらず、制度面においても顕著である。改革政策の実施後、「横向連合」という呼び名で、行政の枠を超えた取引や企業提携が推奨されているものの、物的・制度的制約はなお強いうえ、資本蓄積・生産性の向上には時間がかかる。沿海地区の外向型発展が成果を挙げ始めたとしても、それが内陸部の経済成長に結びつくためには、長い歳月が必要となろう。

だが、時間のかかることは必ずしも悪いことではない。「局地的市場圏」が成立し、その内部に一定の経済余剰が生じ、社会的分業が進展する以前に共同体が破壊されたならば、その村は貧困のまま取り残されるか、または厳しい戸籍制度にかかわらず人々は都市に「盲流」（戸籍のないまま都市に住むこと）し、大都市の住宅・交通問題等が悪化する一方、村は過疎化をたどらねばならないであろう。競争によって市場経済化は必然的に農村共同体を変貌させるが、急速に破壊するような形での近代化は農村を都市の大企業や外国企業に従属させかねないという問題も生じるため、これは避けねばならない。

市場経済の容認によって、農村・都市を問わず市場化へのタブーはなくなった。第14回大会後、李鵬首相は次のように述べている。「発達した商品市場と完全な要素市場がなければ、近代的な市場経済はありえない。今後は引き続き各種卸売市場を発展させ、多段階の市場ネットワークを形成するとともに、先物市場など新しい市場組織形態を模索しなければならない。同時に、市場建設の重点を金融、労働、技術、不動産などの要素市場の育成を速めることに移さねばならない」。従来は経済部門間のバランスを重視していた李鵬首相がそのような方向を打ち出したことは、指導部層の考え方が、市場経済の促進、開放

政策の促進に向かっていることを示している。

　1993年3月、第8期全国人民代表大会で憲法が改正された。そこでは国の現状を「社会主義の初級段階」と規定、そのうえで国家の根本任務は、「中国の特色ある社会主義建設の理論」に基づく現代化にあると定められた。「社会主義市場経済」の実行が正式に盛り込まれたことによって、今後、経済立法やマクロ経済管理手段の整備が一層進められるであろう。国営企業は、経営と所有の分離を進めるために「国有企業」という名称に改められた。農村については、各戸経営請負制が追認された。

　「社会主義」は、国家の目標として生き続けるが、経済体制としては完全な市場経済体制確立への道を中国は選択したのである。

　中国の政治体制は当分の間、人民民主主義独裁に基づく民主集中制が続くと見られる。したがって、中央で政治的主導権を握る人が分業の大切さと市場経済の性質を理解したうえで適切な経済運営を行うとともに、GATT加盟を控え一段と経済改革を進めるか否かが、今後、対外開放をさらに推進し経済発展を軌道に乗せうる1つの鍵となろう。

　それと同時に、対外開放のために国際関係が良好に保たれねばならない。中国外交の基本であり日中共同声明にも盛り込まれている「反覇権主義」[26]を今後守り続けることが、東アジアの国際環境の安定のためにも中国の経済近代化の達成のためにも不可欠なことであることを、再確認することが大切であろう。

　なお、1997年の香港返還は総督との摩擦はあっても予定どおり進むであろうが、東アジアの安定を脅かしかねない問題として台湾との統一問題がある。台湾も中国も最近、軍備の近代化に急である。だが一方で、台湾との経済交流は緊密になりつつある。建国100年を迎える21世紀中葉は、「社会主義の初級段階」の終わる予定の時期であり、香港の「政治特区」の期限が切れる時期でもある。台湾統一問題も、性急に武力に頼ることなく、21世紀中葉を展望した平和的解決を図るべきであろう。

---

26)「日本国政府と中華人民共和国政府との共同声明」（1972年9月29日）第7項。

第10章
中国経済体制改革と現代企業制度

I　はじめに

　1978年12月、中国共産党第11期3中全会において、鄧小平に主導された経済体制改革と対外開放政策が開始されてより、20年余りが過ぎた（2000年の時点）。この間（1979-1998年）に実質国内総生産は5.4倍となり、年平均成長率は9.7％という高成長が達成された[1]。鄧小平は1997年2月に死去したが、同年9月の中国共産党第15回全国代表大会において江沢民は、「鄧小平理論の偉大な旗印を高く掲げて、中国の特色を持つ社会主義を建設する事業を全面的に21世紀に推し進めよう」と、鄧小平路線を継承することを強調した[2]。

　そこにおいて、鄧小平は「中国の特色を持つ社会主義建設の基本理論と基本路線の創立者」であり、この中国の特色を持つ社会主義建設の理論を「鄧小平理論」と名づけるとしている[3]。鄧小平の功績として、社会主義についての旧来の固定観念にとらわれることなく、「実事求是」の精神で中国経済の現実を見ることを人々に説いたこと、生産力の発展水準が先進諸国に較べてはるかに遅れているという現実からして、中国の社会主義は「社会主義の初級段階」にあり、今後長期にわたってこの段階にあると論断した点が特に強調されている。

　本章は、過去20年における中国経済体制改革における鄧小平路線の進展の結果生まれてきた、現代企業制度の中国における役割を明らかにしたうえで、

---

1) 王夢奎主編『中国経済転軌二十年』外文出版社、1999年、7頁。
2) 江沢民「中国共産党第15回全国代表大会における報告」（1997年9月12日）『北京週報』35巻40号、1997年。

現代企業制度整備にあたっての今後の課題に触れたい。

Ⅱ　社会主義市場経済における現代企業制度の役割

　1992年1月から2月にかけて、鄧小平は上海や深圳を視察し、経済開放を一層促進させよという、いわゆる「南巡講話」を発表した。これを機に、改革が加速し、外国からの直接投資も増大した。同年7月、国務院は、株式会社化へ向けての大幅な自主権付与を盛り込んだ「全人民所有制工業企業の経営制度の転換条例」を公布・施行した。それにより、所有と経営の分離という原則に則って、国営企業は国有企業となり、政府の行政命令による経営を基本的に排除し、政府は資産保有者にとどまることになった[4]。

　1992年10月、中国共産党第14回全国代表大会において、江沢民総書記は1978年12月以来の改革・開放路線の実践の基本的総括をし、経済体制改革の目標は「社会主義の市場経済を確立し、生産力のさらなる解放と発展を促進することにある」と報告[5]し、承認された。ここに「社会主義市場経済」という言葉が公認されたのである。

　3）党第15回全国代表大会における江沢民報告では、20世紀における中華民族の2つの歴史的任務、すなわち、民族の独立と人民の解放、国の繁栄・富強と人民の共同の裕福、を実現することに特に貢献した3人の指導者として、孫文、毛沢東、鄧小平を挙げている。
　　孫文は辛亥革命（1911年）によって、数千年にわたる君主専制制度を覆した。毛沢東は中華人民共和国の成立（1949年）と社会主義制度の確立に寄与した。そして鄧小平は改革・開放によって、社会主義現代化を実現するための新たな革命を始めた。同報告によれば、鄧小平理論は、毛沢東思想の継承と発展であり、現代中国のマルクス主義であるとされる。
　　マルクス経済学の基本概念である「搾取」の概念を、「社会主義初級段階」という段階論によって棚上げにした鄧小平路線を、毛沢東思想の継承とか、マルクス主義と呼ぶことには、異論も多いであろう。私は、「鄧小平理論」とは、「社会主義現代化」を実現するための理論であり、毛思想からは「実践論」のみを継承し、マルクス経済理論を現代中国の現実という段階論によって実践の場から遠ざけた点に、特色があると考えている。
　4）憲法上は、1993年3月29日、第8期全国人民代表大会第1回会議「中華人民共和国憲法修正案」において、第5条の改正によって実現した。『十四大以来重要文献選編（上）』人民出版社、1996年、208頁参照。

第10章　中国経済体制改革と現代企業制度

　同報告では、社会主義の市場経済体制を確立するためのポイントの中心に、国有企業、特に大・中型企業の経営メカニズムの転換を図り、その活力の強化、体質の向上に努めることが挙げられている。

　この方針に基づいて、1993年11月、党第14期3中全会において、「社会主義市場経済体制を確立するうえでの若干の問題についての中国共産党中央委員会の決定」[6]がなされ、国有企業の経営メカニズムを転換し、「現代企業制度」を確立することが提唱された。本決定では、「公有制を主体とする現代企業制度は社会主義市場経済の基盤である」としている。そして、現代企業制度を確立することは、社会化された大規模生産と市場経済を発展させるうえでの必然的な要請であり、国有企業の改革の方向であるとする。

　具体的には、「国有中・大型企業を、国の行政機関に直結した公司（会社）ではなく、株式会社に改組する。行政と企業の分離により、企業は、行政機関依存から脱却することによって、競争に打ち勝つために経営管理水準を高めるようになる。他方、国は、企業に対して出資額に応じた責任を負うことになり、従来のような無限責任から解除されるという利点を持つ」とされる。

　既存の全国的な業種の「総公司」は、持株会社に改組し、大型企業集団を発展させることによって、構造調整、規模の経済、新技術や新製品の開発の加速化、国際競争力の増強を図る。

　一方、小型国有企業については、請負経営の実行、株式制への改組、または売却のいずれもありうるとしている。

　これらの方針に基づいて、1993年12月には、第8期全人代第5回常務会において、「中華人民共和国会社法」（1994年7月1日施行[7]）が定められた。1997年9月の中国共産党第15回全国代表大会における江沢民報告では、「公有

---

5) 江沢民「改革・開放と現代化建設のテンポをはやめ、中国の特色を持つ社会主義事業のさらなる勝利をかちとろう——中国共産党第14回全国代表大会における報告」（1992年10月12日）『北京週報』30巻43号、1992年10月。

6) 「社会主義市場経済体制を確立するうえでの若干の問題についての中国共産党中央委員会の決定」（1993年11月14日、中国共産党第14期中央委員会第3回総会で採択）『北京週報』31巻47号、1993年11月。

7) 志村治美・奥島孝康編『中国会社法入門』日本経済新聞社、1998年、284-314頁参照。

制」の範囲が大幅に拡げられた。すなわち、「公有制経済」の概念を「国有経済と集団経済を含むだけでなく、混合所有制経済の国有部分と集団部分を含んでいる」とし、株式の国家所有・集団所有の部分も公有制の範囲に入れることとなった[8]。

さらに、大型企業を、株式化を含む現代的企業制度に改めることと並んで、小型国営企業の民営化の方向が打ち出された。

1999年9月、中国共産党第15期中央委員会第4回総会で、「国有企業の改革と若干の重要問題に関する中国共産党中央委員会の決定」[9]が採択された。この決定は、国営企業の位置づけを明確にし、今後の中国国有企業改革の方向を示すものである。

そこにおいて、国有経済、国有企業、および、それらの改革は次のような意義を持つとされる。すなわち、

1. 国有経済を含む公有制経済は、中国社会主義制度の経済的基盤であり、国が経済と社会の発展を導き、推進し、コントロールする基本的な力であり、人民大衆の根本的利益と共同富裕を実現する重要な保障である。
2. 国有企業は、国民経済の柱であり、社会主義社会の生産力を発展させ、国の工業化と現代化を実現するための重要な役割を担う。
3. その改革については、社会主義市場経済体制の確立へ向けて、公有制と市場経済の効果的な結合を実現するために、国有企業に市場経済の要請に応える管理体制と経営メカニズムを構築させる。そして公有制のさまざまな形式を模索する。

ここで意味することは、「社会主義市場経済」である限り、公有制は維持しなくてはいけないという原則のもとで、現代における大量生産・大量消費に適合した経営方式や組織形態を、それが生産力の発展に寄与するものであれば、たとえ資本主義経済のもとで生まれた方式であろうとも、積極的に導入する。

---

8) 中兼和津次『中国経済発展論』有斐閣、1999年、55頁。
9) 「中共中央関于国有企業改革与発展若干重要問題」(「国有企業の改革と若干の重要問題に関する中国共産党中央委員会の決定」)『北京週報』37巻42号、1999年。

そのための中心課題として、国有企業を市場経済に適応できるように改革する、という趣旨であると考えられる。

では、どのような状態において、公有制の原則を維持しなくてはならないのだろうか。

それは国有経済が、「国民経済の命脈に関わる重要な業種およびカギとなる分野で支配的地位を占め、社会・経済全体の発展を促進し、国のマクロ・コントロール目標を実現する面で重要な役割を果たす」状態である。

ここで、国有企業がコントロールする必要のある業種は、国の安全に関わる業種、それに金融、物資備蓄、公共施設、基礎産業、インフラ、ハイテク産業など国民経済の命脈に関わる業種であり、その他は、「あくまで国有、集団などの公有制経済を主体とする前提のもとで、個人経営、私営経営などの非公有制経済の発展を奨励し導く」とされる。

国民経済の発展につれて、国有企業の占める割合が低下することが見込まれるが、これについては、「公有制を主とし、国が国民経済の命脈を握り、国有経済のコントロールと競争力を増強しさえすれば、このような減少は中国の社会主義の性質に影響しない」とする。そして、「国有企業の役割は、国有独資企業を通じて実現されなければならないが、それにもまして株式制を大いに発展させ、国有の持株企業と株式参加企業を通じて実現することを模索しなければならない」と国有企業の株式化の推進を強調している。

すなわち、所有制に関して、国有企業が、国有独資企業でなくなり株式化されても、国有の持株会社による実質的な支配を受けるならば、公有制企業である。そして、公有制の企業が、国民経済をコントロールできるならば、国有、集団企業の比率が低下しても、公有制の原則は維持されるとしている。

要するに、国有企業の改革・発展を推進するにあたっての中国共産党の指導方針は、「公有制を主体とし、多種の所有制経済を同時に発展させる。国民経済における国有経済のコントロール力を増強する一方で、多種所有制経済の公平な競争と共同の発展を促進する」と要約される。そして、2010年までに、戦略的調整と改組を一応完成し、比較的合理的な国有経済の配置と構造を形成し、現代企業制度を確立し、経済効果を著しく向上させ、国有経済に国民経済

の中でよりよく主導的役割を果たせることを目標としている。憲法上も1999年3月の第9期全人代第2回会議において、個人経済、私営経済などの非公有制経済は社会主義市場経済の重要な構成部分であると明確に規定され、市場経済への改革への法的基盤が確立した。

　これらを背景に、現在（2000年時点）、3大改革（国有企業、金融制度、行政）が進められているが、現代企業制度確立のために、国有企業はどのような管理体制へと改革されようとしているのだろうか。

Ⅲ　中国現代企業制度における国有企業管理

　中国現代企業制度がどのような形で社会主義の性質を盛り込んでいるのかは、企業改革以後の国営企業のコーポレート・ガバナンスのあり方と密接に関わってくる。ここでは、公有制をどのように維持するかが問題となる。
　行政と企業の分離に関して、諸機関の関係は、次のとおりである。
1．国は、国が出資して設立し株式を保有する企業に対し、出資者の代表を通じて所有者の職能を行使し、出資額に基づいて、資産による受益、重要な政策決定、経営管理者の選択などの権利を享有し、企業の債務に対し有限責任を担うが、企業の日常経営活動に関与しない。
2．国務院は、国を代表して国有資産所有権を統一的に行使する。中央と地方政府は、級に分けて国有資産を管理し、大型企業、企業グループ、持株会社に国有資産経営権を授ける。そのうえで、監事会制度を健全にし、体制とメカニズムの面から国有企業に対する監督を強化、国有資産とその権益が侵害されないようにする。
3．各級党・政府機関は、人員と財物などの面で、その経営する経済実体や直接管理する企業と完全に関係を断ち切らなければならない。
4．企業は、法によって、自主的に経営し、規定どおりに納税し、責任を持って所有者の純資産の価値を保全、増大し、所有者の権益に損害を与えてはならない。
5．国有資産管理については、国家所有、分級管理、授権経営、分業監督と

第10章　中国経済体制改革と現代企業制度

いう原則に則って、国有資産の管理・監督・運営システムとメカニズムを徐々に構築する。

この方針に基づいて行政改革が行われ、従来、国有企業を管理していた局や総公司が持株会社に改組され、国有大・中型企業はその支配下に組み込まれるような公司制改革が進められている。企業改革と行政改革は、表裏一体なのである。

では具体的に、公司に対する、また公司の内部における管理構造は、どのような形をとるのであろうか。株主総会（所有者）、董事会（取締役会）、監事会（監査役会）、経理（支配人）、労働組合・従業員代表大会、党委員会の役割分担および各機関の関係は次のとおりである。

1．株主である所有者は、株主総会を通じて企業に対し最終的支配権を有する。
2．董事会は、出資者の権益を守り、株主総会に対し責任を負う。董事会は、公司の発展目的と重要な経営活動について政策決定を行い、経営者を招聘、任命し、その業績を考課、評価する。
3．経理は、董事会より任命される。党委員会書記は、原則として、総経理（総支配人）を兼任することができない。
4．監事会は、企業の財務と董事、経理の行為を監督する。監事会には、党委員会の責任者および従業員代表がメンバーとして加わらなくてはいけない。
5．国有独資会社、または国有持株会社の党委員会の責任者は、法定手続きを通じて、董事会、監事会に参加することができる。
6．董事会には、監事会と同様に、従業員代表の参加がなければならない。
7．党委員会書記は、董事長（代表取締役会長）を兼任することができる。
8．党組織は党の規約に基づき、労働組合と従業員代表大会は関係法律・法則に基づいて、その職責を履行する。企業の党組織の役割は主として、企業での党と国の方針・政策の、貫徹および執行を保証・監督すること、企業の重要な問題についての政策決定に参与することにある。

この関係において、いくつかの問題点が存在する。

第1に、企業は誰が支配するのかという点についてである。国有独資公司（国有単独出資会社）の場合は、株式の100％を国が保有しており、政府によって支配されていることは明らかである。

　一方、株式が公開されている場合、国有企業が株式を発行するにあたっては、内資株であるA株の国家株、法人株および個人株の3つのうち、国家株（中央・地方政府が所有する株式）が登録資本金の50％を占めなくてはならないと決められている。個人株（一般の個人投資家や発行企業の従業員が購入する株式）が登録資本金に占める割合は、原則として10％以上でなければならない。ただし、国有企業が株式を発行する場合は個人株は30％、集団所有制企業の場合は70％を越えてはならないとされている[10]。これから考えて、株式を公開する場合でも、国有企業の株主総会の支配権は国家、そして最終的には国家を指導する中国共産党にあり、個人投資家にとってその会社は単に投資対象先でしかないと言える。個人株主の意見を株式総会に反映することは困難と言えよう。

　第2に、董事会は「出資者の権益を守り、株主総会に責任を負わなければならない」とあり、株主総会によって選出される。しかし、各級党機関と企業との関係を断ち切らなくてはいけないという原則があるのにもかかわらず、党委員会の責任者、従業員代表が監事会に参加しなくてはならないとされており、さらに、国有持株会社の党委員会の責任者が、董事会に参加することができる。国が党によって指導されている国家体制のもとで、董事会は党の方針によって支配され、従業員代表が董事会においてどの程度、実質的な発言権を有するかが懸念される。また、会社の法定代表者（「会社法」第113条）である董事長は、党委員会書記が兼任することができることからも、党の支配は圧倒的である。

10）李維安『中国のコーポレート・ガバナンス』税務経理協会、1998年、148頁参照。なお、「中華人民共和国会社法」（1994年7月1日施行）には、国際慣行と異なるA株、B株といった分類は規定されていない。しかし、「国の授権投資機構は、法に従い、その所持する株式を譲渡することができる。……株式の譲渡または買い受けについての認可権限、管理方法については、法律、行政法規により別に規定する」（同法第148条）とし、「株式会社の国家の有する株主権の管理の暫定規則」（1994年11月）によって、国家株の譲渡が制限されており、国家の発言権の確保がなされている。

経営のわかる董事会メンバーが選出されるか否か、疑問の残るところである。
　国有企業の運営に関して、党委員会の役割が圧倒的に大きい仕組みのもとで、総経理は党委員会の方針に従わざるをえない。党が長期的な視点に立って、その企業や経営陣を支援する場合には、総経理は思いきった経営ができるが、短期的業績のみで評価されるとするならば、将来の企業発展と必ずしも結びつかない経営が行われる恐れがある。国民経済の発展という全人民の利益と合致した合理的経営でなく、支配政党である共産党の政治的方針に従う経営になりかねない。
　第3に、監事会が経営陣をチェックすることになっているが、前述のようにその監事会のメンバーに党委員会の代表が加わっている。党委員会の判断が常に正しいのなら問題はない。しかし、党委員会の方針そのものをチェックする機構が存在していない点に、この制度の限界があると考える。企業活動の公正さを監査するにとどまればよいが、経済的合理性をめざす企業経営活動の方針への批判、さらには経営業績に対する過度の責任追及などが、党の意向によってなされる可能性が残る。経営者の意思決定が政治的利害から分離されることが、合理的企業経営にとっては必要であろうが、この点が実現されない恐れが強い。
　以上のように、各級党・政府機関は人員・財物の面で、企業と完全に関係を断ち切らなくてはならないという原則と、管理構造に関する規定との間には大きな差異が存在しており、党が企業活動になお大きな影響を与える仕組みになっているのである。

IV　中国現代企業制度の確立に向けて

　今後、中国が現代企業制度を確立するためには、外部統治制度を経済効率を高める制度へと改革し整備することが大切であろう。前節に見るように、現在の方針では株式制の国有企業にあっても、党委員会が企業統治に関して大きな役割を果たしている。この現状を認めたうえで、より経済的合理性を追求できる外部統治制度としては、どのようなものが考えられるだろうか。

外部統治制度には「機関ないし制度指向的ガバナンス・システム」と「市場指向的ガバナンス・システム」がある[11]。上記の党によるガバナンスは、「機関ないし制度指向的ガバナンス・システム」に属する。しかし、経済的効率を高めるために、もう1種類の「機関ないし制度指向的ガバナンス・システム」として、メイン・バンクによるガバナンスの遂行が注目される。メイン・バンクは、融資をする際の調査を通じて、融資先である企業の経営内容に通じ、融資先の企業経営行動にも多大な関心を有しており、当該企業の経営者に対するモニタリング機能を果たしていくうえで中心的な存在になっている[12]。

　事実、中国における外部統治制度において、近年、銀行が重要な役割を果たしている。改革以前の計画経済下で、国有企業に対する唯一の外部統治機構であった行政主管部門は、金融業務の知識や経験を持っていないため、銀行が、資金の供給者として国有企業の経営方針に関与するだけではなく、国有企業の株式会社化や株式上場のノウハウの提供などにおいて、重要な役割を果たしている[13]。

　経済のマクロ管理体制の確立においても銀行制度の整備は欠かせない。1995年3月、第8期全国人民代表大会第3回会議で、「中華人民共和国中国人民銀行法」と「中華人民共和国商業銀行法」が制定された（95年7月1日施行）。前者によって中国人民銀行の中央銀行としての法的基盤が固まり、後者によって、専業国有銀行の商業銀行化ならびに、新たな民間商業銀行の設立が促進された。専業国有銀行の商業銀行化の促進については、95年4月から政策金融と商業金融の分離が行われるようになり、国家開発銀行、農業発展銀行、中国進出口銀行（輸出入銀行）が設立された[14]。このように、市場経済への移行とともに、金融機関の金融サービスの多様化が促進された。

　さらに、96年から「主辦銀行制度」も試行されるようになった。中国の主

---

11) 植竹晃久・仲田正機編著『現代企業の所有・支配・管理』ミネルヴァ書房、1998年、14頁参照。
12) 同上。
13) 李維安『前掲書』94-98頁参照。
14) 樊勇明・岡正生『中国の金融改革』東洋経済新報社、1998年、第2章参照。

辨銀行制度は、特定の企業を対象に優先的に資金を供与し、資金供与から資金運用までのより幅広い金融サービスを提供するものである。対象企業として選ばれるのは、国の産業政策に沿った業種と企業、国家の重点プロジェクトに関する企業、特大型国有企業である。1997年12月末で、約500社の重点企業が、中国工商銀行、中国銀行、中国建設銀行、中国農業銀行の4大専業国有銀行の主辨銀行制度の対象となっている[15]。

　この制度は、国家の基本建設を推進するのが目的であるが、専業国有銀行は単なる資金の窓口ではなく、プロジェクトに対しても審査をし、一定の助言をする。この点で、融資を受ける国有企業にとって銀行は、「機関ないし制度指向的ガバナンス・システム」の役割を果たしている。また、その他の商業銀行も、融資にあたっての審査を通じて、企業にとって外部統治機能を果たしている。大多数の企業は、たとえ株式化しても非上場企業であり、かつ資金不足の状態が続いている中国の現状では、銀行の持つ外部統治機能の重要性は、ますます大きくなると考えられる。

　一方、「市場指向的ガバナンス・システム」は、経営者の評価とその処遇を株式市場の評価に仰ぐシステムであり、業績の悪い企業の経営者が排除されて、新たな経営者にとって代わられることにより、企業の効率的な運営を維持・強化していこうとするシステムである[16]。

　中国が100％国家所有の独資企業から、株式会社への転換を図り、国家所有の株も市場へ公開しようとしている背景には、株式譲渡を通じて個人資金を吸収し、銀行からの国有企業に対する融資に関わる資金コストを節約しようという意図がある。この意図を超えて、個人株主が単なる資金提供者にとどまることなく、会社経営にその意思を反映することができるであろうか。国家株の割合が高い現状では、議決権の行使による経営への参与は困難であろう。残された現実的な道は、会社の業績に対する個人株主の評価が、株価に反映されるシステムを整備することにある。

---

[15] 同上、11-13頁参照。
[16] 植竹晃久・仲田正機編著『前掲書』14頁参照。

株式の公開にあたって、企業業績を正当に株価に反映させるためには、競争的株式市場が必要である。競争的株式市場とは、①法制度が健全で整備されていて、②株式保有が分散しており、③市場規模が大きく、④インサイダー取引がなく、⑤大口による株価操作ができない市場のことである。

　こうした条件が備われば、株価は主に企業経営の善し悪しによる期待収益、すなわち配当によって決まることになる。株価の変動が、企業の利益水準の変化を示す信頼できる代理指標となり、企業の経営状況を基本的に反映するようになり、経営者の賞罰も根拠を備えた明確なものとなる。このようにして、個人株主を含む所有者が市場を通じて近代的企業制度経営者を監督しうる外部市場環境を持つことになる[17]。

　中国には株式市場が発展しつつあるが、まだ上記のような条件を備えていない。現代的企業制度の確立をめざし、株式会社の発達を促進しようとする中国にとっては、株式市場のさらなる改善が不可欠である。

　中国の株式が最初に発行されたのは1984年であるが、90年12月には全国規模の証券取引所として上海証券取引所、91年1月には同じく深圳証券取引所が設立された。市場経済が公認された年である1992年から、取引額が急速に増えた。1999年7月より「証券法」が施行され、投資者が、公開、公正、公平の原則（「会社法」第130条）のもとで、合理的な投資価値を実現する基盤が整備され、現在に至っている。

　企業業績が株価に反映するシステムができれば、株式市場が企業にとっての外部統治制度として機能するが、流通株が少ない現在、その道はまだ遠いように思われる。必要なことは、国家株をより多く放出すること、企業情報の公開を進めること等によって、株式市場を、前記の5条件を備えた競争的市場に育てる努力を重ねることであろう。現代企業制度の確立を打ち出した97年9月の党第15回全国代表大会以後、段階的、漸進的に国家株を上場させる方向に向かっており、この一層の進展が望まれる。

---

[17] 林毅夫・蔡昉・李周共著、関志雄監訳、李粋蓉訳『中国の国有企業改革』日本評論社、1999年。

第10章　中国経済体制改革と現代企業制度

　上記の課題のほか、現代企業制度の確立へ向けて、中国政府は、企業管理については、コスト管理、資金管理、品質管理の改善、経営管理者の収入と企業の経営業績とのリンクを実行することに、また国の仕組については、全国統一の会計制度を確立し、企業の経済活動に対する会計検査、監査を強化することに取り組もうとしている。

　さらに、企業の赤字問題解消、都市住民の最低生活保障の制度整備、養老・失業・医療などの社会保険がカバーする範囲の拡大、社会主義市場経済の法律制度の確立など、企業経営のために良好な社会的環境を作ることをめざしている。これらはいずれも重要な事柄であり、国有企業それ自身の改革、市場機構の整備と並行して行われなくてはならないことは言うまでもない。

V　むすび

　鄧小平理論とは、「中国の特色を持つ社会主義建設」の理論である。中国は現在（2000年）、社会主義の初級段階にあり、中国が直面している最大の矛盾は、「増大する物質的・文化的需要と立ち遅れた社会的生産との間の矛盾」であって、階級矛盾は副次的なものである。このように論断することによって、階級闘争の再発を防ぎ国民の統一を図るとともに、私営企業を含む多様な所有制の存在を可能にしたのである。

　立ち遅れた社会的生産の改善は、指令経済から市場による資源配分機構へと経済体制改革を行う必要があり、中国は社会主義市場経済の整備への努力を続けている。生産力のさらなる解放と発展をめざして社会主義市場経済を確立するにあたって、その基盤となるものが、公有制を主体とする現代企業制度の確立であった。多様な所有制形態の企業を容認しその発展を図りつつも、改革の当面の中心課題は、国民経済において主要な位置にあり、しかも、社会主義という原則上重視されてきた、国有企業の改革にあった。

　社会主義の原則を、市場経済においてどのように貫いていったらよいか。これは、いまなお、中国が模索している課題である。「社会主義市場経済」という用語は、市場経済を通じて社会主義の諸目標を達成するとも解せるし、市場

経済を運営するにあたって社会主義的要素を残すとも解せる。

　前者の側面では、市場経済の持つ効率性を中国経済において実現することが課題となる。そのために、市場経済のもとで発展してきた資本主義国の制度であっても、生産力の発展に役立つものならば、積極的に導入しようとしている。その主要なものが、株式会社を中心とする現代企業制度であり、一般的に生産効率が悪い企業が多い国営企業を株式会社に改組するなど、市場経済において競争力を持つようにする努力が進められている。

　後者の側面では、公有制の原則をどのようにして保つかが課題となる。国有企業の株式を国が100％所有していなくても、持株会社を通じて実効支配ができれば、公有制の原則が維持されていると中国は見なすに至っている。この考えは正しいが、問題は、企業管理組織において、董事会、監事会の両者ともに党委員会の影響力が強く及ぶ仕組みになっていることにある。4つの基本原則（社会主義の道、人民民主主義独裁、中国共産党の指導、マルクス・レーニン主義と毛沢東思想）の1つ、中国共産党の指導を貫徹しつつ、社会主義建設を進めるという姿勢がここに現れている。

　企業と党との分離が果たせず、企業経営が実質上、党の指導に左右されるとするならば、株式化によって経営効率が高まるか否か疑念が残る。持株会社は国家株の保有によって、最終支配権を持つ株主総会において、企業経営に関し支配力を持つ。董事会の選任と並んで、持株会社の党委員会の責任者が参加する董事会、監事会を通じて企業に及んでくる党の指導には、制度上の歯止めがない。指導が経営効率を阻害していないか否かを、現代企業制度の中で判定できるものがあるとすれば、歪みのない市場における企業利潤およびそれを反映する競争的株式市場における株価水準であろう。企業業績を市場がどのように評価するかが、党の指導に対するチェック機能を間接的に果たすことになる。国家株の放出、企業情報の公開を通じて競争的株式市場を育成し、「市場指向的ガバナンス・システム」を確立することが、中国現代企業制度の整備にあたって望まれるところである。

　最近（2000年時点）、中国の世界貿易機関（WTO）加盟に関して、大きな進展が見られた。中国がGATT（関税および貿易に関する一般協定）に加盟申請

第10章　中国経済体制改革と現代企業制度

したのは1986年7月であったが、1999年11月に至って、米国との2国間交渉が妥結、中国は加盟に向けて大きく前進した[18]。

中国は、本格的な市場開放を迫られており、それに備えて、国有企業改革による一層の効率的経営、財務体質の強化等や国際競争力強化のための企業集団化を進めている。上記の競争的株式市場の育成を含む現代企業制度の整備は、急務の課題となっているのである。

ただし、競争的株式市場の育成は現実には一朝一夕に成らず、当面は商業銀行の育成・整備や、WTO加盟による外資系銀行の業務範囲の拡大によって、間接金融機関を整備し、その外部統治を通じて経営の効率化を図ることが先決であろう。しかし、株式市場の整備、株式の個人への分散化には、より深い意義がある。

F. A. ハイエクは、「競争こそ、政治権力の恣意的な介入や強制なしに諸個人の活動の相互調整が可能になる唯一の方法である」と述べ、「競争を維持し、できるだけ効果的に働かせるように考えられた法律制度」を樹立する必要性を説いた[19]。かつて、民間企業の廃止、生産手段私有化の撤廃、指令的計画経済の建設により、社会主義化への道を歩んだ中国は、いま、経済制度のうえで、逆の方向をめざしている。これが成功すれば、個人がそれぞれの目標を達成しつつ、生産力の向上により、福祉国家という意味での「社会主義」を達成することができるであろう。道は遠くとも、その一歩を踏み出す意味は大きいと言えよう。

---

18) 中国は、(1)銀行、保険、通信の分野でアメリカ企業の新規参入を認める。通信分野での外資比率を、加盟直後は49％、加盟2年後には50％まで認める。(2)外銀の人民元取り扱い業務を、企業に関しては加盟2年後に、個人に関するものについては、加盟5年後に認める。(3)平均関税率を、22.1％から17％へと引き下げる。(4)自動車関税を2006年までに25％に引き下げる。(5)小麦、とうもろこし、米、綿花の関税割当額を拡大する。(6)輸出補助金を廃止する。(7)アメリカ企業による自動車ローンの提供を認める、等であり、一方アメリカ合衆国は、繊維製品輸入規制を2009年に撤廃するというものである。

19) F. A. ハイエク著、西山千明訳『隷属への道』春秋社、1992年、第3章。(F. A. Hayek, *The Road to Serfdom*, 1944, Chap. 3.)

第11章

社会主義市場経済と私有財産の保護
——ハイエクの視点を中心に——

I　はじめに

　社会主義を標榜する中国において、いま、私有財産の保護が法制上明確化されつつある。2004年3月、中華人民共和国憲法が改正され、私有財産の不可侵、私有財産と継承権の保護が明記された（『憲法』第13条）。また、2007年3月、第10期全国人民代表大会第5回会議で中華人民共和国物権法が採択された。

　その背景としては、2つの点が考えられる。中国の経済発展とともに、企業家はじめ中産階級が増大し、その経済的、政治的影響力を無視できなくなったことが一方にある。他方には、産業構造の転換や社会的間接資本の整備に伴い、農地から非農業用地への転用が活発化し、耕作していた土地を奪われたり、住居を強制的に移転させられたりする際に起こる紛争の増加がある。

　私営企業の発展に伴う企業家の影響力の増大に対応して、2000年2月、江沢民は「3つの代表」（中国の先進社会生産力の発展要求、中国の先進文化の方向、中国の最も広範な人民の根本利益の代表）論を提起し、2002年11月に中国共産党第16回全国代表大会において党規約に組み入れることが採択された。その理念に基づき、2004年3月の憲法にも、愛国統一戦線に「社会主義事業の建設者」が加えられた。このことは、国体は「人民民主主義独裁」の国家であるものの、私営企業家や個人事業主が人民の範疇に含まれることが、憲法上も保障されたことを意味する。それによって、中国共産党は国民政党に事実上脱皮したとも言えよう。しかし一方で、その独裁はあくまで、「中国共産党の指導のもと、マルクス・レーニン主義による」ことが、同じ憲法の前文にうたわれている。

F. A. ハイエク（F. A. Hayek、1899-1992年）が明らかにしているように、私有財産の保護と競争的市場経済は、個人的自由を保障するための基本的条件である。改正された憲法には「国は人権を尊重、保護する」（『憲法』第33条3項）ともされており、これらが実現すれば個人主義の基礎が整うことになる。

　個人主義の萌芽と社会主義の現実が、2004年改正の憲法に同居している。本章では、個人主義の成立する条件を明らかにしたハイエクの思想を確認したのちに、私有財産の保護が規定された意義を明らかにし、中国の社会主義市場経済が今後進む方向について考えてみたい。

II　社会主義の本質と自由主義の弱点

　ハイエクは、『隷属への道』において、「社会主義という概念は、単に社会正義とか、より多くの平等や生活の安定といった、つまりは社会主義の究極の目標である『理想』をのみ意味するものとされたり、あるいはその理想を説明する言葉として用いられたりする。……一方それは、大半の社会主義者がそれらの目標を達成しようとする際に用いる特定の『方法』をも意味する。後者の意味においては、社会主義とは、民間企業の廃止、生産手段私有の撤廃、そして利潤のために働く企業家に代えて中央計画当局が全活動を掌握する『計画経済』体制の創設を意味する」[1]と述べている。

　目的がなんであれ、あらゆるタイプの計画経済を含むものをハイエクは、集産主義（collectivism）と呼ぶ。「社会主義は集産主義の一種であり、したがって集産主義について真実であることは、すべて社会主義にもあてはまる」としたうえで、「社会主義の予期せぬ結果は、それがどんな目的に使われているかに関係なく、集産主義の方法自体から発生する」と指摘している[2]。

　「集産主義者たちの教義が、意識的な管理や意図的な計画を要求することに

---

1) *The Road to Serfdom*, George Routledge & Sons, 1944. F. A. ハイエク著・西山千明訳『隷属への道』春秋社、1992年、36頁。
2) 『前掲書』38頁。

第11章　社会主義市場経済と私有財産の保護

よって、誰か特定の個人の精神が最高権威者として支配すべきであるという要求へと、必然的に転化してしまうということを、あらゆる種類の集産主義者の教義がはらんでいる」という。これは、ヒトラーやスターリンを念頭に置いたものであるが、毛沢東にも当てはまる言葉である。

ハイエクによれば、「本質面においてマルクシズムとは、ファシズムと国家社会主義にほかならない」ものであり、自由主義と相容れないものである。

ところが、自由主義にも限界がある。「『自由』という言葉の意味を社会主義者たちがきわめて巧みに変更してしまった……。かつて、自由という言葉は圧政からの自由、つまり他者のどんな恣意的な圧力からもあらゆる個人が自由でなければならないことを意味していたのであり、従属を強いられている権力者たちの命令に従うことしか許されない束縛から、すべての個人を解き放つことを意味していた。ところが、『新しい自由』は、とても逃れえないと思われてきたすべての障害から人々を自由にし、すべての人間の選択範囲をどんな例外もなく制限してきた環境的な諸条件による制約からも、人々を解放することを約束するものであった。つまり、人々が真に自由になるためには、それに先だって、『物的欠乏という圧制』が転覆されねばならず、『経済システムがもたらす制約』が大幅に撤去されなければならない、とこの『新しい自由』は主張した。……この意味における自由とは、実は権力や富を言いあらわす別の名前でしかない。……つまりは、『新しい自由』への要求とは、富の平等な分配という古くからある要求の、ひとつの言い換えに過ぎなかった」[3]。

「社会的正義という言葉は、何らかの特殊利益の要求に合意すべきであるという不正直な制度になっている。それは、何らの道徳的正当性を持たない要求に道徳的是認を与えるための招請状にすぎないし、全員に等しく適応され得るようなルールだけが施行されるべきであるという基本ルールと対立する。

社会的正義とは、往々にして、自分より暮らし向きのよい人々に対する単なる羨望であり、ある人々が富を享受していることを『スキャンダル』として表明する大きな富に対する敵意である」とハイエクは述べている[4]。

---

3) ハイエク著・西山千明訳『前掲書』26-27頁。

「社会主義とよぶ『社会的正義』の体系的追求は、政治権力はさまざまな個人や集団の物質的地位を決定して然るべきであるという恐ろしい観念に根拠を置いている。恣意的な形態でしか用いられることのないそうした権力をあらゆる人から奪ったということが、過去2世紀の間に広まった市場秩序の偉大なる功績であった。事実、それは、かつてないほど大きく、恣意的な権力を弱体化させた。『社会的正義』の誘惑は、個人の自由のこの偉大な勝利を、再びわれわれから取り上げようと、脅威を与えている」[5]。

自由主義の基本原理は、個人の活動を秩序づけるためには、社会それ自体が持っている自生的な力を最大限に利用すべきということ、そして強制は最小限に抑えるべきだということである。自由主義は固定した教義ではなく、この原理は、実際の適用に際してはほとんど無限のやり方がある。この自由主義の特長が、逆に弱点となった。すなわち、「自由主義のおかげによる広範な経済発展は、時代が経っていくにつれてますます当然なことと見なされるようになり、それが自由に基づく政策の結果であると判別する能力を、人々は一層失っていった。言ってみれば、自由主義の成功こそが、逆に自由主義の衰退の原因となった」[6]のである。

Ⅲ　ハイエクにおける個人主義の意義と成立要件

ハイエクの根本思想は、個人主義の尊重にある。

個人主義とは何か。「個人主義とは、『人間としての個人』への尊敬を意味しており、それは、1人1人の考え方や嗜好を、たとえそれが狭い範囲のものであるにせよ、その個人の領域においては至高のものと認める立場である。それ

---

4) F. A. Hayek 'Law, Legislation and Liberty, Vol. 2: The Mirage of Social Justice', 1976. ハイエク著・篠塚慎吾訳「法と立法と自由Ⅱ　社会正義の幻想」『ハイエク全集9』春秋社、1987年、137-139頁。
5) 『前掲書』140頁。
6) *The Road to Serfdom*, George Routledge & Sons, 1994. F. A. ハイエク著・西山千明訳『隷属への道』春秋社、1992年、17頁。

第11章　社会主義市場経済と私有財産の保護

はまた、人はそれぞれに与えられた天性や性向を発展させることが望ましいとする信念でもある」[7]と、ハイエクは言う。すなわち、人権尊重と個人の可能性を最大限に発揮させることを大切と考える主義であると言えよう。

　個人主義はなぜ大切なのか。個人の尊厳保持と幸せの追求は、各人の天性や性向を発達させるからである。さらに、人間の知性の発達は、一国の経済発展をもたらし、多くの人々の福祉も増大させるのである。ハイエクによれば、「異なる知識や見解を持っている個人たちの間における相互作用こそが、思想の生命というものを成り立たせている。人類の理性の成長とは、個人間にこのような相違が存在していることに基礎をおいている社会的な過程なのである。」[8]「社会的諸現象に対する個人主義者たちの分析だけが、人間の理性の成長を誘導している個人を超えた諸力をわれわれに認識させてくれる」[9]と言う。

　個人主義を可能にする制度的保障は何か。ハイエクの議論を整理すると、次の3つの点が満たされることが必要であるということになる。

(1) プライバシーの尊重

　国家による強制がどこまでなされるかが明確であり、それ以外に関しては個人の自由が保障されねばならない。そのためには、プライバシーの範囲について、透明性が保たれねばならないのである。ここで言う透明性とは、法律が制定されており、その法が万人に周知されているだけでなく、執行にあたっても特定個人を優遇したり逆に差別したりすることのないよう、国民に等しく適用されることである。それによってはじめて、個人は自分の行動について何をしてはいけないかという見通しを立てることができる。

　ハイエクはこのことを、「強制は、一個人の行動の必要不可欠な基礎となるものをある他の人が支配することであるから、これを防ぐことができるのは、

---

7)『前掲書』10頁。
8)『前掲書』218-219頁。
9)『前掲書』220頁。

その個人本人のためにある私的領域を保障して、そこでは他人の干渉にたいして本人が保障されるようにすることができる場合のみである。ある人が置かれている一定の情況を、他の人によって恣意的に変えることができないようにする保障は、それに必要な権力をもっている当局だけによって与えられるのである」[10] として、プライバシーの領域を設定し、公的なものと私的な行動領域の範囲を峻別するルールを定めることの大切さを説いている。その領域を設定して初めて、「恣意的な介入」を排除し得るのである[11]。

(2) 競争を可能にする制度の樹立

では、政府や大きな権力を持った組織からの恣意的な介入は、実態面ではどうしたら防ぐことができるだろうか。ハイエクは、競争にそれを求める。

「競争こそ、政治権力の恣意的な介入や強制なしに諸個人の活動の相互調整が可能になる唯一の方法」として、経済面での競争を可能にするものとしての市場機構の役割を重視している。

市場機構を機能させるためは、通貨とか市場とか情報伝達網とかいった、民間企業によっては十分に提供されない特定の制度を適切に組織化することが必要である。

また、市場のルールを制度として定めねばならない。すなわち、競争を維持し、できるだけ効果的に働かせるように考えられた法律制度の樹立が不可欠になる。民法、商法など民事法の制定、一方で競争を維持するために独占禁止法を定めることの意義がここにある。「自由社会が実施する規則の大部分、とくに私法は、特定の行動を実行するように私人（国家の公僕と区別される）を抑制

---

10) 'The Constitution of Liberty, Part Ⅱ Freedom and the Law', 1960. ハイエク著・気賀健三訳「自由の条件Ⅱ」『ハイエク全集 6』春秋社、1987年、12頁。
11) 『前掲書』の13頁には、「ある社会においてある保護領域の境界を限定して、強制の防止をすでに試みている場合に、はじめて『恣意的な介入』といった概念は明確な意味をもちうるのである」とある。憲法に、基本的人権に関して公的権力が介入してはならない私的領域を確保することは、自由を確保するために不可欠な必要条件であろう。

するものではない。法律の制裁は人がある種のことをおこなわないよう、あるいは個人が自発的に負った義務を遂行させるように工夫されているのである」[12]。

「それでは、競争によって生み出したいもの、また競争がもし妨げられていないとしたら、通常生み出すものとは一体何なのか。……すべての財は、実際にそれを販売していないあらゆる人々によって販売されうる価格よりも低い価格、あるいは少なくとも同じ価格で販売されるであろう。これは中央の指令では決して生み出すことのできなかった事態である」[13]。

(3) 私有財産制の確立

財産の所有者は、財産の維持および増殖を図るために、競争的市場において、経済的に合理的な行動を取ることによって、生産要素の効率を最大化し、生産水準を上昇させる。したがって、私有財産制は、競争的市場において経済の効率を改善するために有効な制度であると言えよう。

政治面から見た私有財産の尊重の意義は、権力を分散し、自由を保障する基盤を築くことにある。私有財産は、権力を分散させる基盤なのである。「われわれは、確実にある物的対象を独占的に支配しないかぎり、首尾一貫した行動計画を実行する立場につくことはほとんどできない。そして、われわれがそれらを支配しない場合に、他人と協力するとしたら、誰が支配するかを知っておく必要がある。財産の承認は、明らかにわれわれを強制から守る私的領域を決定する第1段階である」[14]。その場合、「重要な点は、個人が特定の人に依存しないように財産を十分に分散させ、それによって特定の人だけが個人の必要と

---

12) *The Road to Serfdom*, George Routledge & Sons, 1944. F. A. ハイエク著・西山千明訳『隷属への道』春秋社、1992年、第3章。
13) 'Law, Legislation and Liberty, Vol. 3 : The Political Order of a Free People', 1979. F. A. ハイエク著・渡部茂訳「法と立法と自由Ⅲ：自由人の政治的秩序」『ハイエク全集10』春秋社、1988年、107頁。
14) 'The Constitution of Liberty, Part Ⅱ Freedom and the Law', 1960. F. A. ハイエク著・気賀健三訳「自由の条件Ⅱ」『ハイエク全集6』春秋社、1987年、14頁。

するものを与えるとか、特定の人だけが個人を雇うことがないようにすることである」[15]。

　分散して私有財産を保有することの意義は、財産を所有する者だけでなく、それを持たぬ者にとっても、最も重要な自由の保障となる点にある。つまり、「生産手段の管理が独立活動をする多数の人々に分割されているからこそ、誰も人々の運命を左右する完全な権力を持ちえないし、人々はそれぞれ自分がどうやっていくかを決定することができる」[16]のである。

　その場合に欠くことのできないものは、契約の自由とその遵守である。「契約の生みだす権利全体の網は、われわれ自身の保護された領域の一部であり、われわれの計画基盤、われわれ自身の財産と同様に重要なものである」[17]。

　「個人主義」は、以上のような3つの条件によって支えられる。個人主義は、個人の生活の型や創意工夫を生かすことであり、個人的自由がなければ、それは不可能である。個人主義と自由主義は、不可分なものであると言うことができよう。

　ただしハイエクは、個人主義には「真の個人主義」と「偽の個人主義」があると言う。真の個人主義は、「自由な人びとの自然発生的な協力は個々人の知性が完全には理解できないほどの偉大な事物をしばしば創り出す」という立場である。ジョン・ロック、D. ヒューム、A. スミスなどの「人間は、きわめて非合理的で誤りに陥りやすい存在であり、その個々の過誤は社会的過程のうちにおいてだけ訂正される」と考える反合理主義的アプローチがイギリスの個人主義の特徴であり、これが真の個人主義である。

　これに対してデカルト学派の個人主義は、合理主義的個人主義である。すなわち、個人の理性の力を過大視するものであって、「社会的過程が個人の人間

---

15) 『前掲書』14-15頁。
16) *The Road to Serfdom*, George Routledge & Sons, 1944. F. A. ハイエク著・西山千明訳『隷属への道』春秋社、1992年、133頁。
17) 'The Constitution of Liberty, Part II Freedom and the Law', 1960. F. A. ハイエク著・気賀健三訳「自由の条件II」『ハイエク全集6』春秋社、1987年、15頁。

第11章　社会主義市場経済と私有財産の保護

理性の統制に従属させられるときにかぎって人間の諸目的に役立つようにされうる、という結論に必然的に至りつく。したがって直接に社会主義に導く」という理由で、偽の個人主義であるとしている。思想家としては、デカルト、ルソー、それに彼らの影響を受けたJ.S.ミルやH.スペンサーを挙げている[18]。

Ⅳ　社会主義市場経済の2つの意味

　中国は1992年以来、社会主義市場経済という経済体制を採っている。そこに至るまでには、本書で述べたように、「実事求是」、「計画的商品経済」、「社会主義の初級段階」など改革・開放政策におけるいくつもの理論的突破を経てきた。

　1992年10月、中国共産党第14回大会において、当時、江沢民総書記は1978年12月以来の改革・開放路線の実践の基本的総括をし、経済体制改革の目標は「社会主義の市場経済を確立し、生産力のさらなる開放と発展を促進することにある」と報告し、承認された。ここに「社会主義市場経済」という言葉が公認されたのであった。

　すでに「社会主義の初級段階論」によって私営企業が認められていたが、社会主義市場経済体制を確立するため、国有企業、特に大・中型企業の経営メカニズムの転換を図り、その活力の強化と体質の向上に改革の重点が置かれた。

　「社会主義市場経済」の概念を公認したことにより、中国経済においてどのような変化が生じただろうか。

　第1に、改革・開放政策の進展を示すことによって、中国政府ならびにその政策に対する諸外国からの信頼が増し、中国への直接投資が増大した。

　第2は、社会主義の市場経済体制構築のために、「現代企業制度」の確立が図られたことである。例えば国有企業については、国有の大・中型企業を、行

---

[18] "Individualism: True and False", *Individualism and Economic Order*, Routledge & Kegan Paul, 1964. F. A. ハイエク著・田中真晴／田中秀夫編訳『市場・知識・自由』第1章「真の個人主義と偽の個人主義」参照。

政機関に直結した公司（会社）ではなく、株式会社に改組する。とりわけ、全国的な総公司は持株会社に改組して、大型企業集団を発展させる。小型国有企業については、請負経営、株式制への改組、売却のいずれもありうるという方針が、1993年11月に打ち出された。この方針に沿って、「中華人民共和国会社法」が1993年12月に制定され、翌94年7月から施行されている。

　第3は、学者たちが安心して、市場経済という言葉を使うことができるようになり、金融市場、労働市場、不動産市場なども含め、さまざまな改革案の提示や理論展開がなされたことである。すでに、1984年10月には、中国共産党の中央委員会総会において、「商品経済」が容認され、また、企業は「一定の権利と義務を持つ法人」と規定されていた。市場における資源配分がなされるためには、財・サービス市場のみならず、生産要素市場における価格形成が、需給によって自由に決まることが必要である。そのためには、家計や企業という経済主体が意思決定権を持っていなくてはならない。この総会以降、市場経済の持つ経済合理性を実現するために、制度的歪みが次々に除去されてはきたが、「市場経済」と明記されたことにより、改革が理論・実践ともに加速されることになった。実践面では、財政中心の経済運営から、市場経済を主としてそれを円滑に機能させるために、金融市場、資本市場の整備が図られた。

　第4に国際面については、多くの輸入品目について関税率の引き下げや輸入管理の撤廃が実施された。また、1996年12月には、国際通貨基金（IMF）8条国に移行し、経常取引に関する為替制限が撤廃された。さらに、市場経済化の進展によって、2001年12月世界貿易機関（WTO）への加盟が実現、1996年1,511億ドルであった輸出額は、2000年には2,492億ドル、2005年には7,620億ドルと急増している[19]。

　このように、中国経済に多大なプラスの影響を与えた反面、「社会主義市場経済」という概念自体、どのようなものなのかという曖昧さは、この概念が提示されたときから、付きまとっている。社会主義は計画経済と不可分であって、市場経済とは相容れないという考えが、根強く存在していた。それに対する私

---

19) 中華人民共和国国家統計局編『中国統計年鑑2006』中国統計出版社、2006年、734頁。

第 11 章　社会主義市場経済と私有財産の保護

見を述べたい。

　II節の冒頭のようにハイエクは、社会主義には「理想としての社会主義」と「方法としての社会主義」の両意義があるとしている。その視点に従うならば、この「社会主義市場経済」とは、どのようなものと解することができるだろうか。

　1つは、豊かで平等な理想の社会実現へ向かって「社会主義への道」を歩むために、市場経済を手段とするという意味である。最終目標は豊かな社会の建設であり、その社会を実現する手段として、市場経済を採用する。市場経済は、競争を通じて、資源効率を向上させ、技術革新を活発化させる機能を持つ。市場経済における私営企業ならびに、技術革新の主要な担い手である私営企業家の存在を、「社会主義初級段階」論は所有制の多様化という形で認めており、私営経済の発展と社会主義への道は、理論上、両立することになる。

　社会主義市場経済のもう1つの解釈である「方法としての社会主義」は、市場経済を基本として運営される場合でも[20]、中国経済の経済管理体制の策定や発展政策の遂行において、「中国共産党の指導」を堅持する、ということであると考えられる。鄧小平が改革・開放政策を遂行するに当たって、守らねばならぬ立国の基本と強調した「4つの原則」(社会主義への道、プロレタリアート独裁、中国共産党の指導、マルクス・レーニン主義および毛沢東思想) は実質上修正されてきたが、「中国共産党の指導」の堅持だけは揺らいでいない[21]。政治体制においては人民民主主義独裁に基づく全国人民代表大会における立法と、経済面では公有制の堅持などの手段によって、社会主義市場経済体制が、形成かつ運営され、例えば、国営企業において、董事会や監査役会を通じて、中国共産党

---

[20] 『隷属への道』で対象とした社会主義は、「生産手段の国有化と中央集権的経済計画化」であったが、今日では、「課税を通じての広範な所得の再配分、また、福祉国家という制度」を意味するようになっている (Stephen Kresge and Leif Wenar, *Hayek on Hayek: an Autobiographical Dialogue*, The Bartley Institute, 1994. S.クレスゲ、L.ウェナ著・嶋津格訳『ハイエク、ハイエクを語る』名古屋大学出版会、2000年、124頁)。

[21] 鄧小平は、「組織戦線と思想戦線における党の差し迫った任務 (1983年10月12日)」において、「4つの基本原則の核心は社会主義制度と党の指導であり、これはわれわれが国を打ち立て、全国人民を結集して奮闘していくうえでの根本である」と明言している。

のガバナンスが貫徹するような仕組みになっている。

『隷属への道』を発表した時にハイエクの念頭にあった「方法としての社会主義」は、中央計画当局が全活動を掌握する指令的計画経済体制であった。いまや、政治権力がさまざまな個人や集団の物質的地位を決定するために直接的命令を下す指令的計画経済を放棄したとはいえ、中国共産党の指導を貫徹させるために市場への介入を強めるならば、政策決定者の影響力が増大し、市場の持つ権力分散という特長が損なわれる。また、経済効率も損なわれる恐れがある。

そのような懸念があるとはいえ、「社会主義市場経済」という言葉を上記の2通りの解釈のいずれかにおいて用いるならば、形式上、「社会主義市場経済」という概念は成り立つ。すなわち前者は、市場経済を通じて高い生産水準を達成することによって経済的弱者への分配を少なくとも絶対額で増やすことであり、後者はその水準に達する過程においても中国共産党が関与するという制約付きの市場経済である、という意味である。しかし、この概念を原理面で揺るがす事態がいま生じている。

V 憲法改正の意義と社会主義市場経済の将来

2004年3月、中華人民共和国憲法が改正された。江沢民が提起し、2002年11月に中国共産党第16回全国代表大会で承認された「3つの代表」(中国共産党は、中国の先進社会生産力の発展要求、中国の先進文化の方向、中国の最も広範な人民の根本利益の代表であるとするもの) が憲法に明記され、その理念に基づき、愛国統一戦線に「社会主義事業の建設者」が加えられた。すなわち、私営企業家や個人事業主が人民の範疇に含まれることが、党規約だけでなく憲法上も保障されたのである。

それとともに注目すべきは、私有財産の不可侵、私有財産と継承権の保護が明記された (『憲法』第13条) ことである。さらに、「国は人権を尊重、保護する」(『憲法』第33条3項) ともしている。

ハイエクが明らかにしたように、私有財産の保護と競争的市場経済は、個人

第 11 章　社会主義市場経済と私有財産の保護

的自由を保障するための基本的条件である。

　この私有財産権が保障されたこと、しかも市場における競争の結果得た利益が、租税公課を支払ったのちは、株主や企業に帰属するという制度は、市場経済国の現代企業制度と変わらない。ここに至って、社会主義市場経済の後者の意味である、「中国共産党の指導の堅持」と、私有財産を保護するという個人主義を内包する憲法の規定とに、原理上の矛盾が生ずるおそれが出てきたのである。すなわち、私有財産制のもとでの競争的市場経済を推進すればする程、個人主義を育成することになる。そうすれば、政治的民主化への要求とそれを求める勢力を強めることになり、中国共産党の指導やそのもとでの全国人民代表大会という政治制度を、将来揺がしかねない。

　憲法前文には、「中国共産党の指導のもと、マルクス・レーニン主義」による「人民民主主義独裁」という政治形態がうたわれている。社会主義の現実と個人主義の萌芽とが同居した矛盾した憲法であり、現在から将来にかけての中国における政体のあり方や経済政策の方向がどのようなものとなるか、予測は難しい。

　以上、改正された憲法が内包する矛盾点を指摘したが、それでは「中国の特色ある社会主義」の建設のための課題はどのようなものであろうか。国家ないし社会がめざす政策を実現しつつ、同時に、ハイエクの思想の核心にある「個人の自由」を確保する制度を模索しなければならないのである。

　福祉国家における国の役割は、競争がその機能を十分に発揮していくための、通貨、市場、情報伝達網などの制度を適切に組織化していくこと、そしてまたとりわけ大切なことは、競争を維持し、効果的に働かせるような法律制度を樹立することにあるとハイエクは説いた。直接的指導を控え市場経済による資源配分を行いつつ、しかも中国共産党の指導を堅持するという、両者を充たすような、経済体制ははたして存在するのであろうか[22]。どのようにして「中国

---

22) 中国の社会主義市場経済は、2003年10月中国共産党第16期中央委員会で採択された「社会主義市場経済体制整備の若干の問題に関する党中央の決定」の方針に基づいて、これまで着々と構築が進められてきている。本章は、その方向性が全体として理に適っているかどうかを検討するものである。

の特色ある社会主義」を構築していったらよいのであろうか。

　ここで参考となるのは、競争的市場を基本としつつ、ドイツ流の社会主義を掲げてきたドイツの制度であり、それを支える思想であるように思う。第2次世界大戦の敗戦後、政治体制として「社会的法治国家」(sozialer Rechtsstaat)、経済体制として「社会的市場経済」(soziale Marktwirtschaft) が、1949年、キリスト教民主・社会同盟の綱領に採択され、西ドイツは目ざましい復興と成長を達成した。この西ドイツの経験、およびその根底にあるオルドー学派（オイケン、レプケ）の考え方が、中国の社会主義市場経済の建設に役立つのではなかろうか[23]。

　大戦後の西ドイツの国家体制を規定した「ドイツ連邦共和国基本法」に現れた「社会的法治国家」という用語は、生産力の拡大、産業構造の変化に伴って生じた、社会的不平等、貧富の差、階級対立などの困難な問題の解決のためには国家が積極的な役割を果さなくてはいけなかった状況を反映している。

　「社会的市場経済」の考え方は、次の通りである。市場経済を自由に放任しておけば、独占と集中が進んでしまう。そのような歪められた市場経済を正し、非社会的な要素をとり除くために、国家による積極的な政策が必要となる。ただし、生産手段の公有化は、私的独占を公的独占に変えるだけであって、資本主義の単なる延長にすぎない。ここに資本主義でも社会主義でもない「第3の道」をめざすことが必要となる、というものである。

　具体的な政策としては、独占を排除する「競争秩序政策」、外部不経済、社会問題、産業立地や人口配置の問題、科学技術や法秩序など、総体経済与件について指導する「経済基礎政策」、中産階級を増大させることによって、政治的には自由社会の安定を保持しうる役割を果たすことを目的とした「財産形成政策」などが柱となっている。

　では、中国の社会主義市場経済とドイツの社会的市場経済とは、同じ概念として捉えて論じてよいであろうか。もちろん、社会が違えば、社会主義の内容も、

---

[23] 古賀勝次郎『ハイエクと新自由――ハイエクの政治経済学研究』光人社、1983年。以下の西ドイツの経済政策およびオルドー学派についての記述は、同書第6章に依っている。

第11章　社会主義市場経済と私有財産の保護

またそれを基礎として成り立つ市場のルールも違ってくるのは当然であろう。

例えば、ドイツは、コーポレート・ガバナンスにおいて、労働組合の経営参加を認めるなど、ドイツの価値観に則った「社会的秩序」を形成している。中国の社会主義市場経済における国有企業においても、取締役会や監査役会に従業員代表が参加することになっているものの、一方で党の指導者が送り込まれている。そして党委員会書記は、董事長（取締役会会長）を兼任できることになっており、中国共産党が企業ガバナンスに対して影響を及ぼす余地が大きい。党は人民の代表と理念的には位置づけられるとしても、現実に労働者を代表して、その利益を十分に図ることができるかは未知数である。したがって、むしろ、積極的に労働組合の団体交渉権を確立することによって、組合を通じて労働者の要求を国有企業の経営に反映させることが重要であろう。

直接経営には参加できない私営企業については、団体交渉を通じて、労働者の利益を反映していく制度を整備する必要が一層大きい。

ハイエクは、「社会的（social）秩序」は、「人間諸関係の間に自発的に形成されてきた秩序」であるとしている。一方、社会的正義という概念が実現されるためには、社会が具体的な目的を持ち、社会に存在する諸価値の間の相対的重要性があらかじめ明確化されている場合にのみ可能である。だが、そうしたことが可能なのは、社会が1つに組織化された社会においてであって、自由社会では成り立たないという[24]。しかし現実には、どのような国にあっても、政府は直接的には経済政策や財政政策、間接的には金融政策を通じて、国民生活に対して影響を及ぼしている。市場に資源配分機能を委ねながら福祉国家をめざす国においては、国民生活への過度の介入や中央政府への権力集中を警戒しながらも、国家の政策は遂行しなくてはならず、どこかで折り合いをつけねばならないことは、ハイエクも認めている。

移行経済にある中国の経済秩序の形成、それを推進する法制の制定においても、「自発的に形成されてきた」ということをまず重視して、中国の社会的慣

---

[24] 『前掲書』184頁によれば、ハイエクはオルドー学派の経済政策を評価しながらも、「社会的法治国家」という場合の「社会的」なる概念が誤解を招きかねないと批判している。

習に合った秩序を構築するべきであろう。例えば市場圏に関しては、大塚久雄の言う自発的に形成された「局地的市場圏」を基盤として、地域的、さらには全国規模のネットワークの形成に向かうという順序を踏むことによって、市場の発達と資本蓄積、さらには、経済発展へと結びつけることができる。それと同じように、企業経営、市場取引、さらには政治制度に至るまで、これまで形成されていた慣行を無視することはできない。長らく社会主義計画経済体制のもとにあって、市場経済や西欧的民主主義への経験がないか、または浅い中国における制度の整備は、慣行を考慮に入れながら漸進的に進めなければ、機能しえないであろう。

　個人主義確立に関するハイエクの論理の正しさを支持しながらも、あえてドイツの経験やオルドー学派の考え方が、現代中国に役立つのではないかという理由がここにある。中国の特色ある社会主義の枠組の中であっても、市場経済の経験を積むことによって、市場秩序が自ずと形成されて行くのであって、まずは市場経済を実践することが重要なのである。

　そして、一国に制度が定着する場合、現代においてはグローバリゼーションの影響を受けることは、中国も例外ではない。中国自身も「現代企業制度」を作る際には、先進資本主義諸国に学ぶと言っている。制度を取り入れるにあたっては、例えば、会計基準のように、政治的影響力の大きい国から国際会計基準を受け入れるような働きかけがなされることが多い。中国人の価値観や思想、日常の慣習に適合した制度の導入がその制度が機能するという面から望ましいが、現実としては、制度を受け入れることによって、取引慣習や価値観も変わるという側面もある。契約の遵守をはじめ、市場取引の基礎となる経済倫理が実践のなかで各人に定着してくるならば、経済近代化が深化したと評価できるであろう。

　市場は人間の自由を保障する唯一の経済秩序であるが、市場は社会主体の一部であって、全体を構成しているのは、歴史、哲学、宗教などである。したがって、道徳的前提は、市場経済の外から与えられねばならないというのが、オルドー学派の主張である[25]。

　市場経済の歴史が長く、経験的近代化を遂げたイギリスと違って、遅れて出

発した国々は、上からの近代化という意識的近代化を進めてきた。とりわけ、急速な経済発展によって、経済・社会問題が山積している中国のような国にとっては、国家目的を持ち、それに応じた政策の順序づけを行うことは不可欠であろう。大切なことは、政治的には、国家目的や公共政策の優先順位を定めるプロセスを民主化する努力を続けることであり、経済的には、自由競争と私有財産の保護を堅持し続けることにある。市場経済が発達するにつれて上記のように経済近代化が深化し、個人主義が確立していく。さらには、中産階級の増大とともに、政治的民主化要求も高まると予想されるのである。

Ⅵ　むすび

　以上検討したような、社会主義市場経済と憲法の私有財産の保護との原理上の矛盾は、やがて大きな問題になるだろう。しかし、現在は、土地の収用にあたって行政当局と農民間の紛争がしばしば伝えられるように、使用権や所有権の保護は実際には充分になされているとは言いがたい。したがって、2007年3月、全人代で物権法が採択され、党や政府の裁量による「人治」から、法による支配である「法治」への転換の方向へ歩み出しているものの、中国共産党の指導という名目での「人治」が当分続くであろう。

　最後に、このたび制定され、2007年10月1日から施行される物権法の中国経済における意義について触れよう。

　この物権法は、「国の基本経済制度を保護し、社会主義市場経済の秩序を保護し、物の帰属先を明確にし、物の効用を発揮し、権利者の所有権を保護するために、憲法に基づいて本法律を制定する」ものであるとしたうえで、「国、団体、個人の物権、およびその他の権利者の物権は法律の保護を受け、いかなる機関・個人も侵害することができない」と規定して、市場に参加する経済主体の平等性を保障している。この面では、市場経済化を推進するものである。

　しかし一方で、「国の所有する財産は、法律の保護を受け、いかなる個人も

---

25)『前掲書』179-180頁。

横領、略奪、私的分配、破壊することを禁じる」としている。また「国の所有に帰する不動産、動産については、いかなる機関・個人もその所有権を売ることができない」とも規定されている。このように、社会主義を守ることに重点が置かれ、国有財産の流失を防ぐ内容になっている。

さらに、「国有財産は、国務院が国を代表してこれを行使する」とあり、「社会主義」の実施が担保されている。まさに、「社会主義市場経済」下の物権法である。

内外格差を是正した企業所得税法は2008年1月1日から施行される予定であり、両者あいまって今後の経済発展に寄与するであろう。

社会主義市場経済は、私権を制限しやすいがゆえに都市の改造や道路建設などを急速に進めることができた。今後の課題は、中国の社会主義が、党の指導という上からのものでなく、個人が構成する共同体としての社会を基盤とし、各人が公共の利益に反しない限り経済活動においても、精神面においても、自由を享有できる体制を作ることであると考える。

中国の現実は、まだまだ官の権力が強大である。党の指導する社会主義を、制度や法制化の面に反映させることにとどめ、直接的な「人治」は、できうる限り範囲を縮小していくことが必要であろう。

人間の良心、すなわち道徳的決断を支えているのが「自由」である。道徳的決断が保障されるためには、経済的自由が保障されねばならない。市場経済こそ人間の自由、それを保障する自由社会と両立する唯一の経済秩序であるというハイエクの言葉をもう一度想起し、社会主義市場経済体制における自由の枠を広げつつ、基本的人権を政治的にも一歩一歩獲得していくことが、今後の中国の「社会主義市場経済」に課せられた課題と言えよう。

終章

総　括

I　西洋近代国家との接触と東アジアの近代化

　近代化が、日本、中国、韓国など東アジア諸国の共通の課題となったのは、清が阿片戦争（1840-1842年）に敗れ、南京条約（1842年）を締結したときからと言えよう。清の敗北は、東アジアの歴史にとって、時代を画する大事件であった。

　それまで長い間、中国は、経済的にも文化的にも、東アジア・東南アジアにおいて圧倒的に高い地位を占めており、中国を中心とした華夷秩序が形成されていた。世界的に見ても、17世紀頃までは、中国は西洋諸国よりも繁栄していたと言われている[1]。周知のように、ルネッサンスや大航海時代をもたらした、印刷術、火薬、羅針盤などは、中国で発明され、アラビアを通って西洋に伝わり、改良されたものであった。このような背景のもとで、中国は世界の中心であるという中華思想が形成された。

　その中国が産業革命を達成したイギリスに敗れた。南京条約に続いて、アメリカとは1844年7月に望厦条約を、フランスとは同年10月に黄埔条約を結んだ。中国が夷狄と見なしていた国々と国際条約を結んだことは、それまでの華夷秩序が崩れ、国民国家の主権を基礎とした西欧流の国際秩序に東アジアも組み込まれ始めたことを意味する。清が阿片戦争に敗れたという報せは、周辺諸

---

[1] アジア開発銀行著・吉田恒昭監訳『アジア　変革への挑戦』東洋経済新報社、1998年（Asian development bank, *Emerging Asia: Changes and Challenges*, 1997、13-14頁）。

国の先覚者たちに危機感を抱かせ、西洋諸国からの侵略を防ぎ自国の独立を維持することが、東アジアの国々に共通した急務の課題となったのである。

日本では、清国の情況を知った徳川幕府は、1842年、異国船打払令（1825年発令）を廃止して薪炭給与令（1806年発令）に戻すなど、対外宥和策をとりつつ鎖国を続けた。しかし、ペリーの来航（1853年）により、その翌年に日米和親条約（1854年）を締結して開国した。同年から翌年にかけて幕府は、イギリス、ロシア、オランダ等とも同様な条約を締結、さらに、1858年には、日米修好通商条約に調印した。これも関税自主権がなく、領事裁判権を認めた不平等条約であった。開国は、幕末の経済的変動や倒幕の動きにつながり、明治維新（1868年）を迎えた。

明治政府は、天皇を中心に据えて、政府機構を整備し税制を改正した。そして近代的産業技術の移植に力を注ぎ、「富国強兵」政策を採って、国民国家を建設した。日清戦争（1894-1895年）前後には繊維工業を、日露戦争（1904-1905年）前後には重工業を中心として、産業革命が進展した。日本は、明治維新を行いかつ産業育成を図ることにより、東アジア諸国のなかでいち早く近代的国民国家を建設し、国家主権を確固たるものとしたのであった。

明治維新の成功は、東アジア諸国の心ある人々の共鳴を呼び、中国では近代的中央集権国家を建設しようとする「変法運動」が、康有為、梁啓超らによって起こされ、光緒帝による「戊戌変法」（1898年）が開始された。しかし近代国家建設の動きは、わずか100日ほどで西太后によって潰されてしまった。朝鮮においても、近代国家をめざす政権を樹立しようとした金玉均たちの甲申政変は失敗（1884年）し、日韓併合（1910年）を招くことになった。

西洋文化の物質面だけを取り入れようとした「洋務運動」の段階に止まり、「変法運動」が挫折したところに、中国が近代化に遅れた原因を見ることができる。これに対し日本は、制度面、精神面を近代化に必要な範囲で改革していった。西洋文明を取り入れるのには、まず、取り入れるに一番難しい文明の精神を学んで人民の気風を変え、ついで制度を改革し、最後に事物に至るべきと、福澤諭吉は、『文明論之概略』（1875年）において喝破している[2]。

中国では1911年10月、辛亥革命が始まり、1912年1月、中華民国臨時政府

が南京で成立し、臨時大総統に孫文（1866-1925年）が選出された。しかし、同年2月に清朝の皇帝溥儀を退位させた袁世凱に、同年3月に大総統の地位を譲らざるを得ず、民主主義革命は不徹底なものに終わった。また、1916年6月に袁世凱が死去すると各地には軍閥が割拠した。第1次世界大戦中には、紡績、製粉など軽工業部門が急速に発展し、産業資本家や労働者が生まれ、五四運動（1919年）のようなナショナリズムの勃興が見られたが、統一された国民経済の形成には至らなかった。

Ⅱ　日本近代化の進展と中国

　孫文は、逝去の前年である1924年に次のように述べた。「こんにちアジアには強大な日本があるために、世界の白色人種は日本を軽視しないばかりか、アジア人を軽視しなくなっている。……以前には、ヨーロッパ人にできることでも、われわれにはできぬものとおもわれていたものだ。それが、いま、日本人がヨーロッパにまなびえたことから、われわれが日本にまなびうることがわかったわけだ。われわれがまなんで日本のようになれたら、将来は、ヨーロッパのようにだってなれるかもしれないのである」。また、「日本はヨーロッパ、アメリカをわずか数10年まなんだだけで、世界列強の、1つになった。だが、中国の人口は日本の10倍ある。領土は日本の30倍だ。資源もずっと日本より多い。……もし中国が日本のようにまなぶことができたとしたら、1国だけで10の強国になってしまうのである。そのときには、中国は第1等の地位をとりもどせるはずである」とも語っている[3]。

　東アジア共通の課題である近代化を最初に成功させ、近代国家を建設したのは日本であった。その成功の要因として、西洋近代の本質をよく捉えたうえで、日本は何をすべきかを指し示した先覚者がおり、その考えを理解し支持した国民がいたことが挙げられよう。ここで前頁で触れた、幕末から明治初期の思想

---

2) 福澤諭吉『文明論之概略』岩波書店、1962年、第2章参照。
3) 孫文著・安藤彦太郎訳『三民主義』岩波書店、1957年、134頁。

家、福澤諭吉の所論を振り返ってみたい。

　日本近代化の思想的指導者の第一人者である福澤諭吉（1834-1901年）は、1878年に『通俗国権論』と『通俗民権論』の二著を同時に上梓した。諭吉は、すでに『文明論之概略』において、「文明に前後あれば、前なる者は後なる者を制し、後なる者は前なる者に制せらるゝの理なり」[4]という認識のもとに、西洋諸国の文明の有様と、当時の日本文明の有様とを比較して、開国した日本が独立の危機に直面していることを説いていた。諭吉の生きた時代には、列強によるアフリカ、アジアの植民地化が進行していた。その時代に、わずか二度の訪米、一度の欧州歴訪によって、諭吉は、ヨーロッパ諸国やアメリカのナショナリズム、それを支える政治・社会制度や経済的基盤をつぶさに調べ、西洋近代国家の本質を理解したのである。その成果が、この二著にも示されている。

　『通俗民権論』によれば、民権とは人民の権利であり、国権とは独立国の権利である。ただし、国権は政府の権利と同義ではない。政府と人民が一体となって、国権を構成する。「人民愚なれば政府も亦愚ならん。人民智なれば政府も亦智ならん」[5]というように、国を構成する人民の知識水準、経済力等が、究極的には国権の強弱を決める。すなわち、人民の水準にふさわしい政府を選び、その政府が国の主権を守り、日々の政治を行うのである。このように、諭吉の国家観は、国民国家を対象としており、その本質を的確に捉えている。

　人民の智力の水準が低い国では、圧政が行われている。政府の圧制を免れて、人民の権利を伸ばすためには、人民の智力の向上を図らねばならない。民間に比べて政府には智識を持つ人が集まるため、「愚者が智者に圧制せらるゝは自然の勢にして、結局政府と人民と其智力相互に拮抗するまでは、民権を伸ばす」[6]必要があるとする。

　諭吉によれば、民権の拡張のためには、人民の智力、財力、品行私徳、身体の健康という諸力を、バランスよく発達させることが大切である。民権の趣意

---

[4] 福澤諭吉『文明論之概略』岩波書店、1962年、第10章参照。
[5] 「通俗民権論」慶應義塾編纂『福澤諭吉全集』岩波書店、1964年、576頁。
[6] 『前掲書』578頁。

は、「人民が其身其家に関係する戸外の事に就て、不分明の箇条あれば不審を起して之を詮索することなり」[7]と言う。この民権とは、今の用語で言えば、基本的人権、参政権や請願権などを含んでいると解されよう。

ここで、国権と民権の関係は、「人民たる者の本分を遂げて、所謂民権を張り之を国権に及ぼして、永く独立国の体面を全ふせんとする」[8]とされ、民権の拡張は、国権を強める基盤であると考えられているのである。

次に『通俗国権論』においては、その第2章に「国権を重んずる事」と題し、「国風あれば、此の国風を守るも此の国風を変ずるも、今日これを変じて明日又これを改るも、自由自在勝手次第にて、聊も他国人の指図す可き所に非ず。之を一国の権と云う。若しも他より之を犯してわが国の邪魔をする者あれば、之を国権を犯すの無礼と云ふ。無礼者は之を討払いて可なり。遠慮に及ばざることなり」[9]とする。すなわち、独立国の主権である国権を尊重すべきことを説いている。

国権を守るためには、約束を守ること、内外の事情を詳らかにすること、国を富ますこと、さらに、国の独立が脅かされる場合には最後の手段として戦争を覚悟しなくてはならない、としている。

このうち、「約束を守る」とは、民間では契約をまた国際間では条約を遵守することの意である。

「内外の事情を詳らかにすること」という項目において諭吉は、日本固有の文明を捨てることなく西洋の事物・文明を選択的に取り入れるべきと説く。西洋の事情に一知半解なままで、西洋のものをすべて良しとして、日本もかくあらねばならぬとする「心酔論者」が世に少なくない。彼らは、「西洋諸国を道徳の国と認めて之を欽慕」[10]している。そのような世相のなかで、諭吉は、自分の考えはまったく心酔論者と違い、わが国が1つの「新西洋国」でないことを憤るのではなくて、「西洋国」になってしまうのではないかということを憂

---

7)『前掲書』575頁。
8)『前掲書』595頁。
9)「通俗国権論」慶應義塾編纂『福澤諭吉全集』岩波書店、1964年、608頁。
10)『前掲書』625頁。

える、と言っている。

　一方、戦争については、次のように位置づけている。「いやしくも独立の一国として他の虚喝に恐怖し遂に戦の念を断つの理あらんや。……彼より我に対するに虚喝を用ふれば、我より彼に対するには実戦の覚悟を以てす可きなり」[11]。また次のようにも述べる。「いやしくも独立の一国として、徹頭徹尾外国と兵を交ゆ可らざるものとせば、猶一個人が畳の上での病死を覚悟した如く、即日より独立の名は下す可らざるなり」[12]。しかし、「余輩の主義とする所は、戦を主張して戦を好まず、戦を好まずして戦を忘れざるのみ」[13]と考えている。

　このように、福澤諭吉は、独立の保持のためには、国を富ましたうえで、その富を基盤とした軍備を不可欠なものと考えていた。その考え方は、帝国主義前夜にあった時代において、国防にあたっての常識であった。

　以上のように、諭吉にとっては、国権と民権は矛盾するものではなかった。この考え方は、『文明論之概略』以来一貫している。

　福澤諭吉は晩年には民権主義者から国権主義者になったとか、「脱亜論」はアジアへの侵略を肯定するものであり、日本の帝国主義への先駆けをなしたとも言われる。しかし、民権と国権の関係において、諭吉は最後まで民権主義者であったが、同時にナショナリストであり国の主権の保持に心を砕いていた。

　「脱亜論」は、朝鮮が封建制から脱却して、独立国として西欧諸国（当面の対象はロシア）に日本とともに対抗することを願った福澤諭吉が、朝鮮において近代国家を創ろうとした金玉均たちのクーデターが失敗した直後、失意のうちに著した論説である。諭吉が打破しようとしたのはアジアの固陋であり、朝鮮に亡国の危機が迫っていることを説いたのであって、朝鮮を損なおうという意思はなかったと言えよう。しかし、時は帝国主義の時代であり、欧米諸国に伍して進もうとした日本は、日清戦争によって台湾を領有、日露戦争の勝利後には韓国を併合、世界大恐慌（1929年）後には「五族協和」のスローガンを掲げた満州国建国というように、宗主国への道を歩むことになったのである。

11）『前掲書』637-638頁。
12）『前掲書』639頁。
13）『前掲書』643頁。

終章　総括

　だが、日露戦争の勝利に沸く日本にも、物質文明の充実に走り、対外拡張に向かう日本を危惧する知性があった。例えば、明治41（1908）年に夏目漱石が著した『三四郎』には、次のような一節がある。

　日露戦争以降の日本について主人公が、「『然し是からは日本も段々発展するでせう』と辯護した。すると、かの男は、すましたもので、『亡びるね』と云った。……『熊本より東京は廣い。東京より日本は廣い。日本より頭の中の方が廣いでせう』と云った。『とらはれちゃ駄目だ。いくら日本の為を思ったって贔屓の引倒しになる許だ』」[14]。

　日清戦争後もそうであったが日露戦争後、日本の近代化の経験に学ぼうと日本への中国人留学生が増加した。中国の近代的知識人である魯迅や李大釗、それにのちの中華人民共和国国務院総理周恩来も日本へ留学した。しかし、普通選挙運動が高まった大正デモクラシーの半面、対華21か条要求（1915年）に見られるように、日本は大陸進出という道を突き進んでしまう。これに対して、「五四運動」（1919年）はじめ抗日運動がインテリ、労働者によって起こされた。

　ロシア革命（1917年）の影響を受けて、1921年7月中国共産党全国代表大会が上海で開かれ、ここに中国共産党が結成された。1924年1月には中国国民党第1回全国代表大会が開かれ、孫文の指導のもとに国共合作が行われ、対外的に反帝国主義の方針が打ち出された[15]。

　第1回目の国共合作は、1927年4月、蒋介石の反共クーデターをもって崩壊したが、1931年9月満州事変の勃発、1932年3月満州国建国と続くなか、1932年4月中華ソヴィエト共和国臨時中央政府が対日宣戦を発表、同時に国民党の統治の顛覆を宣言した。西安事件（1936年12月）ののち、1937年7月に日中の

---

14) 『漱石全集』第7巻、岩波書店、昭和31年、18-19頁。
15) 孫文の「三民主義」は国民党の政策綱領の基本をなすものであるが、それについて、「三民主義は、資本主義的近代化が世界を支配しようとしている歴史的世界において、伝統的社会の変革と民族独立という中国の近代化の解決に対する理論であり、政策であった。……いわばそれは、中国的発展の独自性の追求であり、毛沢東のマルクス主義の中国化や鄧小平の中国の特色をもつ社会主義にも通ずるものであった」（山田辰雄『中国近代政治史』放送大学教育振興会、2002年、76頁）。西洋の近代思想は、伝統を踏まえて導入することによってはじめてその国に定着し得ることを指摘した卓見である。

全面戦争が始まると、国共は再び協力して抗日戦争を遂行した。しかし、第2次世界大戦の終結後、間もなくして、国共内戦が激化した。

1949年10月、中華人民共和国が建国され、国民党政権は台湾に逃れた。南京条約締結以降、上海や天津の租界に見られるように、中国は「半植民地」とでも言えるような姿で西洋諸国に蹂躙されてきたが、ここに至って辛亥革命以降ようやく中国共産党政権のもとで、中国大陸に、他国の支配を排除した統一的な主権国家が成立した。

新中国がめざしたことは、中国共産党の指導によって、政治制度や経済構造の社会主義的改造を進め、強大な社会主義国家を建設することであった。国民国家の建設と国家主権の確立、そのために経済力と国防の充実を図るということは、近代西洋国家に対し開国して以降の東アジア諸国共通の課題であったが、その課題を中国共産党の指導により、計画経済体制のもとで速やかに達成しようとした点に、毛沢東の指導した国家建設方式の特色がある。

経済成長のためには、効率的な資源配分とともに、技術進歩が必要である。近代的技術を生産過程に適用するという限られた意味で経済近代化を捉えたとき、効率性の違いはあるが、資本主義体制下でも、計画経済体制下でもそれは可能である。しかし、経済近代化を、イギリス産業革命以来、生産面、流通面、経営面などさまざまな側面で進展してきた技術革新（innovation）が、一国の経済において生起するプロセスとして捉えたとき、経済体制と近代化の関連の検討が必要となるであろう。

Ⅲ　中華人民共和国の建設と経済近代化政策

中国は中国共産党が支配する国家であり、政府機構だけでなく、軍隊、企業、さらには、大学などあらゆる組織に中国共産党の支配が及んでいる。

中国共産党は、マルキシズムに立脚している。マルクス経済学では、資本主義経済における資本蓄積は、労働の搾取によって実現すると考えられている。また、価格を指標として各企業が行う生産は、過剰生産をもたらし恐慌を招くのであって、それによって生活が困窮した労働者たちは、資本家を打倒し、生

終章　総括

産手段を労働者たちの共有とし、社会主義国家建設を遂行するとしている。

　毛沢東は、資本主義の発達が遅れていた中国において、マルクスの理論を教条的に適用するのではなく、労働者に加えて、国民の8割以上を占める農民を革命の主体とした。ここに、彼の卓越した見識と指導力があった。

　建国後、毛沢東は、農業集団化や都市商工業の社会主義的改造を急速に進めた。すなわち、農村では、初級合作社（1953年）、高級合作社（1956年）、人民公社（1958年）というように、より大きな組織へと集団化を進めた。都市の商工業では、私有制を廃し、短期間だけ公私合営にしたうえで、全人民所有や集団所有に改組した。公有化と大規模化が進めば進むほど、社会主義が深化すると考えていたように見える。

　この社会主義改造は、第1次5カ年計画の時期に進展し、経済成長率も高かった。しかし、1958年に始まった大躍進政策は失敗し、人民公社ものちに解体されることになった。

　中国が建国当初に力を注いだのは、「国防の現代化」であった。1953年9月、周恩来首相は、第1次5カ年計画の基本任務として、「まず主要な力を集中して重工業を発展させ、国家工業化と国防現代化の基礎を確立する」[16]と述べている。

　大躍進政策（1958年）の失敗を受けて、1961年1月、中国共産党第8期9中全会は、国民経済の調整を決定し、大躍進政策は事実上停止された。劉少奇を中心に実施された調整政策では、経済の回復、とりわけ、農業と日用品生産の強化に重点が置かれ、人民の日常生活水準の回復が図られた。その一方で、国防力の充実、とりわけ原子爆弾の開発に力を注ぎ、1964年10月に中国は核実験に成功した。それらを背景に、国防に加えて民生の向上を図るために、64年12月、周恩来首相は第3期全国人民代表大会第1回会議において、「4つの現代化」（農業、工業、国防、科学技術の近代化）を提唱した。それは、第1段階として、15年間に独立した工業体系と国民経済体系を打ち立てること、その後、

---

[16]「過渡期における総路線」1953年9月8日『周恩来選集（1949-1975年）』外文出版社、1989年、160-161頁。

第2段階として、農業、工業、国防、科学技術の近代化を全面的に達成し、中国経済を先進国並みにすることを目標としたものであった。

しかし、毛沢東による文化大革命の発動（1966年）により、近代化政策は実施されずに終わった。10年ののち、1975年1月、第4期全国人民代表大会第1回会議において周恩来は、第2段階の実現する時期を、20世紀のうちにという点を新しくつけ加え、同じ内容の「4つの現代化」を再び提唱した。これは、がんに侵された周恩来の遺言に等しいものであり、後事を鄧小平副首相に託した。

周恩来は、毛沢東（1976年9月死去）に先だって1976年1月死去した。周を偲んで集まった民衆に対する「第1次天安門事件」（1976年4月）を契機として、鄧小平はまたも失脚した。しかし、1977年7月には復活し、1978年12月以降、改革・開放政策を提唱し、主導していった。その間、1978年3月には、憲法に「4つの現代化」が政策目標として明記された。

1978年12月開催の中国共産党第11期3中全会（中央委員会第3回総会）において、改革・開放政策の方針が打ち出されたが、その当時の中国経済は、輸送を人力、畜力に頼るなど近代化以前の経済社会が広範囲に残存していた。人民は、情報と色彩に飢えていた。30年にわたる毛沢東の経済政策によって、軍需面など重工業は一定の進歩をしたものの、人民の日常生活は低水準のままであった。毛沢東は、中国の現実に則ったプロレタリア革命の理論を提示しつつ革命戦争を戦い抜き、中国大陸に統一国家を打ち立てた。さらに、軍事力の裏づけのある国家主権を確立して、独自の政策を行いうる基礎を築いたが、経済近代化には成功しなかった。わずかに、周恩来によって近代化の政策目標が掲げられたにすぎなかったのである。

Ⅳ　改革・開放政策への転換とその意義

経済体制改革および対外開放政策は、1949年以来実施されてきた中国経済の社会主義的改造を逆転させたものである。すなわち、政府の計画経済による資源配分を、市場による資源配分へと分権化するものであった。

終章 総括

　1978年12月、中国共産党第11期3中全会で、「全党の重点を社会主義的現代化に移す」という決議がなされ、「農業に重点を置くこと、平均主義を打破、価値法則の重視、地方と企業に経営管理自主権を付与、先進技術の導入」という方針が打ち出された。鄧小平の主導による改革・開放政策がここから始まった。翌79年には、国営企業の管理自主権の拡大に関する規定公布、「中外合資経営企業法」公布、経済特区設置を決定し広東省・福建省に対外経済自主権を付与するなどの具体的措置が相次いだ。

　私が中国の改革・開放政策への転換を実感したのは、1979年8月に訪中した時である。自力更生の模範であった大寨に、日本人の見学団はいるものの中国人の見学用宿舎には人影がなく、政策に何等か変化があったのではないのかと思ったのが最初である。1979年末には、中国の交通部招商局が香港で深圳への直接投資を募集していることを聞いた。先進技術の導入の必要性が生まれていたにせよ、帝国主義時代に外資の支配を受けた苦い経験のある中国が、直接投資の受け入れに踏み切ったことは、非常な驚きであった。

　このように改革・開放への政策転換を図る半面、1979年3月に鄧小平は、「4つの基本原則」(社会主義への道、プロレタリアート独裁、共産党の指導、マルクス・レーニン主義および毛沢東思想) を発表し、中国共産党の指導の堅持を強調した。

　本書にはそのような中国の政策の方向と意義について、各政策が打ち出された時点でそれをどのように考えてきたかについて、過去に発表した研究論文を収録した。以下に掲げる諸論点は、それぞれが、論文発表の時点では未確定な論点であった。例えば、論点1のように改革・開放政策が継続しうるのか否かについてさえ当時は未確定であったが、いまは結論の出ているものがある。その一方で、まだ今後の課題として残されている論点も多い。以下主たる論点について、私の見解を改めて振り返ることとする[17]。

---

17) 本書収録の論文が中心であるが、一部、他の著書にのみ掲載されているものも含む。なお以下の註釈において各章の題名に付せられた括弧内の年次は、初出の年月日である。

論点1　政策目標としての「4つの現代化」の定着と政策転換の意義
「4つの現代化」は政策目標としていつ定着したであろうか。
「『4つの現代化』は周恩来によって提唱されたものの、それが政策目標の第1位に置かれるようになったのは、76年10月、『4人組』の失脚以降のことであった。しかし華国鋒は当初、その目標を達成するための方策としては、経済的合理性の重視や物質的刺激の導入に依るのでなくして、全人民所有制の強化や精神主義に依存しようとした。しかし、77年7月、鄧小平の再復活とともに、科学や経済合理性が重視される方向が出てきた。8月の中国共産党第11回全国代表大会において、『4つの現代化』が目標として党規約に明記された。78年2月開催の第5期全人代第1回会議は、大慶・大寨をよしとする半面、農民や労働者の積極性を引き出すために、物質的刺激を用いることを認めた。さらに、78年12月の第11期3中全会以降、社会主義的現代化は国の総力を挙げて取り組む目標とされ、生産関係における社会主義化の進展よりも生産力の増大を優先する方針に転換した。そして79年4月以降、経済調整期に入り、経済的合理性が一層重視されるようになり、その路線は基本的には変わらず今日まで続いている。

このように過去の政策を概観して見ると、76年10月以降の指導者たちは、たとえ政権担当者の交代があったとしても、少なくとも『4つの現代化』を政策目標としている点で共通しており、その意味で近代化は政策目標としてすでに中国に定着したと見てよいと思われる。したがって、近代化を実施するにあたっての政策手段選択の是非を論ずることが可能になったということができよう。特に、『力に応じて事を運ぶ』という原則、すなわち経済的合理性に基づく政策選択が志向されるようになって以降、目標と手段の整合性だけではなく、政策の効果分析を通じてその効率性を検討しうる基盤が形成されつつあると考えられる」[18]。

この見通しは正しく、近代化政策は今も継続している。

---

18) 第2章「中国経済近代化論序説」(1982年2月)。

終章　総括

論点2　統制経済対市場経済という視点

　資本主義国でも、戦時のように戦争目的を達成するため、民需を必要最小限に抑えるため、統制経済になる。逆に社会主義経済であっても、生産力が向上して、製品の種類が多様化したり供給余力が生じれば、統制を緩和し市場価格に頼らざるを得なくなると考えた。したがって、統制経済と市場経済を対置させるという視点を、体制改革に当たって中国自身が打ち出していることに気づいた。

　「階級闘争よりも生産力の解放に力点を置く現在の中国では、資本主義復活の議論は脇におしやられ、指令的計画経済を改め、どの程度市場メカニズムを導入しうるかということに関心が注がれているように見える。例えば、劉国光、趙人偉論文のように、計画経済は自然経済と対立するが、市場経済とは対立しないという論調も現れている。これは生存に必要最低限度の生産水準は獲得したものの、これ以上潜在的供給余力を顕在化させるためには、労働の意欲をかきたてる誘因を与えねばならないという中国の現状を反映した論理であると言えよう。したがって、中国経済近代化政策を理解するためには、社会主義経済体制対資本主義経済体制という旧来の視点に立つよりも、統制経済対市場経済という視点を持つほうが、適切であろう。この視点から、再び中国における商業の役割を考えるならば、本章（第3章）の第Ⅰ節で掲げたアダム・スミスの言葉が想い起こされる。分業の規模は市場の範囲によって規定されるというこの言葉は、市場を円滑に運行させるという商業本来の機能の大切さを、改めてわれわれに教えてくれる。中国が中国式社会主義体制を堅持するとしても、その枠内で市場メカニズムの導入を図ろうとするならば、やはりこのスミスの言葉を常に銘記しつつ、中国の歴史的地理的社会的現状に即した、商業の改革を進めていく必要があるのではなかろうか」[19]。

　のちになって1992年に市場経済が公認されたが、市場経済体制建設への流れは、改革・開放政策実施の初期から始まっていたのであった。

　もう1点、国内商業についての本論文の新しさは、分業促進において商人の

---

19) 第3章「中国経済近代化政策における国内商業の役割について」（1982年6月）。

果たす役割の重要性を指摘したところにあったと思う。すなわち、指令経済下の「社会主義商業」は配給としての機能を果たすにすぎないが、市場経済のもとで自己の損益計算に基づいて売買を行う商人による商業活動の活発化は、市場の拡大をもたらし、ひいては、アダム・スミスの言うように社会的分業を促進することになるという視点を提示した。

論点3　第11期3中全会の意義——分業重視という視点

　イギリス産業革命の初期に『国富論』を著したアダム・スミスは、分業が労働生産性を高めることを示し、市場の大きさが分業の程度を決めるとした。

　改革・開放政策を開始したころの中国は、一国が閉鎖経済であっただけでなく、工場や大学など各「単位」のレベルに至るまで、あらゆるレベルで自給自足経済の傾向があった。また、各機関間、各地方間においても閉鎖的であり、資源の効率性を上昇させるためには、それらの壁を取り払うことが不可欠であった。分業を促進するだけでも、生産性を高めることのできる状況にあった。

　第11期3中全会の1つの大きな意義として、それまでは中央政府から地方政府への権限委譲をどの程度にするかとか、経済担当の諸部門間の協業をどの程度行うかが論点であったのに対して、経済主体間の分業を促進する方向が打ち出されたことにある。私はそのことを明らかにしたうえで、第7次5カ年計画に分業の視点が導入されていることを指摘した。また、のちに市場経済体制への改革について保守的であるとされた胡喬木にも市場経済化について当時の時点で進歩性があることを論じた。「分業の促進が生産要素の効率を改善し、生産を増大させることは、アダム・スミス以来、一般に認められている。またスミスによれば、『分業は市場の広さによって制限される』。したがって、市場の拡大を阻むような制度的・思想的障害を除去することは、分業を促進し生産力を発展させるという意味で、経済合理性にかなった政策であると言えよう。とりわけ、広大な中国では運輸の未発達により自給体制が支配的な地域も多く、また指令経済のもとでの縦割り行政によって自然発生的な市場による分業の進展が妨げられた例も多く見られた。その実情からしても、分業促進策による生産力改善の効果の大きさが期待できる」。「分業を重視するとともに、単に分業

を中央と地方との政府間の権限委譲の問題にとどめるのではなく、ミクロの経済主体としての企業間の分業まで考えている点に胡論文の進歩性があると言えよう。それは胡喬木1人の考え方ではない。第11期3中全会の思想的基礎をなしているのであり、事実、総会の公報の中に、第Ⅰ節で触れたように、経営管理の自主権、価値法則の役割の重視等がうたわれているのである」[20]。

論点4　改革・開放政策と技術革新

生産の増大は、資源の効率的な配分と技術革新によってもたらされる。経済体制改革と対外開放は、次のように技術革新をもたらすという点で意義があると考えた。

「資本主義諸国は、消費者主権に基礎を置く市場の動向によって製品の売れ行きが決まるため、新製品、新生産技術、新販路、新原材料仕入先などに関する、たえざる工夫を通じて、利潤の増大を図ってきた。そして品質の改善を含め、技術革新の努力を払ってきた。60年代の貿易自由化に続いて70年代には先進国において資本の自由化が進み、資本や技術が各国間を移動することを通じて、技術革新が促進された。資本主義のダイナミックな発展は、シュムペーターが示した技術革新によってなされ、それを促進したのは、基本的には、自由な市場経済体制であった。……技術革新への誘因の弱さによって、社会主義諸国の停滞がもたらされた以上、発展のためには、必然的に、市場経済の導入という方向での体制改革がなされなければならない。……対外開放はそれ自体が技術革新をもたらすものであり、ここに、対外開放と体制改革の必然的な関連が見られる」[21]。輸入技術であっても、それを導入した経済から見れば、技術革新であると言える。それだけでなく、対外開放により分業の利益を実現するためには、資源の効率的配分をもたらす市場経済体制を確立する必要性が生じる。その体制はさらに、革新者に創業者利得という、技術革新の誘因を与えるのである。

---

20) 第5章「『分業』の視点から見た中国第7次5カ年計画」(1987年4月)。
21) 第1章「中国の経済近代化と体制改革」(1991年3月)。

V　改革・開放政策の展開

　改革・開放政策は次のように展開して行った。

　1984年は、改革・開放政策に進展が見られた年であった。2月、鄧小平は開放政策を促進させるため深圳経済特区を視察した。5月には、14沿海都市が開放された。10月には、党の第12期全国代表大会第3回総会において「中共中央の経済体制改革に関する決定」がなされ、社会主義計画経済は「共有制を踏まえた計画的な商品経済」と規定され、企業は「自主経営と損益自己負担の社会主義的商品生産者及び経営者」であり、「一定の権利と義務を持つ法人」と定められた。

　1987年11月、党第13回全国代表大会において、21世紀半ば頃までの期間は、「社会主義の初級段階」にあり、この段階における矛盾は「人民の物質的・文化的需要と立ち遅れた社会的生産の矛盾」、とする趙紫陽首相の報告が採択された。マルクス主義を放棄せずに、段階論によって搾取の問題を棚上げにしたのであった。これによって、私営企業も、「公有制経済の必要かつ有益な補完物」とされるに至った。翌88年3月には、憲法に「国は私営経済の合法的権利と利益を保護する」と規定された。

　1988年1月「沿海地区発展戦略」を趙紫陽が提起し、同年、沿海経済開放区は140市・県へと大幅に拡大された。この戦略は、国際分業の利益を、国内の経済発展に結び付けようとするものであった。したがって、国内の流通機構の発達、国内分業の促進が、成功の鍵となる。国際分業と国内分業をともに重視している点で、中国に分業が大切であるという意識が定着したことを物語る政策であったと言えよう[22]。

論点5　改革・開放政策における党大会の位置付け

　中国共産党第11期3中全会は経済改革路線を決定した大会、同第12期3中全

---

22) 対外開放政策については、第8章「中国の対外開放政策と東南アジア貿易」（1991年3月）参照。

会は商品経済を容認した大会として、そして、同第13回全国代表大会は所有制の多様化を認めた大会として位置付け、それぞれ「実事求是」、「計画的商品経済」、「社会主義初級段階」の概念の意義を明らかにした[23]。

第7章で示した各大会の位置付けおよびその意義は、まったく独自に考えたものであったが、その後の事態の展開をみると妥当であったように思える。

論点6　近代化政策の進展と中産階級の形成

1989年6月に「6・4天安門事件」が起こり、同月、中国共産党第13期4中全会で江沢民が総書記に選出された。その事件前夜は、次のような状況にあった。

「科学技術や教育の重視により、高い知識を有する人材が育ってきている。また多様な所有形態を認めたことにより、私営企業の経営者には高い所得を得るものも見られる。未だこれらは少数であり、しかも知識と富の所有者はそれぞれ別人であるが、近代化政策の進展につれて、知識とともにある程度の富を有する中産階級が形成されてくるにちがいない。それは鄧小平路線の成功を示す1つの徴候ではあるが、そのときにはこの人々によって、さらなる自由化、民主化への要求が出されるものと予想される。本章（第6章）に述べたように鄧小平の自由、民主、人権に対する考えは、人民民主主義独裁を前提としたうえでのそれであり、より豊かな社会主義社会へ至る過渡期においてはその独裁は肯定されるとしても、より豊かな社会においては、その社会にふさわしい政治制度、およびそれを支える思想が存在するはずである。『4つの基本原則』のうち、『社会主義の道』は国是として堅持され続けるとしても、近代化の進展とともに人々の思想の変革は一段と進み、それへの適切な対応が必要となろう。そうしなければ、近代化への道は停滞してしまうのである。

ただし一方で、広大な中国にとって大きな問題が残る。それは、都市と農村、沿海地域と内陸地域などに生ずる発展の不均等性の問題である。沿海地域の大都市で民主化の拡大が必要となったとしても、内陸の農村の発展のためには強力な独裁が必要かも知れない。政治改革の困難さがここにあり、民主と独裁の

23）第7章「中国の体制改革と日中経済関係」（1988年11月）。

バランスをどのように取っていくかは、今後、何十年にもわたって中国が直面しなくてはいけない難問である。この難問の解決にこそ『実事求是』による柔軟な対応が必要とされるであろう」[24]。

天安門事件直後、江沢民は、改革・対外開放の堅持を発表した。一時、思想的引き締めが強くなったが、鄧小平は、上海、珠海、深圳を訪問し、1992年2月、「南巡講話」を発表、改革・開放の促進を訴えた。

1992年10月、党第14回全国代表大会で「社会主義市場経済」が公認された。これによって、市場経済への歩みが加速された。その具体的な措置として、1993年11月中国共産党第14期中央委員会第3回総会で、「社会主義市場経済体制樹立の若干の問題についての中共中央の決定」によって、現代企業制度の確立が提唱され、12月に「中華人民共和国会社法」が制定（94年7月施行）されるなど、マクロ、ミクロ両面での市場経済化が進められたのであった。

VI 社会主義市場経済と「3つの代表」論

1999年3月、第9期全国人民代表大会第2回会議において、憲法に「個人経済、私営経済等の非公有経済は社会主義市場経済の重要な構成部分である」と規定され、社会主義市場経済における私営企業の地位が保障された。そして、2000年2月に、「中国共産党は、先進的社会発展力の要求・先進的文化の前進の方向・最も広範な人民の利益を代表すべき」という「3つの代表」論が江沢民によって提起され、2002年11月の党の第16回全国代表大会で承認された。

論点7 「3つの代表」論と「社会主義市場経済」
「3つの代表」論の政治的意義については、次のように考えている。
「1992年10月、党第14回全国代表大会において公認された『社会主義市場経済』という言葉は、2つの意味に解釈できる。

---

24) 第6章「中国経済近代化と鄧小平の思想」（1988年12月）。

終章　総括

　1つは、『社会主義への道』を歩むために、市場経済を手段とするという意味である。最終目標は豊かな社会の建設であり、その社会を実現する手段として、市場経済を採用する。市場経済は、競争を通じて、資源効率を向上させ、技術革新を活発化する機能を持つ。市場経済、とりわけ技術革新の主要な担い手である私営企業家の存在を、『社会主義初級段階』論は所有制の多様化という形で認めており、私営経済の発展と社会主義への道は、理論上、両立することになる。

　もう1つは、中国経済の発展政策の遂行や経済管理体制の策定において、『中国共産党の指導』を堅持するということである。この共産党の指導の堅持に、3つの代表論の最も大きい政治的意義があるものと考えられる。資本家を人民の範疇として含めた場合、資本家主体の政党も人民の政党であると認めて、議会制民主主義のもとで共産党と政権を争う方法も可能性としてはある。だが、中国共産党は、実体のともなった複数政党制は認めずに、『共産党の指導』による『人民民主主義独裁』を貫徹するために、人民の一部として資本家の入党を認めるという道を選んだ。

　『3つの代表』論は、政党の支持基盤を広げることによって、中国共産党が執政党としてとどまろうという江沢民の意思の表明であると解せよう。

　　新企業家階級を党員にすることによって、経済力をつけ、政治的発言力を増してくる階層の意見を、党内で吸収することができる。また、私営企業にも党委員会を組織させることにより、共産党の指導の貫徹を図るという政治的効果をめざしている」[25]。

　2002年11月には、胡錦涛が江沢民に代わって党総書記に就任、さらに2003年3月には国家主席に選出されたが、「3つの代表」論は、当面継承され、2004年3月には、憲法に私有財産権と継承権の保護、人権の尊重が明記された。

　市場経済が効率的であるためには、自由競争が不可欠である。これに私有財産を認めれば、明らかに、個人主義がよって立つ自由競争と私有財産制という

---

25) 拙稿「中国改革開放政策と『三つの代表』論」赤川元章・唐木圀和編著『東アジア経済研究のフロンティア』慶應義塾大学出版会、2004年、114-115頁。

2つの基本的要件を充たす。社会主義市場経済下の政策が個人主義をもたらすことになり、ここにはじめて原理的に、中国共産党による指導という社会主義と相容れないものになる。

「競争的市場と私有財産制が自由主義の基礎であることは、F. A. ハイエクによる指摘のとおりである。この理論に従えば、今回の憲法改正（2004年）によって、中国においても自由主義を可能にする条件が、憲法上では整ったと言える。しかし、中国の目標は、『富強、民主、文明の社会主義国に築き上げる』（憲法前文）ことにある。社会主義建設を進める中国で、個人の自由を至上とし個々人の基本的人権を尊重する自由主義と、党の指導を重視する路線とをどのように調和させていくのだろうか」[26]。

ハイエクの理論と中国経済の関連については、本書第11章で論じたとおりである。

しかし憲法上の規定にもかかわらず中国の現状は、農民の土地争議が頻発しており、都市住民もまた、立ち退きにあたって自己の主張を強めているが、再開発の許可を受けた業者に強制的に立ち退かされてしまうと伝えられているように、土地収用1つをとっても、私有財産の保護は未だ不充分である。私有財産権保護を憲法で認めたことにより、政府役人や開発業者の専横に対する多少の歯止めになるかも知れないが、個人主義の実現は遠い将来のように思われる。むしろ、次のことが懸念される。

論点8　「3つの代表」論とナショナリズム

「『3つの代表』論は、『思想』として、中国共産党規約および憲法に明記されるに至った。それにより、市場経済化の進展には寄与しうるが、直ちに政治形態としての民主化が進むとはいいがたい。むしろ、経済における階級矛盾が、ナショナリズムに転化させられ、台湾統一問題や尖閣列島の石油資源をめぐる領土問題が激化する恐れさえある。『歴史認識』問題や領土問題などの懸案事項について、冷静な協議が早急になされる必要がある」[27]。

---

26) 第4章「『調整期』における商業観と中国体制改革」（2004年8月）。

終章 総括

Ⅶ 改革・開放政策の成果と中国経済近代化の課題

　改革・開放政策はそれ自体が、中国経済にとって最大の技術革新（innovation）であった。社会主義計画経済体制から社会主義市場経済への移行、対外開放政策により自給自足経済から外資導入も認める国際分業体制への移行は、目ざましい発展を中国にもたらしたのである。

　経済面における成果を見ると、例えば、鄧小平路線が敷かれた1978年には、国内総生産は3,645億2,000万元であり、その構成比は第1次産業27.9％、第2次産業47.9％、第3次産業24.2％であった。それが2005年には、国内総生産は18兆3,084億8,000万元に増加し、その構成比は第1次産業12.6％、第2次産業47.5％、第3次産業39.9％と、第1次産業の割合が低下して第3次産業部門の比重が高まった。1人当たりの国内総生産は、1978年には381元にすぎなかったのに対し、2005年には1万4,040元と時価で36.9倍に増えた[28]。

　就業人員の構成比は、1978年は第1次産業70.5％、第2次産業17.3％、第3次産業12.2％であったのに対して、2005年には第1次産業44.8％、第2次産業23.8％、第3次産業31.4％となっている。就業形態もまた、多様化した。1978年、全就業者4億152万人のうち、都市部の就業者は9,514万人、その内訳は国営企業に7,451万人、集団企業に2,048万人、個体企業に15万人であり、農村部の就業者は3億638万人で、ほとんどが農業に従事しており、社隊企業には2,827万人が就業していただけであった。ところが、2005年には、全就業者7億5,825万人のうち、都市部の就業者は2億7,331万人であり、内訳は、国有企業6,488万人、集団企業810万人とそれぞれ減少したのに対し、株式合作企業に188万人、合営企業に45万人、有限責任会社に1,750万人、株式有限企業に699万人、私営企業に3,458万人、香港・澳門・台湾企業に557万人、外資企業に688万人、個体企業に2,778万人と多様化した。一方、農村部では同年、就業

27）拙稿「中国改革開放政策と『三つの代表』論」赤川元章・唐木圀和編著『東アジア経済研究のフロンティア』慶應義塾大学出版会、2004年、130頁。

28）中華人民共和国国家統計局編『中国統計年鑑2006』中国統計出版社、2006年、57-58頁。

者数4億8,494万人のうち、郷鎮企業に1億4,272万人、私営企業に2,366万人、個体企業に2,123万人が就業しており、農業従事者の割合が低下している[29]。

流通面では、消費財の小売総額は、1978年は1,558億6,000万元であったのが、2005年には6兆7,176億6,000万元と43.1倍に増加している。社会主義市場経済が公認された1992年は1兆993億7,000万元であり、そのときと較べても6.1倍に市場規模が拡大している[30]。

鉄道は1978年5万1,700kmであったが2005年には7万5,400kmに、道路は1978年に89万200kmであったのが2005年には193万500kmに延びた。道路のうち、高速道路は1978年にはまったく存在せず、1988年に100kmが初めて統計に表れたのに、2005年には4万1,000kmに及んでいる[31]。

社会主義市場経済は、中国共産党の支配のもとで運行されている市場経済である。その体制下では、社会主義の理念や、党組織・官僚機構のヒエラルキーは維持されている。経済近代化実現のために、社会主義の持つ利点はいくつもある。第1は中国共産党全国代表大会や全国人民代表大会で定めた方針や「国民経済・社会発展計画」を、党員や国民に学習させることを通じて徹底させることができる。第2は、中国では、個人の土地の使用権は認めているが、所有権はあくまで国にある。したがって土地収用が容易であり、高速道路の建設、上海や北京をはじめとする諸都市の改造を短期間に遂げることができる。インフラを整備することによって、生産や流通が活発化し、国内の各地・各産業間の分業が進み、経済が発展する。

しかし他方、社会主義を守ろうとして公有制の範囲を広げすぎると、経済学で「政府の失敗」と呼ばれるコストを無視した経済運営や所有権の曖昧さからくる効率の低下を招いてしまう。この点で、今回（2007年3月）、物権法を制定し、所有権の範囲を明確にしたことは、今後の市場経済の発展のために大いに意義ある措置であった。

---

29)『前掲書』125-129頁。
30) 中国商務年鑑編集委員会編『中国商務年鑑2006』中国商務出版社、2006年、9頁。
31) 中華人民共和国国家統計局編『中国統計年鑑2006』中国統計出版社、2006年、632頁。

終章　総　括

　第11章で論じたように、私有財産制と市場における競争を基盤として成り立つ個人主義と中国共産党の指導する社会主義の矛盾を、どのように解決していくかが、体制改革面における中国の課題である。団体交渉権や争議権を持った労働組合結成を容認することにはじまり、将来は実質的な複数政党制や成人が等しく選挙権を持つ普通選挙制度に移行することが、市場経済化の進展につれて、大きな課題となるであろう。ただし、民主主義と人権がその国でどのようにして守られるかは、他国からの干渉や支援を受ける問題ではないし、また、あってはならない。中国人民が自分達の努力と犠牲によって実現していく事柄なのである。

　経済発展の実態を見ると、現在中国沿海部、とりわけ上海とその周辺都市である蘇州、無錫、杭州などの経済発展は、目ざましい速度で進んでいる。経済技術開発区における外資系企業やその企業と提携している郷鎮企業による加工貿易を主とする生産、紹興酒のような地場産業への需要拡大に伴う生産とならんで、都市改造・高速道路建設・持ち家制度の実施などに伴う建設ラッシュと不動産市場が活況を呈している。また、家庭電気製品や自動車など耐久消費財生産の増加、スーパーマーケットやコンビニエンス・ストアに見られる流通革命、旅行の活発化に伴うホテル建設や観光業の拡大など、国内市場向け生産もいま大きく伸びている。中国の沿海部は、W. W. ロストウの言う「高度大衆消費時代」に入り、国内市場の拡大が今後の中国経済にとって重要性を増してきた。制度面でも、これまでの外資優遇、輸出促進の政策を修正して企業所得税法が改正され、中国企業と外国企業の税率一本化が図られる。なお、物権法は2007年10月1日から、企業所得税法は2008年1月1日から施行される予定である。

　都市と農村、沿海地域と内陸との経済格差が増大しており、胡錦涛政権は「和諧社会」のスローガンのもとに、格差是正、安定成長路線への転換を試みている。例えば、家畜屠殺税や牧畜業税の撤廃に続いて、農業税、農業特産物税も撤廃するとともに、「3農（農業、農村、農民）問題」の解決のために3,397億元（2006年度）の中央財政支出を行うなど、農村の発展にも力を注いでいる[32]。

　高度大衆消費時代に一部の地域や階層が突入したとはいえ、持続的成長が継

続するか否かは今後の課題である。北京オリンピック、上海万博というイベントが終わったときに不況がくるという説がある。景気動向は心理によっても左右されるため皆がそう考えるならば、投資が控えられ景気後退がもたらされることもありえよう。しかし、日本において大阪万博（1970年）のあと、数年で経済が成熟期に入り、構造的に低成長率となったのと違って、中国の内陸部はまだまだ発展の余地があり、需要面から飽和になることは考えられない。したがって、10％以上続いた成長率は落ちるとしても、年率6-7％程度の成長が、かなり長い間続くことは十分期待される。

　経済成長の制約条件は需要面にあるのではなくして、むしろ供給面にあり、最大の制約条件は資源にある。続いて環境問題が挙げられる。2006年における原油価格はじめ多くの国際商品の価格高騰は、その基本的要因の1つに中国の経済規模の拡大があった。エネルギー効率を高める「省エネルギー技術」の導入と開発、生活様式に関して自然エネルギーをできる限り利用するような工夫、自動車の個人所有を野放しにするのではなく、例えばレンタカーを活用するなど共同使用の方法を工夫することによって自動車生産が急増することを避けるなど、排気ガスや地球温暖化を配慮した経済開発方式に中国は積極的に取り組んでいく必要があろう。中国の資源および環境問題は中国一国にとどまらない。取りも直さず世界的問題なのである。

VIII　中国経済近代化と日本の独立

　近年、不幸にして尖閣列島付近における石油資源採掘問題が生じ、中国は一方的に採掘を進めている。また、通告なしに日本領海に潜水艦を通行させ、海図の調査等を行う事件も起きた。これに対し、日本側では中国を名指しで脅威とする声が、一部で声高に唱えられた。

　私は、中国は基本的には平和主義の立場にあると考えている。なぜなら、中

---

32) 第10期全国人民代表大会第5回会議における、温家宝「2006年度国民経済・社会発展計画の執行情況と2007年度国民経済・社会発展計画についての報告」による。

国経済近代化を進めるには、平和な国際環境が不可欠だからである。

中国経済近代化政策を遂行するにあたっての中国の外交政策は、次のような基本線にあると約20年前より考えてきた。

論点9　近代化政策推進にあたっての外交政策

「中国は今後も第三世界の一員として自国を位置づけたうえで、東側とも西側とも良好な国際関係を保とうとする、いわば『全方位外交』を展開するものと考えられる。この趨勢のなかで日中経済関係は従来のような圧倒的なシェアを保つことは徐々にむずかしくなるかも知れない。しかし、直接投資の進展、中国経済の発展とともに、絶対額ではますます増大するものと予想されよう」[33]。

ただし、ここで限定条件を付けなくてはならないのは、中国の主観的立場に立つと、歴史上かつて中国の版図に入っていた地域は自国の領土であり、それを回復することは侵略ではないと考えていることである。1992年には南シナ海、台湾周辺海域、東シナ海を領海とする領海法を制定した。そのうえで、海洋調査や海軍力を展開し、いくつもの島を実効支配するに至った。

最大版図の回復と言うと、沖縄さえ自国の領土として主張しかねない[34]。現に尖閣諸島については、沖縄が日本に返還された1971年にその領有を主張、2004年3月には中国人が島に上陸し、自国の領土であると主張した。沖縄近海の海洋調査も、昨年来活発に行われ、このような趨勢のなかで、日本領海への侵犯が起こってきた。このような行動は、中国が主観的立場から、正当な行動であると考えているとしても、国際社会から見れば、侵犯的行動にほかならない。

版図回復という理由によって、歴史を無限にさかのぼって自国の領土・領海であると主張することは、国際的な混乱や不安定を招く。領有権が国際的に是認されるか否かは、東アジアが近代国家秩序の体系に組み込まれ始めた阿片戦

---

33) 第7章「中国の体制改革と日中経済関係」(1988年11月)。
34) 中国の比較的客観的に記述された中学生向きの副読本にも、沖縄は1871年当時「中国属地」であったと記されている。紀江紅主編『中国通史』(第2巻) 北京出版社、2005年、216頁。

争の敗戦以降に結ばれた条約や法律において、先に領土に編入したかどうか、またその後変更がどのような条約に基づいてなされたのかを検討することによって判断するのがよいと考える。国家主権という概念がアジア諸国でも認識されるようになったのは、南京条約締結以降であるからである。

中国の考え方を理解したならば、中国を敵視するのではなく、中国に自制を求めることが必要になってくる。中国も日本も、1953年12月にはじめて提唱され、1954年4月に中国の周恩来首相とインドのネルー首相の「共同声明」で発表された、「平和5原則」の精神に立ち返ることが大切であると思う。この「平和5原則」の精神は、1955年4月のバンドン会議において、「平和10原則」として受け継がれ、新興独立国が多くを占めるアジア・アフリカ諸国間の精神となった。

中国自身も外交政策において第三世界の一員として、自国を位置づけてきた。改革・開放政策を後に開始した鄧小平は、1973年12月、国連総会において第三世界の一員であると宣言し、平和5原則も再確認したのであった。

論点10 「平和5原則」の現代的意義

「アジアの共生にとって大切なことは、アジア諸国が国民国家として経済発展政策を進めている現代において、その経済力、軍事力の近年の発展を背景に、域内の覇権を求めるような行動は決してあってはならないという点である。第2次世界大戦後のアジア各地域における独立という事実を踏まえた上で、たとえ分断国家であっても各政権が民主的手続をとって選ばれたものである限り、主権・領土保全の相互尊重、相互不可侵、相互内政不干渉、平等互恵、平和共存など『平和5原則』及びバンドン会議に則った対応をすることが望まれる。アジア諸国のすべてが、現代においても本原則を遵守することが、西欧に対しても、またアジア諸国間においても、その共生のために不可欠な前提条件なのである」[35]。

---

35) 唐木圀和・後藤一美・金子芳樹・山本信人編著『現代アジアの統治と共生』慶應義塾大学出版会、2002年、100-101頁。

終章　総括

　第2次世界大戦後は、第三世界の国々の間だけではなく、旧宗主国もまた、基本的には他国の主権を尊重せざるを得なかった。かつて第1次世界大戦後の国際連盟規約に「人種平等」を織り込もうとした日本の要求は、米大統領ウィルソンに容れられず果たせなかった。また、アジアの解放という旗印を掲げて戦った「大東亜戦争」に日本は敗れた。しかし、インドネシア独立戦争からベトナム戦争に至るまでいくつもの植民地独立戦争を旧植民地が戦い抜いて勝利を得たこと、国際連合はじめ諸国際機関の発足、東西対立という国際情勢などにより、大戦後は基本的に国家主権・領土保全を尊重する国際環境が生まれたのであった。1960年代中葉から、台湾や韓国の輸出加工区設置に象徴される「外向きの工業化」（outward-looking industrialized policy）が成功したのは、主権を背景にして、アジア諸国が、自国の経済発展に役立つ外国資本を選択的に導入する外資法を制定することができたことにある。1978年12月以来の中国の開放政策もこの流れの延長線上にあり、主権の存在は近代化政策成功の前提であるとともに、その確立は近代化政策の成果でもある。

　「平和5原則」は現在なお、中国の外交の基本方針である。この原則を今後とも遵守することを中国に求めたいと思う。そして、かつての華夷秩序の復活を、現代の世界において図るようなことのないよう自制を求める次第である。

　次に国防に関して中国は、自国の独立をより確実なものにするために、軍備の充実に努めてきた。「4つの現代化」のうちの国防の近代化は、改革・開放政策の成功に支えられ、着々と進んでいる。

　中国では、改革・開放政策の開始とともに始められた1人っ子政策の実施によって、子供の命は非常に大切になっており、人海戦術によって中国が他国に攻め入ることは考えにくくなっている。しかし、兵員の削減を図る一方で、経済近代化を背景に、海空軍を重点に技術集約的な軍備を整えつつある。有人宇宙飛行にも成功（2003年）し、高い精度をもって大陸間弾道弾をアメリカ大陸までも届かせる運搬技術があることを実証した。

　この情勢のなかで日本は、政治家が近隣諸国を名指しで脅威とし、いたずらに敵を作るような愚を避ける一方で、報復力を有する中距離ミサイル網や潜水艦など、防衛力の整備を図る必要がある。専守防衛とは、国境を越えた報復力

を持たないということではない。東アジアの諸国が近代化政策を進め、ナショナリズムが勃興しつつあるなかにあって、経済力の規模に見合った軍事力を保持することは、日本の防衛のためにも、アジア地域の平和維持のためにも非常に大切な事柄である。

日本国内に諸藩がありながら平和が保たれた江戸時代の幕藩体制においても、各藩は石高に応じて軍備保有を認められていた。そのように、軍事力と経済力は、本来は並行しているものであり、豊かな経済の上にそれに応じた軍事力の裏づけがあってはじめて、国家主権の維持が可能なのである。

中国が国力に見合った軍事力を持つことは、自主外交を展開するための基盤を整備することであって独立国として当然のことであり、それ自体を危険視し過ぎる必要はないように思う。しかし一方で、市場経済が発達し、個人主義が勢力を増し、人権尊重の意識が高まり、さらに遠い将来、議会的民主主義を採るようになったとしても、それが対外的に軍事力を行使しない体制であることに直結するという保証はない。人権や民主主義が対外的平和主義と直結しないことは、アメリカ合衆国が第2次大戦後も、これらの理念を掲げつつ、いくつもの戦争や内政干渉を行ってきた事例からも明らかである。

市場経済は、万能薬ではない。軍需産業がその私的利益を、政権や軍と結びついて図る「産軍複合体」が、間歇的な対外軍事行動を引き起こす基盤となってきたことは、否めない事実であろう。一方で、アメリカ民主主義制度の美点は、自国民の犠牲者が増えるにつれて反戦の声が高まり、次の政権交代として結実することにある。個人主義に基づきながら、最大多数の個々人の最大幸福を政策として実現していくための制度造りは、中国だけでなく日本においても、今後とも常に模索して行かねばならない課題である。

個人主義の確立は、中国の将来の課題であるとともに、日本にとっては緊要の課題である[36]。21世紀に入り、自己責任に基づく自由競争が重要視されているにもかかわらず、高い累進税率による相続税によって、個人は法人に比し、

---

36) 個人主義を確立するための税制のあり方については、拙稿「個人主義の確立と税制改革」『三田商学研究』第43巻第6号、2001年2月を参照。

終章　総括

資産の継承に関して不利な立場に置かれている。個人主義は私有財産制に支えられている。この点、ブッシュ米政権は、相続税の全廃を打ち出しており、個人主義の確立という点から見て、理に適った政策を実施している。

　一国レベルでは、アメリカ合衆国からの内需拡大の要求を唯々として呑んだ結果、公債残高は2003年末には当時の全世界の発展途上国の累積債務総額（約316兆円）を越え、平成17年度末（2005年3月）には、一般会計税収の約12年分に相当するまでになった。このような状況のなかで、国際貢献という名のもとに、アメリカ合衆国の世界戦略の一端を担うという従属性が近年とみに強まっている。

　他国に言われるままに、外国の軍隊の駐留費や移転費用を支払ったり、中東に自衛隊員を派遣したりするのであれば、その経費を、たとえ他国からの武器購入支払いにあてようとも、自衛力の増強に費やすべきであろう。他と協力しつつも寄りすがるのではなく、自主防衛によってはじめて国家の独立が維持されることは、現代においても変わらない真理である。

　日本の今後の進むべき道は、いわゆる国際貢献の名のもとに、世界各地の紛争に兵を送ることではなく、専守防衛に徹し、自主防衛力の整備に努めることであろう。アメリカ合衆国の軍事的保護国とさえ言える現況を少しでも改善し、東アジア外交における自主権を拡大することは、対中外交における選択肢を増やすことにもなる。そのなかで、日中両国が「平和5原則」を堅持しつつ、相互に協力して両国の繁栄と東アジア諸国の発展に尽力することが、世界の平和と安定に貢献するためのよりよい道であると考える次第である。

IX　むすび

　中国経済近代化の経験を振り返ったとき、封建的な国家である清のもとにおける洋務運動や変法運動には限界があり、中華民国建国（1912年）という近代国家の誕生、そして中華人民共和国建国（1949年）という外国勢力を排除した主権国家の成立をもって、初めて経済近代化政策を進めることができたのであった。

毛沢東は中華人民共和国建国には絶大な功績があったが、その経済発展方式は、豊富な人力に頼るものであり、経済近代化は実現できなかった。周恩来によって、「4つの現代化（近代化）」の目標が設定され、鄧小平に始まり、江沢民、胡錦涛に至る改革・開放政策によって、今日の繁栄がもたらされている。

　中国経済の発展は外形的には確かに目ざましい。しかし、資源、環境といった経済的制約条件のほかに、より正しく多くの国民の意思を反映させるような政治の民主化への政治改革や、個々人の行動様式や他者に対する態度の文明化・近代化という大きな課題が残っている。

　「アジアにとっての近代化は、アジア諸国に先立って産業革命を経験し、産業化を進めた西欧主要諸国との接触を通じて引き起こされた。思想、精神の革命が、外来文化や制度、技術等を主体的かつ選択的に取り入れる範囲でなされるならば、健全な近代化といえよう。しかし、価値基準を全面的に外国（西洋諸国）に置くならば、それは単なるウエスタナイゼーション（westernization：西洋化）に過ぎない。近代化は、接触した文明が西洋文明であるゆえ、西欧化の一面を持つが、本来の近代化は、自国のシビライゼーション（civilization：文明化）の延長線上に西欧文明を取り入れる、すなわち、自己の固有文化の特色を保ちつつ、必要な限りにおいて、思想や制度、法律を改変していくことである。そして、それを可能にする必要条件は、国家主権が確立していることである。……近代化を成功させるために必要であった国家主権の尊重は、グローバリゼーション（globalization：世界化）に対応する際にも不可欠な要件であることを指摘したい」[37]。

　本書の冒頭に述べたように、近代化とは、各国・各人が西洋近代を手本として自己変革を図ることであった。中国の経済体制改革・対外開放政策は、それ自体が技術革新（innovation）であり、それらの政策の内容は先進市場経済諸国を手本としたものであったとしても、経済近代化の成果は大きかった。しかし今後、市場経済諸国との制度面や技術面の較差が縮小してきた時には、中国自身が開発する技術革新が、経済近代化において重要な役割を果たすことにな

37）唐木圀和・後藤一美・金子芳樹・山本信人編著『現代アジアの統治と共生』91-92頁。

終章　総括

ろう。このように考えてくると、経済近代化の本質は絶えざる技術革新にあるのであって、西洋近代に学ぶということは、遅れて出発した国や人間にとって、ある時期においてのみ特に重要なことであった。

　中国は改革・開放政策実施直後から「社会主義精神文明」の建設を提唱してきた。「社会主義」が強調されることが多かったが、「精神文明」の近代化を進めることが、中国近代化の成功にとって今後、最も重視されなくてはならないであろう。

初出文献一覧

序章　「周恩来と中国現代化政策」『三田商学研究』48巻1号、2005年4月
第1章　「中国の経済近代化と体制改革」『三田学会雑誌』83巻特別号-Ⅱ、1991年3月
第2章　「中国経済近代化論序説」『三田商学研究』24巻6号、1982年2月
第3章　「中国経済近代化政策における国内商業の役割について」『三田商学研究』25巻2号、1982年6月
第4章　「『調整期』における商業観と中国体制改革」『三田商学研究』47巻3号、2004年8月
第5章　「『分業』の視点から見た中国第7次5ヵ年計画」『三田商学研究』30巻1号、1987年4月
第6章　「中国経済近代化と鄧小平の思想」『三田商学研究』31巻5号、1988年12月
第7章　「中国の体制改革と日中経済関係」矢内原勝・深海博明・大山道広編著『世界経済のニュー・フロンティア』文眞堂、1988年
第8章　「中国の対外開放政策と東南アジア貿易」松本三郎・川本邦衛編『東南アジアにおける中国のイメージと影響力』大修館書店、1991年
第9章　「中国の市場経済化と対外開放」大山道広・高梨和紘編『東アジアの国際交流と経済発展』文眞堂、1993年
第10章　「中国経済体制改革と現代企業制度」『三田商学研究』43巻特別号、2000年11月
第11章　「社会主義市場経済と私有財産の保護――ハイエクの視点を中心に」（初出）
終章　「中国経済近代化と体制改革」『三田商学研究』49巻2号、2006年6月（改題して加筆）

参考図書

〔中国〕(外文出版社発行分を含む)
于光遠『中国社会主義初級段階的経済』広東経済出版社、1998年。
―――――『于光遠短論集(1977-2001)』第4巻(1996-2001)、2001年。
于霊・張彩玲・卜毅然・宋正『毛沢東思想概論』東北財経大学出版社、2003年。
王曉魯『第三産業與生産労働』四川人民出版社、1986年。
王文祥編著『中国経済特区和14個開放都市』中国展望出版社、1986年。
王梦奎主編『中国経済転軌二十年』外文出版社、北京、1999年。
『改革を堅持し社会主義現代化の実現のために奮闘しよう』外文出版社、1985年。
夏光仁主編『中国商業企業管理学』中国人民大学出版社、1980年。
賀名命・周明星主編『商業経済学』北京科学技術出版社、1983年
賀耀敏・武力主編『五十年国事紀要(経済巻)』湖南人民出版社、1999年。
紀宝成『商業活動論』経済科学出版社、1987年。
熊華源・寥心文『開国総理周恩来』中国社会出版社、2004年。
『経済体制の改革に関する中共中央の決定』外文出版社、1984年。
『現代中国の基本問題について』外文出版社、1987年。
湖南省商業庁・長沙市百貨公司『文明経商手冊』湖南科学技術出版社、1981年。
江明武『周恩来生平全記録』(上・下) 中央文献出版社、2004年
国家'七五'期間中国私営経済研究課題組編『中国私営経済―現状・問題・前景』中国社会
　　　科学出版社、1989年。
《財貿経済》編集部編『社会主義流通理論探索』中国展望出版社、1985年。
『私営和個体経済実用法規大全』人民出版社、1988年。
『社会主義精神文明建設の指導方針にかんする中国共産党中央委員会の決議(1986年9月28
　　　日採択)』外文出版社、1986年。
中共中央文献研究室『周恩来経済文選』中央文献出版社、1993年。
『周恩来選集(1926年-1949年)』外文出版社、1981年。
『周恩来選集(1949年-1975年)』外文出版社、1989年。
『十二大以来重要文献選集』(下) 人民出版社、1988年。
『十四大以来重要文献選編(上)』人民出版社、1996年。
『人民之子鄧小平』中央文献出版社、2004年。
商業部商業経済研究所資料室編『商業労働性質問題的討論』中国商業出版社、1982年。
朱瑤翠・張文鑒編著『企業管理中的網絡計画技術』上海人民出版社、1982年。
商業部商業経済研究所資料室編『商業労働性質問題的討論』中国商業出版社、1982年。
千家駒『特区経済理論問題論文集』人民出版社、1984年。

参考図書

曽洪業主編『社会主義商業経済学』中国人民大学出版社、1980年。
孫尚清・張卓元・冒天啓『孫冶方的社会主義経済理論体系研究』経済日報出版社、1987年。
孫達成・梁初鴻『中国特色的社会主義研究』浙江人民出版社、1987年。
孫冶方『社会主義経済的若干理論問題』人民出版社、1982年。
中共中央文献研究室編『周恩来経済文選』中央文献出版社、1993年。
中共中央マルクス・エンゲルス・レーニン・スターリン著作編訳局訳『鄧小平文選 1975-1982』外文出版社、1984年（東方書店、1983年）。
中共中央文献編集委員会編『鄧小平文選1982-1992』テン・ブックス、1995年。
中共中央文献研究室編『鄧小平年譜 1975-1997』（上）（下）中央文献出版社、2004年。
中国経済体制改革研究会編『経済体制改革若干理論問題論集』福建人民出版社、1984年。
中国社会科学院経済研究所資料室編『評孫冶方的経済理論』経済科学出版社、1984年。
『十一届三中全会以来政治体制改革大事記』春秋出版社、1987年。
『中華人民共和国国民経済和社会発展第7箇5年計画（1986-1990）』人民出版社、1986年。
『中華人民共和国第6期全国人民代表大会第4回主要文献』外文出版社、1986年。
『中国共産党第13回全国代表大会文献集』外文出版社、1988年。
杜宝才・樊志勇編著『北京市場大観』中国展望出版社、1982年。
『鄧小平文選（1938年-1965年）』外文出版社、1992年。
《当代中国》叢書編集委員会、鄧力群・馬洪・武衡主編『当代中国商業』（上）（下）中国社会科学出版社、1987年。
陶永寛等編著『大力発展第三産業』上海社会科学院出版社、1986年。
柳随年・呉群敢編『中国社会主義経済略史（1949-1984）』北京周報社、1986年。
劉国光主編『中国十個五年計画研究報告』人民出版社、2006年。
羅真端・黄燕・江一舟『銷售学原理與応用』中国財政経済出版社、1982年。
李海文主編『周恩来研究述評』中央文献出版社、1997年。
李仁芝編『許滌新経済文選』上海人民出版社、1980年。
劉福園・唐功烈・羅力行主編『中国社会主義商業経済』中国人民大学出版社、1980年。
林毅夫・蔡昉・李周共著、関志雄監訳、李粋蓉訳『中国の国有企業改革』日本評論社、1999年。
姜君辰主編『商業経済学』中国展望出版社、1986年。
潘学敏・蔡来興主編『第三産業縦横談』上海財政学院、1985年。
馮昭奎・小山周三主編『中日流通比較』中国社会科学出版社、1996年。
万典武『商業的調整和改革』中国展望社、1988年。
尹世杰『消費経済学』湖南人民出版社、1999年。
『毛沢東選集』第2巻、外文出版社、1968年。
『毛沢東選集』第3巻、外文出版社、1968年。
中国経済年鑑編集委員会編、中国経済年鑑翻訳委員会訳『中国経済年鑑（日本語版）』（1981年）中日貿易新聞社、1981年。
中国郷鎮企業年鑑編集委員会『中国郷鎮企業年鑑』（1990年）農業出版社、1990年。

国家統計局編『中国統計年鑑』中国統計出版社、1987年ほか各年。
《中国商業年鑑》編集部『中国商業年鑑（1988年）』中国商業出版社、1988年。
『紅旗』。
『経済研究』。
『中国経済問題』1981年第1期。
『北京周報』（『北京週報』）。

〔日本〕
赤川元章・唐木圀和編著『東アジア経済研究のフロンティア』慶應義塾大学出版会、2004年。
淺川謙次・尾崎庄太郎編訳『劉少奇主要著作集』第四巻、三一書房、1960年。
天野元之助『現代中国経済史』雄渾社、1975年。
池田誠・上原一慶・安井三吉『中国近代化の歴史と展望』法律文化社、1996年。
石川滋『開発経済学の基本問題』岩波書店、1990年。
石坂巌『文明のエトス』河出書房新社、1995年。
植竹晃久・仲田正機編著『現代企業の所有・支配・管理』ミネルヴァ書房、1998年。
上野秀夫『中国と世界経済―対外開放体制の発展戦略』中央経済社、1990年。
栄孟源、中国研究所訳『現代中国史』大月書店、1955年。
太田勝洪・小島晋治・高橋満・毛利和子編『中国共産党最新資料集（上・下）』勁草書房、1985年。
大塚久雄『大塚久雄著作集』（第2巻）岩波書店、1969年。
─────『大塚久雄著作集』（第3巻）岩波書店、1969年。
─────『大塚久雄著作集』（第6巻）岩波書店、1969年。
─────『大塚久雄著作集』（第11巻）岩波書店、1984年。
大山道広・高梨和紘編著『東アジアの国際交流と経済発展』文眞堂、1993年。
王曙光『詳説中国改革史』勁草書房、1996年。
岡本三郎『日中貿易論』東洋経済新報社、1971年。
尾近裕幸・橋本努編著『オーストラリア学派の経済学』日本経済評論社、2003年。
加藤弘之『中国の経済発展と市場化―改革・開放時代の検証』名古屋大学出版会、1997年。
唐木圀和・後藤一美・金子芳樹・山本信人編『現代アジアの統治と共生』慶應義塾大学出版会、2002年。
川井伸一『中国上場企業：内部支配者のガバナンス』創土社、2003年。
川島武宜・松田智雄編著『国民経済の諸類型』岩波書店、1968年。
河地重蔵編『転形期の中国経済』1981年。
慶應義塾編纂『福澤諭吉全集』（第4巻）岩波書店、1959年。
厳家祺・高皋著、辻康吾監訳『文化大革命十年史』岩波書店、1996年。
小泉信三『共産主義批判の常識』新潮社、1949年。
黄磷編著『WTO加盟後の中国市場』蒼蒼社、2002年。

参考図書

古賀勝次郎『ハイエクと新自由主義—ハイエクの政治経済学研究』光人社、1983年。
小宮隆太郎『現代中国経済』東京大学出版会、1989年。
志村治美・奥島孝康編『中国会社法入門』日本経済新聞社、1998年。
鈴木重靖『現代社会主義貿易論』有斐閣、1981年。
関口尚志・朱紹文・植草益編『中国の経済体制改革—その成果と課題』東京大学出版会、1992年。
高島善哉『近代化の社会経済理論』新評論、1968年。
武田清子編『比較近代化論』未来社、1970年。
中兼和津次『中国経済論—農工関係の政治経済学』東京大学出版会、1992年。
―――『中国経済発展論』有斐閣、1999年。
中兼和津次編『現代中国の構造変動2　経済—構造変動と市場化』東京大学出版会、2000年。
F.A. ハイエク著、田中真晴・田中秀夫編訳『市場・知識・自由—自由主義の経済思想』ミネルヴァ書房、1986年。
中村勝己『近代文化の構造—近代文化とキリスト教』筑摩書房、1972年。
―――『一般経済史』筑摩書房、1978年。
中村元『シナ人の思惟方法』(中村元選集〔決定版〕第2巻) 春秋社、1988年。
―――『日本人の思惟方法』(中村元選集〔決定版〕第3巻) 春秋社、1989年。
西川俊作『福沢諭吉の横顔』慶應義塾大学出版会、1998年。
西川俊作・尾高煌之助・斉藤修編著『日本経済の200年』日本評論社、1996年。
日本労働協会編『中国の労働事情—対外開放政策と日系企業』日本労働協会、1987年。
橋本努『自由の論法—ポパー・ミーゼス・ハイエク—』創文社、1994年。
浜勝彦『鄧小平時代の中国経済』亜紀書房、1987年。
平野常治『商業政策概論（下）』巌松堂書店、1938年。
松本三郎・川本邦衛編著『東南アジアにおける中国のイメージと影響力』大修館書店、1991年。
丸山伸郎『華南経済圏—開かれた地域主義』アジア経済研究所、1992年。
丸山真男『現代政治の思想と行動（上・下）』未来社1956、1957年。
馬洪著、張風波訳『中国経済発展の新戦略』有斐閣、1985年。
樊勇明・岡正生『中国の金融改革』東洋経済新報社、1998年。
宮沢俊義編『世界憲法集』岩波書店、1960年。
南亮進『中国の経済発展—日本との比較』東洋経済新報社、1990年。
毛里和子・増田弘監訳『周恩来・キッシンジャー機密会談録』岩波書店、2004年
八木紀一郎『ウィーンの経済思想』ミネルヴァ書房、2004年。
矢内原勝『近代化の条件』ダイヤモンド社、1970年。
矢内原勝・深海博明・大山道広編著『世界経済のニュー・フロンティア』文眞堂、1988年。
山田辰雄『中国近代政治史』放送大学教育振興会、2002年。
山田辰雄編『歴史のなかの現代中国』勁草書房、1996年。
李維安『中国のコーポレート・ガバナンス』税務経理協会、1998年。

渡辺幹夫『ハイエクと現代自由主義』春秋社、1996年。
渡辺利夫『開発経済学研究―輸出と国民経済形成』東洋経済新報社、1978年。
―――『現代韓国経済分析―開発経済学と現代アジア』勁草書房、1982年。
中国研究所編『新中国年鑑』大修館書店、1974年-1984年版。
―――『中国年鑑』大修館書店、1985-1992年版。

〔欧米〕
Berend, Ivan T. and Gyogy Ranki, *Economic Development in East-Central Europe in the 19th and 20th Centuries*, Columbia University Press, 1974(I. T. ベレンド、G. ラーンキ共著、南塚信吾監訳『東欧経済史』中央大学出版部、1978年)。
Brzezinski, Zbigniew K., *The Soviet Bloc Unity and Conflict*, (Fourth Printing), Harvard University Press, 1971.
Chow, Gregory C., *The Chinese Economy*, Harper & Row, 1985.
Eckstein, Alexander, *China's Economic Revolution*, Cambridge University Press, 1977. (A. エクスタイン著、石川滋監訳『中国の経済革命』東京大学出版会、1980年)。
Fairbank, John K., *China Watch*, Harvard University Press, 1987.
Fleetwood, Steve, *Hayek's Political Economy*, Routledge, 1995. (S. フリートウッド著、佐々木憲介・西部忠・原伸子訳『ハイエクのポリティカル・エコノミー―秩序の社会経済学』法政大学出版局、2006年)。
Gregory, P. R. and R. C. Stuart, *Soviet Economic Structure and Performance*, 3rd. ed., Harper & Row, 1987. (ポール・R. グレゴリー、ロバート・C. スチュアート著、吉田靖彦訳『ソ連経済』教育社、1987年)。
Hall, J. W., "Changing Conceptions of the Modernization of Japan", M. B. Jansen ed., *Changing Japanese Attitudes toward Modernization*, Princeton University Press, 1965.
Hayek, Friedrich. A., *The Constitution of Liberty, Part I, The Value of the Law*, Routledge & Kegan Paul, 1960. (F. A. ハイエク著、気賀健三・古賀勝次郎訳『自由の条件Ⅰ　自由の価値』『ハイエク全集5』春秋社、1986年)。
――― *The Constitution of Liberty, Part Ⅱ, Freedom and the Law*, Routledge & Kegan Paul, 1960. (F. A. ハイエク著、気賀健三訳『自由の条件Ⅱ』『ハイエク全集6』春秋社、1987年)。
――― *Law, Legislation and Liberty: a new statement of the liberal principles of justice and political economy, Vol. 2: The Mirage of Social Justice*, Routledge & Kegan Paul, 1976. (F. A. ハイエク著、篠塚慎吾訳『法と立法と自由Ⅱ　社会正義の幻想』『ハイエク全集9』春秋社、1987年)。
――― *Law, Legislation and Liberty: a new statement of the liberal principles of justice and political economy, Vol.3: The Political Order of Free People*, Routledge & Kegan Paul, 1976. (F. A. ハイエク著、渡部茂訳『法と立法と自由―自由人の政治的秩序』『ハイ

参考図書

エク全集 10』春秋社、1988年)。
―――― *The Road to Serfdom: A Classic Warning against the Dangers to Freedom Inherent in Social Planning*, George Routledge & Sons, 1944.〔Renewed. The University Press, 1972〕(F. A. ハイエク著、西山千明訳『隷属への道』春秋社、1992年)。
Hicks, John. R., *A Theory of Economic History*, Oxford University Press, 1969. (J. R. ヒックス著、新保博訳『経済史の理論』日本経済新聞社、1970年)。
Hirschman, Albert O., *The Strategy of Economic Development*, Yale University Press, 1958. (アルバート・O. ハーシュマン著、小島清監修・麻田四郎訳『経済発展の戦略』1961年)。
Kresge, Stephen and Leif Wenar, *Hayek on Hayek: An Autobiographical Dialogue*, The Bartley Institute, 1994. (S. クレスゲ、L. ウェナ著、嶋津格訳『ハイエク、ハイエクを語る』名古屋大学出版会、2000年)。
Kuhn, Thomas S., *The Structure of Scientific Revolutions*, University of Chicago Press, 1962. (トーマス・クーン著、中山茂訳『科学革命の構造』みすず書房、1971年)。
Kuznets, Simon, *Modern Economic Growth*, Yale University Press, 1966.
―――― *Economic Growth of Nations Total Output and Production Structure*, Harvard University Press, 1971.
Lockwood, William W. ed. *The State and Economic Enterprise in Japan ― Essays in the Political Economy of Growth*, Princeton University Press, 1965. (W. W. ロックウッド編、大来佐武郎監訳『日本経済近代化の百年―国家と企業を中心に』日本経済新聞社1966年)。
Macpherson, Crawford B., *The Political Theory of Possessive Individualism Hobbes to Locke*, Oxford University Press, 1962. (C. B. マクファーソン著、藤野渉・将積茂・瀬沼長一郎訳『所有的個人主義の政治理論』合同出版、1980年)。
Mantoux, Paul, *La Revolution Industrielle au XVIIIe Siecle. Essai sur les Commencements de la Grande Industrie Moderne Angleterre*, Editions Genin, 1959. (ポール・マントゥ著、徳増栄太郎・井上幸治・遠藤輝明訳『産業革命』東洋経済新報社、1964年)。
von Mises, Ludwig, *The Ultimate Foundation of Economic Science*, the Institute for Humane Studies, 1976. (L. v. ミーゼス『経済科学の根底』日本経済評論社、2002年)。
Nurkse, Ragner, *Problems of Capital Formation in Underdeveloped Countries*, Oxford Basil Blackwell, 1953. (ラグナー・ヌルクセ著、土屋六郎訳『後進諸国の資本形成』巌松堂出版、1955年)。
―――― (edited by Gottfried Haberler and Rovert M. Stern) *Equilibrium and Growth in the World Economy*, Harvard University Press, 1961. (R. ヌルクセ著、G. ハーバラー編、河村鎰男・松永嘉夫・大畑彌七・渡辺行郎編『世界経済の均衡と成長』ダイヤモンド社、1967年)。
Popper, Karl R., *The Open Society and Its Enemies*, Routledge & Kegan Paul, 5th ed., 1965. (カール R. ポパー著、武田弘通訳『自由社会の哲学とその論敵』世界思想社、1973年)。
―――― *The Poverty of Historicism*, (Revised edition), Routledge & Kegan Paul, 1960. (K. R.

ポパー著、久野収・市井三郎訳『歴史主義の貧困』中央公論社、1961年)。

Rostow, Walt W., *The World Economy: History and Prospect*, Macmillan, 1978. (W. W. ロストウ著、坂本二郎・内藤能房・足立文彦訳『大転換の時代：世界経済21世紀への展望』(上) (下) ダイヤモンド社、1982年)。

―――― *The Stages of Economic Growth: A Non-Communist Manifesto*, Cambridge University Press, 1960. (W. W. ロストウ著、木村健康・久保まち子・村上泰亮訳『経済成長の諸段階』ダイヤモンド社、1961年)。

Schumpeter, J. A., *Capitalism, Socialism and Democracy*, 3rd ed., Harper & Brothers, 1950.(J. A. シュムペーター著、中山伊知郎・東畑精一訳『資本主義・社会主義・民主主義』上・中・下巻、東洋経済新報社、1951-52年)。

Smith, Adam, *An Inquiry into the Nature and Causes of the Wealth of Nations*, (edited by Edwin Cannan, 6th ed., Methuen, 1950), Chapter 1-3. (A. スミス著、大内兵衛・松川七郎訳『諸国民の富』岩波書店、1969年)。

Tung, Rosalie L., *Chinese Industrial Society after Mao*, Lexington Books, 1982.

Twitchett, Denis, and John K. Fairbank general ed., *The Cambridge History of China Vol. 10 Late Ch'ing, 1800-1911, Part Ⅰ*, Cambridge University Press, 1978.

Weiner, Myron ed., *Modernization ― The Dynamics of Growth*, Basic Books, 1966 (マイロン・ウィーナー編著、上林良一・竹前栄治訳『近代化の理論』法政大学出版局、1968年)。

人名索引

〔中国・朝鮮名〕
愛新覚羅溥儀　*263*
于光遠　*85, 86, 88, 89, 90, 101, 120*
于霊　*10*
栄孟源　*59*
袁世凱　*263*
王建　*iv, 180-183*
王洪文　*2, 32*
王文祥　*111, 155*
王丙乾　*75*
王夢奎　*227*
温家宝　*284*
夏興園　*86*
夏光仁　*88*
華国鋒　*iii, 14, 32, 43, 44, 46-48, 50, 52, 53, 81, 103, 123, 124, 131, 142, 272*
賀名侖　*88*
関志雄　*238*
魏京生　*129*
紀江紅　*285*
姫堤　*49*
許滌新　*61*
魏礼群　*67*
金岩　*46*
金玉均　*262, 266*
熊華源　*16*
江一舟　*88*
黄燕　*88*
孔子　*81*
光緒帝　*262*
江青　*2, 32, 123*
江沢民　*1, 92, 93, 201, 208, 227-229, 254, 277-279, 290*
康有為　*262*
黄磷　*93*
高路　*77, 80, 131*
呉群敢　*102, 150*

呉大琨　*200*
胡喬木　*82, 103-105, 131, 275*
胡錦涛　*1, 279, 290*
胡耀邦　*iii, 14, 15, 159*
戴延年　*159*
蔡昉　*238*
蔡来興　*115*
凌彬　*208*
周恩来　*ii, vi, 2-6, 8, 10-13, 15-19, 22, 31, 33, 45, 53, 81, 101, 102, 123, 150, 151, 267, 269, 270, 272, 286, 289*
周明星　*88*
朱紹文　*213*
朱徳生　*85*
朱瑤翠　*88*
蒋一葦　*73*
常戈　*77, 80, 131*
蒋介石　*2, 267*
肖灼基　*86*
初保泰　*166*
西太后　*262*
薛暮橋　*61, 63, 72*
千家駒　*111*
曽洪業　*88*
宋正　*10*
孫凱飛　*86*
孫文　*i, 228, 263, 267*
孫冶方　*85-90, 100*
張学良　*2*
張彩玲　*10*
張思騫　*66*
張春橋　*2, 31, 32, 46, 80, 84, 123*
趙紫陽　*iv, 14, 33, 40, 52, 69, 75-77, 91, 97, 108, 111, 113, 116, 143, 159, 160, 162, 178-183, 205, 212, 218, 219, 276*
趙人偉　*69-71*
張文鑒　*88*

301

陳雲　　50, 55, 62, 83, 87−89, 113, 114, 159
陳永貴　　52
陳毅　　3
陳大鵠　　62, 65, 72
陶永寛　　115
竇暉　　177
唐功烈　　73, 88
鄧小平　　ii, iii, 1, 3, 10, 13−15, 19, 31−34,
　47, 48, 50, 52−54, 77, 79, 81, 83, 88, 92,
　93, 98, 103, 111, 118, 123−127, 129−133,
　135−140, 142−144, 151, 152, 168, 203,
　215, 222, 227, 228, 253, 267, 270, 272,
　276, 278, 281, 286, 290
薄一波　　61, 114
馬成三　　223
潘学敏　　115
班固　　10
樊志勇　　88, 236
彭真　　52
卜毅然　　10
杜宝才　　88
苗雨　　131
毛沢東　　ii, 1−3, 8−14, 18, 32, 46, 61, 64,
　81, 93, 100−102, 123, 125, 128, 131, 132,
　150−153, 197, 228, 267−270, 290
葉剣英　　118
楊尚昆　　198
姚文元　　2, 31, 32, 123, 150
余秋里　　47, 48, 102
羅真端　　88
羅力行　　73, 88
李維安　　234, 236
李粋蓉　　238
李先念　　83
李周　　238
李崇威　　200
李大釗　　267
李鵬　　179, 198, 219, 220, 224
劉国光　　69, 70, 71, 120
劉少奇　　13, 15, 61, 81, 83, 150, 269
柳随年　　102, 150

劉福園　　73, 88
梁啓超　　262
廖心文　　16
林毅夫　　238
林彪　　2, 81, 102, 151, 176
魯迅　　267

〔邦名〕
赤川元章　　93, 279, 281
淺川謙次　　11
安藤彦太郎　　263
石川滋　　75
石田浩　　209
今井清一　　63, 64
植草益　　213
植竹晃久　　236, 237
上林良一　　22
大内兵衛　　58, 99
大来佐武郎　　132
大塚久雄　　57, 58, 212, 213, 258
大平正芳　　54, 172
大山道広　　35, 124, 212
岡正生　　236
奥島孝康　　229
尾崎庄太郎　　11
金子芳樹　　286, 290
唐木圀和　　93, 279, 281, 286, 290
川本邦衛　　38
気賀健三　　248−250
木村保重　　199
小泉信三　　26
古賀勝次郎　　256
小島晋治　　7
後藤一美　　286, 290
塩野谷祐一　　134
篠塚慎吾　　246
嶋津格　　253
志村治美　　229
杉野明夫　　66
鈴木重靖　　27

索　引

関口尚志　　*iv, 212-214*
高橋満　　*7*
武田清子　　*31, 42*
竹前栄治　　*22*
田中角栄　　*3, 169*
田中真晴　　*251*
田中秀夫　　*251*
丹呉圭一　　*172*
東畑精一　　*28, 134*
中兼和津次　　*230*
中嶋嶺雄　　*64*
仲田正機　　*236, 237*
中村勝己　　*58*
中村哲夫　　*63*
中山伊知郎　　*28, 134*
夏目漱石　　*267*
西山千明　　*241, 244-246, 249, 250*
浜勝彦　　*102*
速水融　　*23, 24, 142*
原田良雄　　*63*
平野常治　　*57*
深海博明　　*35, 124, 212*
福澤諭吉　　*262-266*
増田弘　　*3, 16*
松川七郎　　*58, 99*
松本三郎　　*38*
南塚信吾　　*24*
宮沢俊義　　*141*
毛利和子　　*3, 7, 16*
森下修一　　*45*
矢内原勝　　*23, 35, 124, 142, 167, 212*
矢吹晋　　*221*
山内一男　　*180*
山田辰雄　　*267*
山本信人　　*286, 290*
山本登　　*167*
吉田恒昭　　*261*
吉田靖彦　　*27*
渡辺利夫　　*190*
渡部茂　　*249*

〔欧名〕

Berend, I. T.（ベレンド）　*24*
Bush, G. W.（ブッシュ）　*289*
Cannan, E.　*58, 99*
Descartes, R.（デカルト）　*251*
Dore, R. P.（ドーア）　*30, 31, 41, 42*
Eckstein, A.（エクスタイン）　*25, 75*
Eucken, W.（オイケン）　*256*
Gregory, P. R.（グレゴリー）　*27*
Hall, J. W.（ホール）　*23, 132*
Hayek, F. A.（ハイエク）　*v, 96, 241, 244 -250, 253-255, 257, 258, 260, 280*
Hitler, A.（ヒトラー）　*245*
Hsu, J. C.　*171*
Hume, David（ヒューム）　*250*
Jansen, J. B.　*23, 132*
Khrushchev, N.（フルシチョフ）　*168*
Kissinger, H. A.（キッシンジャー）　*2, 3, 16, 19, 81*
Kresge, S.（クレスゲ）　*253*
Kuznets, S.（クズネッツ）　*22, 23, 34, 132*
Lenin, V.（レーニン）　*80, 125*
Locke, J.（ロック）　*250*
Lockwood, W.（ロックウッド）　*132*
Marshall, G. C.（マーシャル）　*2*
Marx, K.（マルクス）　*86, 125, 205*
Mill, J. S.（ミル）　*251*
Mundell, R. A.　*199*
Nehru, J.（ネルー）　*286*
Nixon, R. M.（ニクソン）　*3, 19, 22, 81, 102, 103, 150, 169, 176*
Ohlin, B.　*199*
Perry, M.（ペリー）　*262*
Ránki, G.（ラーンキ）　*24*
Röpke, W.（レプケ）　*256*
Rosovsky, H.（ロゾフスキー）　*132*
Rostow, W. W.（ロストウ）　*283*
Rousseau, J.-J.（ルソー）　*251*
Schumpeter, J. A.（シュムペーター）　*28, 134, 135, 164, 275*
Skinner, W.（スキナー）　*63, 64*

303

Smith, A.（スミス）　　58, 59, 78, 99, 120, 212, 250, 273, 274
Spencer, H.（スペンサー）　251
Stalin, I.（スターリン）　84, 245
Stuart, R. C.（スチュアート）　27
von Mises, L.（ミーゼス）　26

Weber, M.（ウェーバー）　58
Weiner, M.（ウィーナー）　22
Wenar, L.（ウェナ）　253
Wilson, W.（ウィルソン）　287
Youngson, A. J.　171

語句索引

あ

IMF（国際通貨基金） 27, 252
愛国統一戦線 243, 254
悪平等 8
アジア開発銀行 172
ASEAN 184, 186-188, 190, 193, 195, 198
　-200, 220
新しい自由 245
阿片戦争 i, 261, 285

い

意識的近代化 23, 29, 40, 142, 259
インフラストラクチャー 29, 194-196,
　223, 224, 282
インフレーション 75

え

APEC 220
LT貿易 170
沿海
　――開放都市 38, 108, 111
　――経済開放区 38, 178, 218, 276
　――地区経済発展戦略 40, 178, 180,
　198, 200, 219, 223, 276

お

覚書貿易 170
オルドー学派 256-258
卸売業 61, 62

か

外貨 111, 181
　――収支均衡 114, 115
改革 43, 51, 55
　――・開放政策 1, 14, 19, 39, 95, 167,
　222, 228, 251, 253, 271, 273, 276, 281,
　291

階級敵 9
階級闘争 14, 43, 64, 80, 101, 159, 273
　大衆的―― 49, 65, 98
外国所有企業 207
外資企業 114
　――法 91, 114, 135, 158
外資導入 79, 84, 157
会社法 229, 234, 238, 252
華夷秩序 i, 261
開発独裁 137, 142, 216
外部統治制度 235, 238
解放区 100
開放都市 155
　沿海―― 38, 108, 111
価格 89
　――改革 38, 84, 202
　――決定メカニズム 60, 208
　公定―― 74, 75
　市場―― 89, 106
　市場調整―― 208
　指導―― 208
　自由―― 76
　談合―― 74
科学技術 13, 34, 47, 124-126, 131, 132,
　137, 143, 219
科学実験 132
華僑・華人 198, 200, 223
各戸請負制 7, 40, 154, 211, 222, 225
核保有 16
価値平衡 87
価値法則 71, 104, 106, 113, 151, 152, 156,
　271
合作経営企業 91, 157, 162, 207
GATT（関税および貿易に関する一般協定）
　27, 225, 240
過渡期 60, 61
華南経済圏 222

305

株式
　——会社　　93, 229, 238, 252
　——市場　　237, 238
　——制度　　164
株主総会　　233, 234
環境問題　　284
監事会　　232-235, 240
慣習経済　　37, 40
官倒　　215
広東・香港経済圏　　222
官僚資本　　215
官僚独占資本主義　　77

き

機関・制度指向的ガバナンス・システム　　236, 237
企業　　89, 104, 116, 134, 156, 202, 252, 276
　——家　　94, 164, 243, 253
　——家精神　　115
　——管理水準　　6
　——自主権　　39, 50, 67, 69, 89, 140, 152, 154, 163, 200, 204
　——所得税法　　283
　——破産法　　115, 158
　外資——　　91, 114, 135, 158
　合作経営——　　91, 157, 162, 207
　合資経営——　　91, 157, 162, 207
　公私合営——　　5, 62, 64
　郷鎮——　　40, 178, 181-183, 207, 209, 212, 215, 219, 223, 282
　国営——　　5, 23, 215
　国有——　　225, 228, 229, 231, 240
　個体——　　282
　私営——　　243, 282
　単独——　　91, 157
技術　　5, 30
　——革新　　17, 21, 28-30, 37, 40, 134, 143, 253, 268, 275, 281, 290, 291
　——選択　　25, 37
　——科学　　13, 34, 47, 124-126, 131, 132, 137, 143, 219

規模の経済性　　215
基本的人権　　141, 200, 248
逆ざや補償　　75, 76
客観的な経済法則　　98, 103, 153
協業　　104, 107
供銷合作社　　60
強制　　247
行政（党）と企業の分離　　69, 232, 240
競争　　71, 89, 164, 241, 248, 253, 255
　——原理　　73, 77
　——秩序政策　　256
　——的株式市場　　238
　——的市場　　96, 249, 280
　——的市場経済　　244, 254
　——自由　　279, 288
協同組合　　5, 62, 72
　——購買販売——　　60-62, 64
共有制をふまえた計画的商品経済　　106, 112, 156, 204, 276
局地的市場圏　　212, 213, 224, 258
局地的分業　　167, 212
銀行管理暫定条例　　91
銀行制度　　236
　主辦——　　236, 237
均整成長論　　179
近代化（現代化も見よ）　　263
　——過程　　30, 41
　——政策　　i, 19
　意識的——　　23, 29, 40, 142, 259
　経験的——　　23, 29, 142, 144, 258
　経済——　　6, 22, 29, 34, 40, 77, 133, 142, 156, 177, 216, 270, 273, 285, 290
近代的科学思想　　23, 30, 132, 133

く

グローバリゼーション　　258, 290
薫事会　　233, 234, 240

け

経営自主権　　68
計画経済　　21, 70, 244

索 引

社会主義──　*1, 22, 89, 100, 106, 156,*
　276, 281
　指令的──　*60, 78, 79, 201, 254*
　中央集権型──　*24*
計画的商品経済　*38, 89, 119, 124, 144,*
　164, 173, 251, 277
　共有制をふまえた──　*106, 112, 156,*
　204, 276
経験的近代化　*23, 29, 142, 144, 258*
軽工業　*4, 12, 16, 17*
経済
　──開発区　*108*
　──開放地区　*218*
　──基礎政策　*256*
　──近代化　*6, 22, 29, 34, 40, 77, 133,*
　142, 156, 177, 216, 270, 273, 285, 290
　──区　*110*
　──成長　*23, 27, 44, 75, 268, 284*
　──体制改革　*ii, 22, 29, 40, 175, 201-*
　203, 217, 227, 239, 270, 275, 290
　──地帯　*108*
　──的合理性　*119, 203, 235*
　──特別区　*38, 79, 91, 108, 111, 155,*
　166, 177, 271, 276
　──法則　*98, 103, 152, 153*
　個体──　*36, 163, 210, 232*
　私営──　*162, 163, 207, 232*
　統制──　*74, 78, 273*
　閉鎖──　*88*
限界生産性　*27, 29, 71*
限界生産力　*165*
現代化（近代化も見よ）　*4, 6, 42, 54, 269*
　──政策　*43, 55, 60*
　社会主義──　*50, 82, 98, 117, 135, 161,*
　203, 206, 212, 271
現代企業制度　*229, 231, 232, 235, 240,*
　251, 255, 258
憲法　*21, 52, 61, 95, 225, 243, 254, 259,*
　270, 276, 278

こ

紅衛兵　*64*
黄海経済圏　*222*
高級合作社　*269*
合資経営企業　*91, 157, 162, 207*
公私合営企業　*5, 62, 64*
郷人民政府　*90, 154*
郷鎮企業　*40, 178, 181-183, 207, 209, 212,*
　215, 219, 223, 282
公定価格　*74, 75*
抗日民族統一戦線　*2*
購買販売協同組合　*60-62, 64*
公有制　*39, 230, 240*
小売業　*61, 62*
合理主義的個人主義　*250*
コーポレート・ガバナンス　*232, 257*
5ヵ年計画
　──(第1次)　*4, 21, 61, 148, 149, 269*
　──(第2次)　*11*
　──(第3次)　*16, 18, 150*
　──(第4次)　*18, 150*
　──(第6次)　*52, 121*
　──(第7次)　*97, 99, 107, 112, 115, 117,*
　120, 144, 157, 166, 182, 218, 274
　──(第8次)　*40, 200, 219, 221*
国営企業　*5, 23, 215*
国営商業　*72*
国際大循環論　*183*
国際分業　*38, 110, 114, 182, 198, 201, 223,*
　276, 281
国際連合　*19, 103, 176, 286, 287*
国際連盟　*287*
国内総生産　*281*
国富論　*212, 274*
国民経済　*17, 167, 212, 231*
　──発展計画要綱　*48, 83*
国民国家　*i, 262, 264, 268*
国民収入　*86, 149*
国民政党　*243*
国民総生産　*86*
国民党　*2, 19, 267, 268*

307

国有企業　　225, 228, 229, 231, 240
国有独資会社　　233, 234
国有持株会社　　234
COCOM（対共産圏輸出統制委員会）
　　134
五四運動　　263, 267
個人経営　　90
個人主義　　244, 246, 250, 255, 279, 283,
　　288
　　合理主義的──　　250
個人投資家　　234
個人の自由　　244, 255
個体企業　　282
個体経済　　36, 163, 210, 232
国家主権　　215, 268, 286
国共合作　　2, 19, 267
国共停戦協定　　2
国共内戦　　2
国境貿易　　221
COMECON（経済相互援助会議）　　27

さ

最恵国待遇　　171
財産形成政策　　256
財産権　　94
財政赤字　　75
最適資源配分　　37
差額選挙　　215
搾取　　36, 163, 205, 207, 228, 268, 276
産業革命　　i, 23, 166, 207, 212, 261, 290
産業資本　　59
産軍複合体　　288
三権分立　　138, 140, 143, 215
三四郎　　267
三反五反運動　　61, 76
3農問題　　283
三民主義　　267

し

恣意的な介入　　248
私営企業　　243, 282

私営経済　　162, 163, 207, 232
私営商業　　61
自給自足　　57, 79, 100, 119, 150, 197, 274,
　　281
市場　　76, 96, 248
　　──価格　　89, 106
　　──圏　　77, 258
　　──原理　　36
　　──指向的ガバナンス・システム
　　　236, 237, 240
　　──社会主義　　25, 29, 36, 38
　　──調整価格　　208
　　──調節　　113
　　──の失敗　　26, 71
　　──メカニズム　　36, 70, 71, 78, 112,
　　　157
　　株式──　　237
　　競争的──　　96, 249, 280
　　自由──　　88, 101
　　消費財──　　71, 202
　　生産財──　　68, 69, 71, 202, 208
　　生産要素──　　163, 202
　　農村──　　60, 62-64
　　農副産物──　　66, 68
　　労働力──　　115, 116, 163
市場経済　　1, 21, 28, 57, 70, 74, 78, 96, 106,
　　183, 201, 239, 252, 258, 273, 279, 288
　　──経済化　　208, 212, 217, 223, 259,
　　　274, 283
　　競争的──　　244, 254
　　社会主義──　　80, 92, 208, 225, 228-
　　　230, 239, 251, 254, 259, 278, 281
　　社会的──　　256
　　純粋──　　25, 29, 36, 39
　　中国の特色を持つ──　　91, 161, 225,
　　　239, 255
　　調整的──　　21
自然経済的思想　　87, 100
実権派　　101
実事求是　　10, 13, 17, 82, 98, 103, 125, 130,
　　136, 142, 145, 152, 159, 173, 203, 206,

308

索 引

227, 251, 277
私的所有　59
指導価格　208
指導的計画　113, 157
支那事変　2
資本
　——集約型産業　181
　——蓄積　209, 216, 268
　産業——　59
　商業——　59
資本主義　57, 78
　——の復活　37
　自由放任的——　71, 72
社会主義　21, 37, 59, 78, 139, 201, 225, 239, 241, 244, 246
　——計画経済　1, 22, 89, 100, 106, 156, 276, 281
　——現代化　50, 82, 98, 117, 135, 161, 203, 206, 212, 271
　——事業の建設者　94, 243, 254
　——市場経済　80, 92, 208, 225, 228-230, 239, 251, 254, 259, 278, 281
　——商品経済　39, 116, 117, 199, 206
　——初級段階　35, 37, 91, 96, 124, 144, 159, 161, 165, 173, 182, 205-208, 212, 216, 219, 222, 227, 239, 251, 253, 276
　——精神文明　117-119, 291
　——的改造　61, 63
　——の道　127, 144, 161, 205, 253, 271, 277, 240, 279
　——民主政治　117
　市場——　25, 29, 36, 38
　　方法としての——　253, 254
　　理想としての——　253
社会的市場経済　256
社会的正義　245, 246
社会的秩序　257
社会的分業　57, 59, 70, 87
社会的法治国家　256
借款　172, 192, 198, 222
上海コミュニケ　19

自由　260
　——価格　76
　——競争　279, 288
　——市場　88, 101
　——主義　96, 137, 245, 246, 280
　——放任的資本主義　71, 72
　新しい——　245
週市　213
重工業　4, 6, 17, 221, 270
私有財産　95, 250, 254
　——権　279
　——制　96, 249, 280
　——の保護　243, 244, 255, 259
集産主義　244
集市貿易　64-66, 68
修正主義　80, 150
集団所有制　59, 64, 70, 207, 214
重農軽商　87, 100
ジュネーブ会議　12
主辦銀行制度　236, 237
遵義会議　1, 19
純粋市場経済　25, 29, 36, 39
商業　57, 58, 64, 72, 79
　——改革　69, 80
　——銀行法　236
　——資本　59
　——労働　84, 85
　国営——　72
　私営——　61
証券法　238
小康社会　94
商人　57, 273, 274
消費財　108
　——市場　71, 202
消費者　71, 89, 202, 203
　——主権　28, 113, 157
商品経済　35-37, 71, 90, 96, 99, 113, 156, 160, 162, 166, 182, 219, 252
　計画的——　38, 89, 106, 112, 119, 124, 144, 156, 164, 173, 204, 251, 276
　社会主義——　39, 116, 117, 199, 206

309

初級合作社　*269*
植民地　*264, 268*
所有と経営の分離　*228*
自力更生　*17, 44, 89, 98, 100, 101, 152, 177, 220*
指令経済　*60, 106*
　——体制　*25, 29, 38*
指令的計画　*157*
　——経済　*78, 201, 254*
指令的社会主義計画経済　*60, 79*
辛亥革命　*i, 228, 262*
人権　*95, 254, 283, 288*
　基本的——　*141, 200, 248*
人道主義　*139*
人民銀行　*204, 236*
　——法　*236*
人民公社　*ii, 40, 63, 66, 90, 149, 154, 209, 269*
人民民主主義独裁　*94, 141, 143, 154, 161, 205, 215, 225, 240, 243, 253, 255, 277, 279*

せ

西安事件　*2, 267*
生産財市場　*68, 69, 71, 202, 208*
生産手段　*22, 59, 63, 68, 108*
　——の私的所有　*91*
生産隊　*66*
生産的労働　*85, 86, 101*
生産要素　*5, 25, 27, 29*
　——市場　*163, 202*
生産量連動請負責任制　*105*
政治協商会議　*2, 4, 60*
政治特区　*225*
精神主義　*53*
整頓　*43, 51*
整備・整頓　*179, 180, 219*
整風運動　*12, 13*
政府の失敗　*282*
西洋化　*290*
世界銀行　*172, 192*

専業化した協業　*102*
全国小売物価指数　*74*
全国人民代表大会　*ii, 42, 203, 215, 255*
　——（第1期）　*5, 61*
　——（第3期）　*16, 18, 31, 43, 44, 101, 123, 150*
　——（第4期）　*17, 31, 45, 48, 81, 123, 151, 270*
　——（第5期）　*32, 47, 48, 50, 52, 53, 81, 83, 90, 103, 124, 129, 151, 154, 155, 177, 272*
　——（第6期）　*97, 157, 158, 217*
　——（第7期）　*37, 92, 178, 179, 218, 219*
　——（第8期）　*225, 228, 229, 236*
　——（第9期）　*93, 232, 278*
　——（第10期）　*94, 243, 284*
専守防衛　*287, 289*
全人民所有制　*46, 53, 59, 61, 64, 70, 80, 87, 99, 106, 164, 207, 214*
　——企業法　*35*
全方位外交　*169, 285*
全方位開放　*201, 220*

そ

総経理　*233, 235*
総公司　*252*
双十協定　*2*
外向きの工業化　*287*

た

待業青壮年　*210*
対外開放　*ii, 22, 30, 40, 79, 88, 91, 126, 133, 152, 155, 157, 175, 177, 183, 198, 201-203, 217, 220, 227, 270, 275, 290*
　——都市　*166*
第3次産業　*86, 88, 108, 115, 166, 281*
第三世界　*286, 287*
第3の道　*256*
大字報　*129*
大衆的階級闘争　*49, 65, 98*

索引

対華21か条要求　267
大躍進　ii, 12, 18, 22, 63, 64, 81, 100, 101,
　149, 150, 153, 269
脱亜論　266
WTO（世界貿易機関）　79, 93, 240, 252
談合価格　74
単独外資企業　91, 157

ち

地域間分業　167, 182, 183, 199, 212, 218
地域的市場圏　213
地域的分業　112, 119
力に応じて事を運ぶ　53
知識分子　9
中央拡大工作会議　64
中央集権型計画経済　24
中外合資経営企業法　84, 196, 218, 271
中華人民共和国　ii, 1, 268
中華全国自然科学工作者代表会議　8
中華ソヴィエト共和国　1, 267
中華民国　i
中国共産党　ii, 41, 234
　——全国組織工作会議　4
　——の指導　21, 39, 127, 128, 161, 205,
　240, 243, 253-255, 271, 279, 283
中国共産党全国代表大会　42, 203, 267
　——（第5回）　1
　——（第7回）　12
　——（第8回）　11, 15, 62, 63, 82, 83,
　149
　——（第11回）　32, 43, 47, 53, 81, 124,
　151, 272
　——（第12回）　113
　——（第13回）　22, 33, 39, 91, 124, 144,
　159, 167, 180, 205, 212, 218, 276
　——（第14回）　201, 207, 222-224, 228,
　251, 278
　——（第15回）　93, 227-229, 238
　——（第16回）　93, 243, 254, 278
中国共産党中央委員会
　——（第5期）　1

　——（第8期）　12, 83, 101, 150, 269
　——（第10期）　14, 47, 123, 152
　——（第11期）　41, 129, 153, 154
　——（第11期第3回）　ii, 7, 14, 22, 32,
　34-36, 38, 43, 49, 53, 65, 74, 79, 82, 90,
　98, 102, 105, 107, 114, 119, 124-126, 130,
　135, 137, 141-143, 148, 151-154, 156,
　159-161, 163, 167, 175, 177, 201, 203,
　210, 212, 216, 227, 270, 274-276
　——（第12期）　34, 38, 90, 99, 105, 107,
　112, 117, 120, 124, 144, 155, 157, 160,
　163, 182, 204, 210, 276
　——（第13期）　40, 178, 180, 219, 277
　——（第14期）　92, 94, 229, 278
　——（第15期）　230
　——（第16期）　93, 95, 255
中国の特色を持つ社会主義　91, 161, 225,
　239, 255
中産階級　243
中ソ対立（論争）　22, 168
長征　1
調整　43, 44, 50, 51, 55
　——期　12, 22, 64, 80, 83, 88, 96, 150
　——的市場経済　21
朝鮮戦争　4
直接投資　30, 40, 166, 173, 190, 193, 195,
　219, 222, 271
賃金　166
　——制度改革　48, 156
CHINCOM（対中国輸出統制委員会）
　134

つ

通俗国権論　264
通俗民権論　264

て

定期市　64, 72, 211
提高　43, 51
天安門事件
　——（76年4月）　81, 270

311

——(89年6月)　22, 40, 192, 199, 207, 216, 222, 277

と

等価交換　70
鄧小平理論　1, 35, 93, 94, 227
鄧小平路線　48, 83, 124
統制経済　74, 78, 273
東北アジア経済協力　222
独占禁止法　215, 248
独立自主　44
土地使用権　37
特許法　133, 135
鳥籠経済論　87, 89

な

内部成長型近代化モデル　212
ナショナリズム　263, 280
南京条約　i, 261, 286
南巡講和　92, 228, 278

に

NIES　184, 186, 187, 193-195, 198, 200
日米安全保障条約　3, 19
日米修好通商条約　262
日米和親条約　262
日露戦争　262, 267
日韓併合　262
日清戦争　262
日中共同声明　170, 225
日中国交正常化（回復）　3, 19, 103, 172, 176
日中戦争　2
日中長期貿易取り決め　171
日中平和友好条約　130, 171, 172
日中貿易協定　171

の

農業　5, 12, 15-17, 57, 152, 167, 212, 271, 283
——協同化　7

——近代化　65
農村市場　60, 62-64
農副産物市場　66, 68

は

配給　59
買弁　59, 215
パテント　29, 30, 133
反右派闘争　63, 101, 149
反知性主義　8
バンドン会議　12, 286
反覇権主義　225

ひ

比較生産費原理　165
比較優位　89
非生産的労働　87
1つの中心　39, 205
1人っ子政策　287
百家争鳴　138, 140

ふ

不均整成長　200
福祉国家　241, 255
富国強兵　262
2つの基本点　39, 205
普通選挙　140, 283
物価安定　75
物権法　243, 259, 282, 283
プライバシー　247, 248
プラント　29, 133, 153, 171, 177, 217
ブルジョア思想　64
ブルジョワジー　137, 138
プロレタリアート独裁　14, 127, 128, 154, 253, 271
プロレタリア階級　80
プロレタリア思想　64
文化大革命　ii, 2, 17, 43, 64, 80, 100, 123, 142, 150, 153, 270
分業　58, 78, 89, 99, 103, 107, 110, 164, 212, 217, 220, 273

索 引

──軽視思想　*100*
──促進　*112, 119, 182, 273*
　局地的──　*167, 212*
　国際──　*38, 110, 114, 182, 198, 201, 223, 276, 281*
　社会的──　*57, 59, 70, 87*
　地域間──　*167, 182, 183, 199, 212, 218*
　地域的──　*112, 119*
分権化　*204*
文明化　*290*
文明論之概略　*262, 264*

へ

平均主義　*152*
閉鎖経済　*88*
米中国交回復　*3*
平和 10 原則　*286*
平和 5 原則　*2, 19, 286, 287, 289*
平和主義　*284*
変法運動　*262*

ほ

貿易　*165*
　──協定　*171*
　LT──　*170*
　覚書──　*170*
　国境──　*221*
　集市──　*64-66, 68*
　友好──　*170*
方法としての社会主義　*253, 254*
戊戌変法　*262*

ま

マルクス経済学　*86, 88, 91, 163, 207, 228, 268*
マルクス（・レーニン）主義　*1, 11, 13, 21, 39, 94, 117, 125, 127, 147, 161, 205, 228, 240, 243, 245, 253, 255, 268, 271, 276*

み

3 つの世界論　*168*
3 つの代表　*1, 93, 94, 96, 243, 254, 278-280*
民主化　*51*
民主集中制　*129, 137, 140, 215, 216, 225*
民主主義　*283*
民主諸党派　*64, 94*
民主の壁　*129*

む

無流通論　*84, 87*

も

毛沢東思想　*1, 14, 39, 94, 127, 130, 153, 161, 205, 240, 253, 271*
盲流　*224*
持株会社　*233, 240, 252*
モニタリング機能　*236*

ゆ

友好貿易　*170*

よ

洋奴哲学　*126*
横向連合　*196, 224*
4 つの基本原則　*40, 118, 125, 127, 136, 143, 161, 167, 205, 240, 271, 277*
4 つの近代化　*ii, 5, 13, 16, 19, 22, 31-33, 38, 42, 44, 46, 49, 51, 53, 77, 81, 98, 101, 123, 131, 136, 142, 151, 269, 272, 287, 290*
4 人組　*2, 32, 43, 46, 53, 80, 123, 151, 272*

り

利潤　*37, 57, 73, 104, 202*
　──上納制　*28, 204*
理想としての社会主義　*253*
流通　*38, 59, 64, 66, 69, 87, 199, 211, 282*
　──機構　*62*
　──制度改革　*72*

313

両峡経済圏　222
両頭在外　178, 219

れ

隷属への道　244, 254
歴史決議　160, 161
歴史段階　147, 160, 164, 173, 182, 208, 223
連蒋抗日　2

ろ

労働　70, 152, 268
――移動　115, 116
――組合　233, 257, 283
――集約型産業　178, 219
――生産性　37, 104, 166, 274
――力市場　115, 116, 163
非生産的――　87
労農同盟　61

わ

和諧社会　283
王府井デパート　68

唐木 圀和（からき　くにかず）
慶應義塾大学名誉教授
略歴
1963年　慶應義塾大学商学部卒業
1968年　慶應義塾大学大学院商学研究科博士課程単位取得
1965年　慶應義塾大学商学部助手に就任
　　　　同助教授、同教授を経て、2006年より慶應義塾大学名誉教授
この間、
1970-72年　The Fletcher School of Law and Diplomacy（米国）訪問研究員
1986年　　　復旦大学（中国）訪問教授
著書
　『東アジア経済研究のフロンティア』慶應義塾大学出版会、2004年（共編著）
　『現代アジアの統治と共生』慶應義塾大学出版会、2002年（共編著）　など

慶應義塾大学商学会　商学研究叢書20
中国経済近代化と体制改革

2007年10月31日　初版第1刷発行

著　者―――― 唐木圀和
発行者―――― 慶應義塾大学商学会
　　　　　　　〒108-8345　東京都港区三田2-15-45
　　　　　　　TEL　03-3453-4511
制作・発売所―― 慶應義塾大学出版会株式会社
　　　　　　　〒108-8346　東京都港区三田2-19-30
　　　　　　　TEL〔編集部〕03-3451-0931
　　　　　　　　　〔営業部〕03-3451-3584〈ご注文〉
　　　　　　　　　〔　〃　〕03-3451-6926
　　　　　　　FAX〔営業部〕03-3451-3122
　　　　　　　振替 00190-8-155497
　　　　　　　http://www.keio-up.co.jp/
装　丁―――― 友成修
印刷・製本―― 三松堂印刷株式会社
カバー印刷―― 株式会社太平印刷社

©2007 Kunikazu Karaki
Printed in Japan　ISBN 978-4-7664-1358-8